新时期民间武术与地方文化生态的传播和发展研究

周圣文 著

应急管理出版社

·北京·

图书在版编目（CIP）数据

新时期民间武术与地方文化生态的传播和发展研究／
周圣文著．－－北京：应急管理出版社，2019
ISBN 978－7－5020－7199－8

Ⅰ.①新… Ⅱ.①周… Ⅲ.①武术—关系—地方文
化—文化发展—研究—中国 Ⅳ.①G852 ②G127

中国版本图书馆 CIP 数据核字（2019）第 299539 号

新时期民间武术与地方文化生态的传播和发展研究

著　　者	周圣文	
责任编辑	高红勤	
封面设计	优盛文化	

出版发行　应急管理出版社（北京市朝阳区芍药居 35 号　100029）
电　　话　010－84657898（总编室）　010－84657880（读者服务部）
网　　址　www. cciph. com. cn
印　　刷　三河市华晨印务有限公司
经　　销　全国新华书店

开　　本　710mm×1000mm$^1/_{16}$　印张　12$^1/_4$　字数　250 千字
版　　次　2020 年 4 月第 1 版　2020 年 4 月第 1 次印刷
社内编号　20192992　　　　　定价　52.00 元

课题名称：乡村振兴战略背景下湖南省"全国武术之乡"民间武术文化传承研究。课题编号：XSP19YBC244

前　言

　　"武术文化"不是简单的"武术＋文化"的重叠，它具有独特的内涵和意义；武术文化是历史积淀生成的，实用技能在先，引文入武在后；中国古典哲学的太极、阴阳、五行、八卦对武术影响颇大，但与太极拳、形意拳和八卦掌并非一一对应的关系；"神人、神功、神传、神话"是在追求宗法的过程中由人为主观制造的，武术文化具有神奇的魅力，但并不神秘；"丹田之气"是一种腹式呼吸方法，与身体的稳定性和力量大小无关；"轻功""飞檐走壁"是客观存在的功法，其功力大小和真伪是可以通过物理学方法测试验证的。

　　武术是我们祖先留下的宝贵财富，也是被世人公认为"源于中国、属于世界"的文化瑰宝。我们常跟外国人打交道，感觉外界对中国的认识，几乎都是从长城与武术开始的。在他们眼里，被称为"中国功夫"的武术简直神秘莫测、精妙绝伦。

　　中国民间武术是一个庞大的、自成体系的文化及体育系统。据文献显示，国内已经得到认可的拳种就有120多个，各拳种自成特色，流派众多。从传播学的角度来看，武术传播的要旨不仅在于武术的动作、技巧等，更重要的是可将中国优秀的传统文化传递到全世界。

　　毫无疑问，武术最能体现中国传统体育文化的深刻内涵。中国传统体育主张通过身体锻炼实现以外达内、由表及里，借助有形的身体活动促进无形精神的升华，实现理想人格的塑造。在体育活动的方式手段上，它也形成了与之相应的特点，高度重视心理状态的训练，一切肢体活动与心理紧密结合，而极少有单纯锻炼人体外形的活动。这些在武术发展历程中都得到了很好的表达。首先，武术讲究武德与武艺的结合，练武不仅仅是为了练就出色的武功、高超的技艺，更重要的是修炼自己的思想道德。因此，大凡武术名家，无不是德高望重之人，"仁义"二字对习武之人是一种自我约束的最好思想。久而久之，就形成了一种道德风范。其次，武术淡薄了竞争意识，受到中庸、礼让等民族思想习惯的影响。武术强调"以武会友"，比赛、过招通常是为了切磋技艺，而非追求胜负。最后，武术与深远的中国哲学思想密切相关，武术以"天地合一、阴阳之道"为主旨，其目的不是弘扬外在显示，而是导向内心自省。练武不仅讲究一招一式的精确，还讲究神韵。从文化传播的角度来看，中国武术文化是世界体育文化不可分割的组成部分。

交流与传播是人类的重要天性，"人类社会因传播而存在"，传播是一切社会交往的实质。不同文明之间以往的交流已经被多次证明是人类文明发展的里程碑。人类体育文化的发展史，在很大程度上就是各民族体育文化的交流与融合史。各种优秀体育文化不断碰撞、交融、变迁和完善，共同促成了当今的世界体育文明。中国武术与西方体育运动项目虽然在表现形式上存在巨大差别，是明显的"异构"；但从根本上说，东西方体育文化都是"以人为本"的，都是为了强健人的体魄，提升人的精神，这是它们之间最大的共同之处，即所谓"同质"。恰恰由于这种同质异构特性，使体育文化的交融成为可能。

中国武术文化从来不缺乏传播，完全可以这样说，"一部武术发展史就是一部武术传播史"。且不说国内各武术门类之间的交流与融合，即使在国际体育交往中，中国武术也曾产生过积极作用。日本的柔道、韩国的跆拳道在其发展演进过程中都吸收了中国武术的文化精髓，丰富了自身的文化内涵，进而被世界所认同，成为全球体育文化的有机组成部分。

本书对民间武术的概念界定，民间武术的分类与特点，以武养武：民间武术文化发展的必然，民间武术中的地方拳种，新时期地方文化生态的保护与发展，新时期民间武术与文化传承，新时期民间武术的传播等方面进行了研究，对武术文化的研究者和爱好者具有一定的参考价值。

目 录

第一章　民间武术的概念界定

第一节　民间武术的概念与内涵

一、民间武术的概念

中国民间武术源远流长，有着悠久的历史和广泛的群众基础，是中华民族在长期生活和斗争实践过程中逐步积累与发展起来的一项宝贵文化遗产。武术的概念是人们认识与研究武术的基本依据。在漫长的历史进程中，不同时期对武术的概念也有着不同的表述，它的内涵和外延是随着当时社会历史的发展和武术本身的发展而发展的。武术在历史发展过程中曾有过许多不同的称谓，如春秋战国时称"技击"，汉代称"武艺"，清初称"武术"，民国时期称"国术"，中华人民共和国成立后被正式命名为"武术"。武术的内容和形式丰富多彩，仅有文字记载的古代武术中，以舞练形式的套路运动就有"戈舞""矛舞""刀舞""剑舞""打拳""使棒""使枪"等单人演练和集体的演练，以及"枪对牌""剑对牌"等双人对练；以对抗形式的搏斗运动也有"角抵""击剑""较棒""手搏""相扑""刺枪"等，五花八门，不一而足。

从历史的早期发展进程来看，人类在面对生存竞争、狩猎以及战争时所积累的技能形态与古代武术初期的技能形态是大致相同的，甚至在一定时期内两者的内涵也是一致的。后来，随着历史的变迁，武术发展到今天，体育的功能日渐凸显，其内容、形式和手段的体育化特点更趋明显，已完全归属于体育的范畴。由此我们将武术定义为：一种以技击为主要内容、以套路和搏斗为运动形式，同时注重内外兼修的中国传统体育项目。

二、民间武术的内涵

从广义上看，武术不是简单的体育概念所能涵盖的，它既从属于体育，同时又高于体育。武术所涵盖的内容已远远超出了体育的范围，它的内涵更为深广。

（一）武术是中国传统的技击术

武术最早源于狩猎和战争。随着社会的不断发展，为适应不同的需求，武术从形式上到内容上都发生了很大的变化，但是其"技击"这一精髓却始终未变。武术以技击为主要内容是武术的本质属性，无论是套路运动还是格斗运动都离不开攻与防。正是这一特性使武术既不同于舞蹈、杂技等运动形式，又不同于体操等传统体育项目。

长期以来，人们根据实践总结出了自己的技击术，如徒手的踢、打、摔、拿以及器械的击、刺、劈、砍等技击方法。同时，各地域、各拳种又不尽相同，其中擒拿法、快摔法、十八般兵器的技法等均有其独到之处。因此，武术的技击特点充分反映了武术概念的内涵。

（二）武术是中国的传统体育项目

几千年来，人们一直将武术作为强身健体、锻炼意志的一种手段发挥其健身和育人的功能。近代以来，武术在军事训练中的作用日趋减小，体育功能日益增强。加之近代文明的兴起，世界及中国体育运动的蓬勃发展，武术的功能明显地向体育方面转变。尤其是中华人民共和国成立后，政府明确将武术定为体育项目，大力开展群众性的练武活动，武术成为全民健身活动的重要组成部分，使武术的套路和散打运动更明显地表现出体育的性质。由此可见，武术的体育属性是随着社会的发展从而得以不断加强的。

（三）武术是中国传统文化的重要组成部分

武术的发展与中国传统的文化环境是分不开的，在漫长的历史进程中，武术不断受到哲学、政治、军事、宗教、艺术、生物与医学理论以及社会习俗等中国传统文化的影响，中华民族独特的思维方式、审美情趣、道德观念、价值取向以及人生观、宇宙观等在武术中都有不同的反映。

中国传统武术强调"内外兼修"，其内涵可从以下三个方面理解：

（1）武术既追求外在的形健，又注重内在的神韵，以达到"形神兼备"。

（2）武术既强调练"外"，又强调练"内"。通过武术锻炼不仅能强健筋骨，还可以提高人体的神经系统和内部机能。通过这种内外相合，达到身体性能的高度协调与统一，完美体现了武术的整体运动观。

（3）武术既强调技术的精益求精，同时又强调武德的修养，追求德艺双修。

"内外兼修"以古代阴阳哲学为基础，包含着内容丰富的文化内涵，如整体运动观、阴阳变化观、形神论、气论、动静说、刚柔说、虚实说等，形成了独具特色的中华武术文化体系。

传统武术既具备了人类体育运动强身健体的共同特征，又具有东方文化特有的哲理性、科学性和艺术性，是中国文化在人体运动中的表现和载体，从一个侧面反映出中华民族传统文化的光辉。

第二节　传统民间武术与普通竞技运动的区别

如果仅仅从形式上来看，武术和普通的体育运动项目，如篮球、足球特别是击剑、柔道、拳击之类没有什么本质区别，其最终目的就是利用一定的技能打败对手。通过努力提高运动水平，加强速度、力量与技巧练习，再加上一些实战经验的培养，就可以取得较好的成绩。

从这个意义上来说，武术家与运动员的成长之路是完全相同的，就是都要对基本功，如力量、速度、技巧等基本训练完全掌握，并且达到一定的熟练程度。就像打球需要讲究球感一样，武术也讲究拳感，讲究对武器（刀、棍等）的感觉。这些最基本的技术，必须通过无数次的强化训练才能得到增强。

在基础训练完成之后，最重要的就是让运动员通过参加一定的实战训练，使运动员对基本技术进行实战的强化，并且在这一过程中培养其战斗意识，并从中培养实战的经验，这才是最重要的一步。

到了高级阶段，运动员至少还要做两件事情：一是针对自身的身体条件，设计出对自己富有个性化特点的技术，让自己能在众多的选手中展现出自己独特的优势。二是必须加强心理辅导，特别是增强精神力量的训练。对高级阶段的运动员来说，这种训练无疑比单纯的技术强化训练重要得多，因为它能挖掘出运动员自己都没有意识到的、普通的身体训练不可能达到的本能潜力，从而在重要的比赛中爆发出巨大的能量。

习武也同样如此。在逐步加强的训练学习中，所有人都要经过这样一个基本的阶段。如果，一个人始终只练一些站桩、压腿之类的基本功，那样只能增强身体素质，却无法练就基本的对抗技术，更别提达到实战的效果了。

另外，我们要一分为二地看待武术"招数"的问题。虽然它和其他体育运动的基本技术有点类似，但却不能完全等同。当然，对招数也不可过分强调，而要想方设法地加强其实用性。任何招数都不能只靠在"奇"上，终有一天，当大家都熟悉了你的套路，再新奇的东西也不可能长久有效。所以，学武必须在"精"上多下功夫，在实战上多下功夫，在个人特点方面多下功夫，才能做到精益求精，才能立于不败之地。

综上所说，武术有它自己特殊的东西，这不是现代体育中的竞技运动所能完全代替的。

第一，武术不能完全套用竞技运动的竞赛形式，至少不能把这种形式（如打擂台）当作唯一的内容和目标。虽然，擂台赛可以把武术更好地推向市场，取得一定的经济效益。就好像国外的拳击比赛，特别是精彩刺激的职业拳王争霸赛，必然能极大地吸引人们的关注。但我们不能鼓励每个人都去走职业武术的道路，因为武术的基本目标是健身和防身，而对于那些职业运动员而言，他们虽然有强健的肌肉，但是未必有真正健康的身体。许多运动员浑身伤痕累累不说，一旦退役后，他的健康便会由于脱离了必要的相应程度的训练而迅速衰退。据统计，泰国拳手平均寿命只有 30 多岁；在 20 世纪 70 年代，美国的足球运动员平均寿命只有 39 岁；即使是现在，运动员的平均寿命也只有 50 多岁，这些都远远低于正常人平均寿命 70 多岁的水平。无数严峻的事实说明，为争取表面的金牌和所谓的胜利，对体能进行过分的"透支"，是百害而无一益的。

再比如说防身。在擂台上一对一的较量中能取得好成绩的运动员，在生活中未必都是这样简单的一对一的较量，经常是一对几，或者一对十以上，甚至是空手对器械。在这种情况下，运动员的体力、技巧可能会起一些作用，但没有经过"混战"训练的人必然会束手束脚，特别是擂台的一些规则可能反而妨碍了他能力的发挥。简单地说，也许他的攻击能力已经足够大，但在复杂的环境中有效地保护自己的能力或许是不够的。比如，40 多岁的云和人梅某在当地算得上高手级别的人物，喜爱武术的他曾任云和县武术协会会长，曾在武术比赛中勇夺三金一银，还在国际武术大赛中获得七项全能冠军，擅长"板凳功"和"洪拳"。但不幸的是，在与别人的一次争斗中，他却被砍身亡。事情发生在 2012 年 11 月 14 日上午，因为和邻居叶某有点小纠纷，梅某和对方发生了争斗，持棍的梅某不幸被持刀的邻居叶某砍伤，送入医院后不治身亡。类似这样的案例并不鲜见。

第二，武术应该讲求"练养结合"，除了有高超的功夫，还应该有健康的身体。这样，我们就应该寻求一些更为科学的武术训练方式方法。

第三，武术除了身体层面的训练以外，还应该有精神方面的训练，这也是武术的高级境界。古代的武林高手，其练武过程中几乎没有一个是单纯的身体训练，而是讲求"内外兼备"。武术的精神训练除了训练自己的意志、勇气外，同时也不能缺乏战斗意识的训练。比如，南派少林武术就有类似冥想般的坐禅式训练，大成拳的技击桩中也有大量类似的训练，余拳的面壁功、高级功法中都有大量的战斗意识训练。

武术的精神训练还应该有"大我"和"无我"的练习，这是超越自己的道德和精神层次的训练，这种训练从实用的角度可以产生战胜生活与工作中任何困难的自信和勇气，也是武术中最重要的精神气质的训练。如此，才能达到"出神入化"的最高理想境界。

第三节　现代体育运动与民间武术健身的区别

现代体育运动的形式多种多样，但不管哪种形式，其基本手段都是加强身体方面的运动与锻炼。

现代体育观念认为，生命在于运动。人们只要通过这种有目的、有组织的身体运动，就能改善人体的各项功能，调节人的心理，从而达到强身健体、防治疾病、延缓衰老的目的。

随着社会生活水平的不断发展，人们对健身的要求也越来越高，各种健身形式多种多样，如舞蹈、健美、瑜伽、散打、跆拳道、空手道等，不一而足。选择什么样的健身方式，完全依照个人的兴趣而定。

传统武术训练没有先进的器械，大多是靠徒手训练，虽然耗时费力，但却十分精细。而现代化的西方科技器械训练下的运动选手，则更像流水线上批量生产的产品，虽然快速但未免粗糙。武术家和普通健身爱好者在身体素质上的区别，不是谁花的精力和时间更多，而是大家使用的训练模式与训练方法不一样，也就是所谓的功法不同。只有你真正系统地练习传统武术后，才能真正了解传统武术的精髓。

现代体育运动在健身方面具有很大的局限性。现代体育运动是一种纯动型的健身法，运动时如果量度和强度甚至姿势掌握不好，如运动过量、耗能过大、姿势不对，轻则会出现疲劳过度，久之则积劳成疾，对身体健康十分不利；重则伤筋动骨，甚至会有生命危险。因此，这种现代体育运动并不适合年老体弱以及心脏病、肝病、肾病、高血压等慢性病患者。

而中国的传统武术虽然与现代体育一样，其运动形式大致相同，但多以中医理论为依据，认为人的生命是自身生理平衡运动调节的结果。养生之道就在于调养生息，运动锻炼时讲究动静相宜，不可偏废；练养结合，不可脱离。只有这样，才能使人体的神与形相协调，补充日常生活中的劳动、工作、学习所消耗的体能，修复所造成的伤病。形体的动主要练人的筋、骨、皮，形体的静主要练人的精、气、神，通过调节人体的阴阳平衡机能达到防治疾病、健身延年的目的。

从中医理论讲，很多疾病都是因体内阴阳失衡导致内分泌失调而引起的。传统武术中，如内家拳的太极拳、形意拳、八卦掌对于治病疗伤都有着不可思议的奇效。这些拳法不仅符合人体生理结构，还讲究练气，气行人体十四经络、奇经八脉，走遍全身内外，起到自动按摩的功效。久经习练，正气旺盛则百邪不侵、百病不生。

传统武术还讲究修身养性，可让人保持良好的心态和性格。中国有句古话叫病由心生。心态出现问题必然会在身体上反映出来，只有心态好了身体才会好。因而要达到身体健康，修心也是必不可少的一步。传统武术需要长期地练习与领悟，要求身体和心理的协同提高，最终达到以柔克刚、从容应变的程度，练得越多越深入，其性格越平和越内敛，自我控制力也越强。

总而言之，中国传统武术强调身心双修、内外兼备，是极有价值的健身运动。现代体育锻炼身体，传统武术益寿延年，一在"养身"，二在"养心"，这是二者之间最大的区别。

第二章　民间武术的分类与特点

第一节　武术的形式与类别

总的来说，中国武术包含两大运动形式，即套路运动和搏斗运动，内含五个类别：拳术、器械、对练、集体项目和攻防技术。

套路运动是以技击动作为中心，遵照攻守进退、动静疾徐、刚柔虚实等运动变化规律编成的整套练习形式。按照演练形式的不同，套路运动可分为单练、对练和集体演练三种类型，其中单练又包括拳术和器械两类内容。对练包括徒手对练、器械对练、徒手与器械对练三类内容。

一、拳术

拳术是指徒手演练的套路运动。拳术中又包含许多不同的种类，称为拳种。我国主要的拳种有长拳、太极拳、八卦掌、八极拳、南拳、形意拳、通背拳、地躺拳、象形拳、劈卦拳、翻子拳等。

（1）长拳是以手型、手法、步型、步法、腿法、平衡以及蹿蹦跳跃、闪展腾挪、起伏转折等动作与技术组成的拳术。长拳姿势舒展，动作灵活，快速有力，节奏鲜明。传统的长拳有查拳、华拳等，是竞技武术中的主要项目。

（2）太极拳是一种以掤、捋、挤、按、采、挒、肘、靠、进、退、顾、盼、定为基本运动方法（亦称太极十三式）的柔和、缓慢、连贯、圆活的拳术。传统的太极拳有陈式、杨式、吴式、孙式、武式等。太极拳在国内外广为流行，以健身修性为主，也是一种竞赛项目。

（3）南拳是一种流行于我国南方各地拳术的总称。拳种流派颇多，广东有洪、刘、蔡、李、莫等家，福建有咏春、五祖等派。南拳拳式刚烈，步法稳固，多桥法，擅标手，常以发声吐气助发力、助拳式。

（4）形意拳是以三体式为基本姿势，以劈、崩、钻、炮、横五拳为基本拳法，并吸取了龙、虎、猴、马、鼍、鸡、鹞、燕、蛇、骀、鹰、熊等12种动物的动作与形象组成的拳术。形意拳整齐简练，严密紧凑，发力沉着，朴实明快。

（5）八卦掌是一种以摆扣步走转为主，以推、托、带、领、穿、搬、截、拦等掌法变换为内容的拳术。八卦掌沿圆走转，势势相连，身灵步活，随走随变。

（6）通背拳是一种以摔、拍、穿、劈、攒等5种基本掌法为主要内容，通过圈、揽、勾、劫、削、摩、拨、扇8法的运用所组成的拳术。通背拳出手为掌，点手成拳，甩膀抖腕，放长击远，发力脆快。

（7）象形拳是一种以攻防动作结合模拟各种动物形态或人物形象所组成的拳术。常见的有螳螂拳、鹰爪拳、猴拳、蛇拳、醉拳等。象形拳象形生动，取意体现各模仿对象的攻防特点。

二、器械

器械套路种类繁多，可分为短器械、长器械、双器械、软器械4类。短器械主要有刀、剑、匕首等；长器械主要有棍、枪、大刀等；双器械主要有双刀、双剑、双钩、双枪、双鞭等；软器械主要有三节棍、九节鞭、绳标、流星锤等。下面介绍几种主要的单练器械项目。

（1）刀术是以缠头、裹脑和劈、砍、斩、撩、扎等基本刀法配合步型、步法、跳跃等动作构成的套路。刀术的运动特点是快速勇猛，激烈奔腾，紧密缠身，雄健剽悍。

（2）枪术是以拦、拿、扎枪为主，兼有崩、点、劈、穿、挑等枪法，配合步型、步法、身法等构成的套路。枪术的运动特点是走式开展，力贯枪尖，上下翻飞，变幻莫测。

（3）剑术是以刺、点、撩、挂、截、穿、崩、挑等剑法，配合步型、步法、平衡、跳跃等动作构成的套路。剑术的运动特点是轻灵洒脱，身法矫健，刚柔相兼，富有韵律。

（4）棍术是以劈、扫、抡、戳、撩、挑等棍法配合步型、步法、跳跃等构成的套路。棍术的运动特点是勇敢泼辣，横打一片，密集如雨，稍把并用。

三、对练

对练是指两个人或两个人以上，按照预定的动作程序进行的攻防格斗套路。

（1）徒手对练是指运用踢、打、摔、拿等技击方法，按照进攻、防守、还击的运动规律编成的拳术对练套路。常见的有对打拳、对擒拿、南拳对练、形意拳对练等。

（2）器械对练是指以器械的劈、砍、击、刺、格、挡、架、截等攻防技击方法组成的对练套路。主要有短器械对练、长器械对练、长与短对练、单与双对练、单与软对练、双与软对练等形式。常见的有单刀进枪、三节棍进棍、双匕首进枪、双打棍、对刺剑、对劈刀等。

（3）徒手与器械对练是指一方徒手，另一方持器械，双方进行攻防对练的套路，常见有空手夺刀、空手夺棍、空手进双枪等。

（4）集体演练是指集体进行的徒手的、器械的或者徒手与器械结合的套路。练习竞赛中通常要求 6 人以上，如集体基本功、集体拳、集体刀、集体长穗剑、集体攻防技术等。集体演练要求队形整齐，动作一致，可以变换队形图案，还可以配乐。

四、搏斗运动

搏斗运动是指两人在一定条件下，按照一定的规则进行斗智较力的对抗练习形式，包括散打、太极推手和短兵三项。

（1）散打是指两人按照一定的规则，使用踢、打、摔等技术方法制胜对方的竞技项目。

（2）太极推手是指两人按照一定的规则，使用太极十三式的手法，通过肌肉感觉来判断对方的用劲，然后借劲发力将对方推出界外或使之倒地以决胜负的竞技项目。太极推手也称打手、揉手、擖手，是太极拳的双人徒手对抗练习，与太极拳套路是体与用的关系，互相补充，相得益彰，至今已有 300 多年的历史。

（3）短兵是指两人手持一种用藤、皮、棉制作的短棒似的器械，在 5.33 米直径的圆形场地内，按照一定的规则使用劈、砍、刺、崩、点、斩等方法以决胜负的竞技项目。

第二节　武术的功能分类

武术的功能分类法是依据体育分类法的基本原理和武术发展实际，从宏观的角度运用系统的观点，对中国武术进行分类。它既能反映出中国武术多内容、多形式、多类别的特点，又能反映出其多功能、多层次的特点。功能分类法把中国武术分为学校武术、竞技武术和健身武术三大类。

武术是体育运动的组成部分，并且早已纳入现代化的轨道，它同其他现代体育项目一样具有教育功能（学校武术）和社会功能（竞技和健身），这种分类法可以真实、清晰地反映出现代武术的格局和发展实际。

一、武术的教育功能

（一）武术教育对智力的发展

智力是指生物一般性的精神能力，指人认识、理解客观事物并运用知识、经验等解决问题的能力。它是一种综合认识能力，包括对事物的注意力、记忆力、想象力、观察力、思维力及创造力 6 个心理因素。影响智力发展的因素主要有遗传和环境、早期经验、教育和教学、社会实践、主观努力等。所谓发展智力就是有计划地、系统地、科学地给人的大脑以各种刺激，训练提高各部位的功能，并逐步使其臻于完善。大脑的基本功能就是对信息的接受选择、分析判断、储存传递等，这种整体的功能活动就是智力的表现，人的智力发展的实质就是脑功能的完善和增强，它的根源就是有指导的智力刺激。武术运动是一个对各种制胜因素都要求较高的项目，要求技术、战术、体能、智力、心理等因素全面发展。智力也是影响武术实战水平的一个重要因素，在武术的教学和训练中都比较重视智力的发展。另外，学习的过程也有利于智力的提高，所以通过武术教育也能提高学生的智力水平，能对注意力、记忆力、想象力、观察力、思维力及创造力等智力因素的发展有积极影响。

武术教育发展智力的途径大致归结为以下两个方面。一方面，在提高某项技术技能的过程中顺带发展了某项智力，如要学会技术就得先观察，教师也会教会学生一些观察的方法，同时观察还得认真，要求学生注意力集中，这些做法从一定程度上发展了观察力和注意力。又如，在提高实战能力的实战对抗中，要求练习者观察仔细，注意力高度集中，经常性地进行这种练习对提高观察力、注意力等都有一定帮助。另一方面，武术教育会专门发展学生的某些智力，如为了提高战术能力会要求练习者掌握战术知识，经常性地思考问题、解决问题等，这对提高练习者的思维力是有帮助的。

（二）武术教育与注意力的提高

注意力是指人的心理活动指向和集中于某种事物的能力。注意力有 4 个维度，即注意的稳定性、注意的广度、注意的分配性、注意的转移性。良好的注意力对武术比赛的结果有重要的影响，无论是武术套路的演练还是武术散打的对抗，都需要运动员把精力集中在比赛中。武术套路运动员的注意力重点集中在技术的演练上，由于要在高节奏、高强度的运动中把一连串动作按照固定的程式"复制"出来，而且还要注意许多细节，如眼神、气势等，这就要求运动员高度集中注意力；武术散打实战中也要求运动员高度集中注意力于比赛的动态变化，时刻根据对手的变化做出应对，丝毫都不能放松。所以，武术这种演练或对抗的过程就有利于练习者注意力的提高。由于，注意力在比赛中很重要，所以武术教育训练中很注重注意力的训练，采用许多方法以提高运动员的注意力。有些项目对提高注意力很有帮助，如太极拳练习时要求心静意注，思想上摒除其他杂念干扰，处于无思无意状态，用意念来引导动作，经常练习久而久之能提高注意力。

（三）武术教育与记忆力的提高

记忆力是识记、保持、再认识和重现客观事物所反映的内容和经验的能力。根据不同的分类方法，记忆力有不同的种类。例如，前面所述，智力发展的实质就是有指导的智力刺激，也就是要发展智力的哪一方面功能，就得进行相应的训练。武术教学训练中是有大量的信息需要记忆的，然后在比赛中重现出来。武术套路就是将一大组的技术动作按照程式方式表现出来，所以先得把这些动作非常牢固地记忆下来，而且还得记忆大量其他细节信息，如眼神、身体姿势、脚步落地的角度等，所以这种信息的记忆不但量大而且精细；武术散打记忆的技术动作相对较少，但是需要记忆很多战术以及比赛的经验等，记忆量也是很大的。

通过分析可知，武术教育中是伴随很多的记忆活动的，这些不断的记忆活动有利于记忆力的提高。另外，武术教育中还有一些专门的记忆力的训练，也能提高学生的记忆力。

（四）武术教育与观察力的提高

观察力是指人脑对事物的观察能力，也就是通过视觉通道获得外界事物信息的能力。由于，大量信息的获得是通过视觉的，所以观察力对于人而言是一项很重要的能力，是智力的一个重要方面。讲解法和示范法是武术教学中很重要的两个教学方法，武术教学中教师传递给学生教学信息的手段主要是示范法，所以在武术教学过程中，学生是有大量的观察活动的，为了更好地传递教学信息，教师也会指导学生观察的方法和要领，所以武术教学过程是有利于提高学生观察力的。另外，武术对抗中对抗的双方时刻得观察对手的状态，可能会从观察到的一个很小的细节中捕捉到战机，所以这个过程也能提高观察力。

（五）武术教育与思维力的发展

思维力是人脑对客观事物间接的、概括的反应能力。思维力包括理解力、分析力、综合力、比较力、概括力、抽象力、推理力、论证力、判断力等。它是整个智慧的核心，参与、支配着一切智力活动。思维力的提高是通过对所面对的问题进行积极的思维活动，不断提高各种思维能力而逐渐提高的。为了提高思维力，一般会采用创设一些"问题情境"以引导进行思维活动，在这个思维过程中再给予一些思维方法的指导，会有助于思维力的提高。武术教学中存在许多供学生积极思考的"问题情境"，教师可以利用这些问题引导学生进行思维活动，可以帮助学生提高思维力。战术训练是提高武术实战能力的重要途径，提高战术能力需要积累战术知识、培养战术意识。军事学、谋略学是战术知识的重要来源，掌握军事学、谋略学知识可以增加逻辑思维的理论知识，战术意识是一种思维过程，培养战术意识的过程就是提高思维能力的过程。

（六）武术教育对忠诚品德的培养

忠诚是中国传统道德最重要的规范之一，是处理个人与个人、个人与群体、个人与国家之间关系的基本规范。所谓忠诚就是绝对的尽心，就是竭尽其心而无保留，对所效忠的对象真心诚意、尽心尽力、绝无二心。忠诚在不同的历史时代，其调整的范围和作用对象具有一定的差别。从广义上讲，可以忠于他人、忠于主人、忠于君主、忠于人民、忠于国家社稷等。就处理个人与个人关系来说，就是对别人忠心，也就是真正设身处地、全心全意地为别人着想，包括关心、爱护、同情、尊重、信任等，以及不计后果地为别人付出，甚至付出生命。就处理个人与群体、个人与国家、天下和人民的关系来说，也就是所谓的"公忠"，要求每一个个体把公共整体利益、国家利益和人民利益置于个人的利益之上，先考虑公共整体利益、国家利益和人民利益，再考虑个人利益，也就是千百年来一直被仁人志士所提倡和践行的"先天下之忧而忧，后天下之乐而乐"的德行。

忠诚这一公共道德规范对于武德来说是一个外源性的道德，也是习武之人作为一个普通人所应该遵守的。但是忠诚之道德对于习武之人来说，是比普通人更须具备的一个道德素养，所以在武术教育中都非常重视这种道德的培养。忠诚之道德对于习武之人来说，重要的原因还得从武术的本质特征来谈，武术的本质是技击，说白了就是暴力手段之一，这种暴力具有致残甚至夺命之功能，当然这种暴力功能是中性的，没有好坏之分，只有高低之说。习武之人是这种暴力的持有者，武术的技击功能对于别人的价值主要取决于这种暴力持有者的道德素质的高低。就个人来说，当一个人雇用了一个不忠诚的习武之人为你提供保护时，到了危急时刻，他不会把保护雇主放在第一重要的位置上，而是优先考虑保护自己的生命。在某些时候甚至为了自己的个人利益而出卖自己的主人，置自己的雇主于死地，对于那些不具备忠诚品格的习武之人来说，发生这种事情的可能性更大一些。就国家来说，道理也是类似的，冷兵器时代很多习武之人有可能成为国家军队的将帅，或者说国家军队中很多军队将帅是有武功的，如果他们不忠诚，会带来不堪设想的后果。再者，当今很多武术专业学生毕业后仍然去公安、特警、武警等国家暴力机构工作，这些部门对人员的忠诚思想素质要求也相对较高。所以，在历来的武术教育中，人们都重视忠诚之道德的培养。

武术教育有利于忠诚品格的形成。第一，在武术教学中，教师会经常灌输习武之人必须忠诚的思想，让学生懂得忠诚的好处、不忠诚的弊端；第二，武术史料中有许多具有忠诚品质的榜样材料，如精忠报国的岳飞等，会产生巨大的榜样力量；第三，武术教育形成了重视忠诚道德教育的传统，积累了许多仁爱道德教育的经验，在接受武术教育过程中，可以在一定程度上培养忠诚品格；第四，武术教育也是提倡忠诚品格，蔑视不忠诚行为的。

（七）武术教育对诚信品德的培养

所谓"诚信"，简单地说就是诚实守信，也就是做人要诚实守信。就"诚"来说，就是真实无欺，不仅不欺骗别人、用最真诚的心对待别人，还不欺骗自己，也就是不自欺欺人，是自我内心的真实无妄。再就"信"来说，就是要求做人遵守诺言、言行一致，不违背自己的承诺，要么不许诺言，一旦许下诺言就必须尽力兑现自己的承诺。孔子也曾提出"民无信不立"的思想，即如果一个国家或政府失去了人民大众的信任，那么距离下台的时间也就不远了。在"仁、义、礼、智、信"五常传统道德伦理中，也包括诚信之道德伦理，可见我们古人对诚信道德的重视程度。《论语·为政》记载了孔子的名言"人而无信，不知其可也。"《论语·颜渊》中所说的"君子一言，驷马难追。"说的也是提倡人们要讲究诚信。践行诚信的道德规范，就要求人们做人做事真实无欺，强调表里如一，反对虚伪，反对失信。

武德中也要求习武之人遵守诚信道德，它对于武术来说也是外源性的道德规范。受到中国传统道德熏陶，诚信之道德对习武之人就显得非常重要，在武术教育中非常重视诚信道德的培养，把诚信道德作为衡量一个人习武境界高低的标准之一。《咏春白鹤拳·拳谱》曰"不信者不教，无礼者不教。"从这句话可以看出，武术中的有些门派把诚信作为择徒的道德要求之一。在精武会会章上刻有"精武之言行：坐言起行，证从事实；精武式之守信：一言诺，重于订诺。"从这里可以看出，习武之人很崇尚遵守诺言、讲究诚信之道德的。

武术教育有助于个人诚信道德的提高。第一，武术文化有重视习武人诚信道德的传统，这种传统对现代习武人也具有一定的教育作用，让他们觉得不讲诚信的习武人不算真正的习武人；第二，历史上有不少习武人以诚信为本的例子，可以作为现代武术教育的榜样材料；第三，武术教学过程中也重视对学生诚信品格的培养。教师首先做好表率，做到言行一致，信守承诺，发挥好对学生的榜样作用。同时，也要求学生在平时养成守信誉的习惯，如按时交作业、不找借口请假等。

（八）武术教育对正义的培养

所谓正义，就是客观、公正的道理。"义"字起源很早，它最初的含义同"仪"是一样的，指仪式、礼节等，后来慢慢地衍变为适宜、适度、适当等意思，也就是人的言谈举止需要符合一定的道德准则和行为规范。据史料记载，到春秋战国时期，"义"作为非常重要的道德原则和行为规范为古人所遵循，后来"义"还成了规范人伦关系的"仁、义、礼、智、信"五常之一。关于"义"在中国传统道德中的地位和作用问题，孔子对此有过阐述，他认为"义"是君子必须遵循的道德规范和行为原则。孔子曾说："君子之于天下也，无适也，无莫也，义之与比。"意思是，君子对于一件事情，做与不做的标准就取决于是否合乎义。从这里可以体会到"义"在中国传统道德中的地位和作用。

正义道德是武德的内容之一，就武术来说，也是外源性的道德规范，习武之人很崇尚这一道德品质。

武术教育有利于正义道德的形成。第一，武术教学的过程重视正义道德教育，把它作为一个教学内容贯穿于整个教学过程中，给武术习练者以明确的引导，同时对习练者在课堂中出现的不"正义"行为及时给予纠正，使学生形成正确的正义观念；第二，武术教育拥有大量的"正义"榜样素材。无论在课堂教学还是在平时，武术教师自身都是一个"正义"的榜样，在正义道德方面要做好示范，这是职业的要求，不然很难在自己的学生中树立威信；另外，习武之人在历史上出现了大量的"正义之士"，这也是武术教育进行"正义"之道德教育很好的榜样素材；第三，在武术文献、功夫片等传播媒介中，存在大量的关于习武人士正义道德的"情境"素材，可以为武术教育所用；第四，武术教育的环境也有利于正义道德的教育，在这种环境中提倡习武是为了维持正义，习武之人如果违反了正义道德，一般会受到更严厉的谴责。

（九）武术教育与人的责任品格教育

"责任是指主体自觉履行其社会角色所规定的分内事，以及因未完成分内事而应该承担的损失。它可以被解析为'履行责任'和'承担责任'两部分。"责任是人在社会活动中必需的一项重要的道德素质，这种素质也是通过相应的责任教育来完成的。"责任教育是指通过一定的教育内容、途径、方法，培养责任主体的责任素质，以使其对承担的职责、任务和使命加以确认、承诺并履行的教育。"责任教育的内容主要包括培养责任意识、激发责任情感、提高责任能力和落实责任行为四个方面。

在中国传统伦理道德"天下兴亡，匹夫有责"的影响下，历代的习武人以"以天下为己任"的远大理想及强烈的主人翁意识鞭策自我，具有强烈的社会责任感，每当外敌入侵、国难当头时，习武人都会把保家卫国作为一项义不容辞的责任，甚至以牺牲自己的性命来捍卫国家的尊严，如背刺"精忠报国"的宋代抗金名将岳飞，明代抗倭名将戚继光，近代比武击败嚣张的英、俄大力士的霍元甲等，他们都是具有强烈的爱国情结及社会责任感的典范。

历代的武术教育也重视学生的责任教育，武术教育有利于学生的责任教育。首先，武术教育有助于培养学生的责任意识，武术教育会有意识地给学生传授与责任相关的知识和内容，引导学生形成积极的责任价值取向，提高学生对责任情境的判断能力和责任后果的预见能力等，通过这些方法和手段使学生提高责任认识，深化责任理解，引发责任动机，强化责任动力，培养学生的责任意识。其次，武术教育有助于激发责任情感，武术教育一直重视学生的仁爱、自尊等道德教育，引导学生形成同情心、良心、自尊心、羞耻感、义务感等品德，这些品德能有效地激发责任情感。最后，武术教育能在一定程度上提高落实责任行为。武术教育会通过一些强制手段要求学生对当前学习和生活中的相关事情负责，慢慢地引导他们自觉地负责任，促使他们最终形成负责任的习惯。

（十）武术教育对尊敬素养的培养

所谓尊敬就是尊崇敬重，尊重长者。尊老爱幼是中华民族的传统美德，这里谈论的尊敬就是其中"尊老"的内容，就是要对长辈在语言、礼节、行为等方面表现出相应的敬意。尊敬的对象主要有父母、老师以及其他前辈等。父母对子女有生育养育之恩，用自己的辛勤劳动把子女拉扯大，所以要尊敬父母，尽"孝道"；老师对学生有培育之恩，老师用辛勤的劳动教授学生科学知识和技能，把自己的智慧无私地奉献给学生，所以我们应该尊敬我们的老师。孝敬父母、尊敬师长是中华民族的传统美德，历史上出现了许多具有良好的尊敬素养的楷模值得我们去学习。

孝敬父母、尊敬师长也是武术的优良传统之一，具有优秀的尊敬品德是一个习武之人应有的素养之一，尊敬之道德对于习武之人来说也是外源性的道德。俗话说"穷文富武"，这句话反映出习武需要很大的经济方面的付出，这样就需要父母、家人更大的支持，所以习武之人更应感恩父母的伟大付出，更应尊敬父母；真功夫的习得是一个漫长的过程，这一过程中既不能没有师傅的辛勤培育，又需要师傅的无私奉献，把那些所谓的"武术秘籍""绝招"等功夫传授给学徒，这样可以减少摸索功夫巅峰的过程，对于这么无私的师傅，必须报之以尊敬。

武术教育对尊敬品德的形成具有一定的培养作用。首先，在武术的教学训练过程中，重视对尊敬品德的教育，把培养尊敬德作为一个教学目标去实现；其次，武术教育的环境也有利于尊敬品德的形成，有一套比较规范的武德礼仪常规在武术活动的相关场合执行，师师之间、师生之间、生生之间都有相应的礼仪要求，整个武术教学、训练等场合都弥漫着重礼的氛围，这样的环境有利于培养学生的尊敬品德；再次，有大量相关的情境素材供武术教育培养习武之人尊敬品德之用；最后，武术文化重视尊敬品德培养的传统也有利于对习武人进行尊敬品德的塑造。

（十一）武术教育对礼仪素养的培养

中国是以文明古国、礼仪之邦著称于世的东方国家。礼是根据一定社会的道德观念而形成的供公众遵守的行为规范和行为模式；仪是指人的仪态、举止、仪式等。人类早就有了"礼"的观念，其最初的意义是祭神求福的仪式和行为。《说文》中说："礼，履也。所以事神致福也。"在中国传统道德体系中，礼的内容丰富、含义多样、社会作用重要，它从最初的处理神人关系的规范仪式发展到后来的国家典章制度，再成为处理各种政治关系和人伦关系的道德行为规范。孔子在《论语·泰伯》中说："恭而无礼则劳，慎而无礼则葸，勇而无礼则乱，直而无礼则绞。"从这句话中可以看出在中国古代社会中，礼在处理各种事情时的重要性。

在中国传统礼仪文化的影响下，武术在传播过程中也非常重视武术礼仪的规范。有武谚说："未曾学艺先学礼，未曾习武先习德。"武术教育一贯重视武德培养，作为武德表现形式的武礼，也必须在武术教育过程中得到重视和贯彻。不同的武术项目根据自身的特点创造了自己的礼节，而且在不同的场合也有相应的礼节。这些武礼在教学、训练和比赛等场合都得到了严格的执行。

武术教育一直有重视武术礼节规范的传统，学生通过接受武术教育，可以了解一些礼仪的知识，提高自身的礼仪素养。首先，通过武术教育，可以了解一些传统的礼仪知识。一般来说，武术礼节来源于中国传统的礼仪，也就是说，武术礼节具有中国传统礼仪文化的内涵，如武术中最具代表性的抱拳礼，它是由中国传统的"作揖礼"和"拱手礼"等礼节发展而来的，所以在抱拳礼中能看到"作揖礼"和"拱手礼"等传统礼节的影子。其次，通过武术教育，可以养成使用礼节的习惯。武术教育自始至终都有礼仪要求，通过不断强化使学生逐渐养成使用礼节的习惯。

二、武术的社会功能

法国社会学家杜马哲将休闲分为放松、娱乐、个人持续发展三部分，放松和娱乐是人们对改善身心健康的基本需求，而个人生命的持续发展则体现了人们对某些文化的信仰程度。可见休闲虽是个时代用词，却是人们自古便无意识生活着的，直到休闲概念正式提出，人们才根据需求主动去进行休闲生活体验。美国学者费里乔夫·卡普拉曾说过："由于东方哲学和宗教传统总是倾向于把精神和身体看作一个整体，因而东方发展出大量的从身体方面来解决意识的技术是不足为奇的。"这番话几乎是为民间武术量身定做，民间武术的套路、功法、演练形式要求练习者在演练过程中做到身心互动、静气凝神，这种身心活动形式有利于休闲体验。基于民间武术的发展困境，武术理论界曾倾向于把武术价值分为健身、艺术、技击三类，而民间武术的休闲价值便是对这三类价值的一种均衡，即把少数人掌握的竞技观赏型转变为大众实践型，把艺术欣赏价值的重心偏向于群众健身价值，既促进了民间武术各功能的协调发展，又消除了武术的神秘性而使其更贴近民众的生活，更利于普及交流。

武术的经济价值衍生于武术的防身技击、健身养生、娱乐观赏以及教育修身价值，因此其与民间武术的整体发展可以说是双向互赢的关系。随着武术产业化的发展，各种武术赛事、国际武术节、武术博览会等带来显著的经济效益，"武林大会"、中国武术职业联赛异军突起，凭其民族范儿的传统擂台风格和真功夫较量展示了民间武术的技击文化魅力，吸引了民众的眼光，也展露了无限商机，有利于拳种文化品牌的打造。随之而来的是大批武馆的出现。近代武术史上武林各派云集，出现了不少著名武师，如黄飞鸿、张炎等。武馆的出现为社会的繁荣带来了一定的经济效益，传统武术的经济功能在此时期呈现出高涨的态势，使这一功能得到进一步发展。

传统武术的经济功能在现代社会发展迅猛，随着武术全球化的发展，传统武术在现代市场经济观念下形成了一种全新的经济功能。传统武术成为一种大众健身方式，有着巨大的潜在经济效能，通过武术训练，能增进身体健康，提高学习和工作效率，从而更好地促进社会生产力的发展，促进经济发展。在市场经济条件下，传统武术带动了相关产业的发展，如武术表演、武术比赛，还有武术器材、服装的生产销售，武术影视文化城、武术校馆的成立等都从不同侧面展示了武术服务于经济建设的强大生命力。

许多武术旅游名胜成为推动当地经济发展的支柱产业，如湖北武当山、河南嵩山少林寺、山东梁山等。

第三节　武术运动的特点

一、具有攻防技击性

中国武术最大的特点是既有相击形式的搏斗运动，又有舞练形式的套路运动。这是其他民族和国家没有或少有的。后来随着岁月的流逝，套路运动在发展过程中逐步占据了武术的主要地位，而且内容、形式和流派越来越绚丽多彩。根据拳种和类别的不同，套路有长有短、有刚有柔、有单练有对练、有徒手有器械，风格不同，各具特色。通过套路运动的练习，有利于发展人体的速度、力量、灵敏、协调和耐力等素质，以及勇猛、顽强、坚韧不拔的意志。

攻防技击性是武术运动的主要特点。即使是套路运动，在它的动作和练法中，一般也都具有攻防技击的意义，如组成武术套路运动主要内容的踢、打、摔、拿、击、刺等动作，它们都有着不同的技击特点和攻防规律。由于攻防技击性这一特点的存在，因而人们通过武术锻炼，不仅能够增强体质，还能够掌握一些格斗的攻防技术。

二、锻炼方法独特

中国武术在锻炼方法上有其自身的特点，有别于其他体育项目，归纳起来有如下四点：一是内外相结合的高度协调；二是刚柔相间的劲力方法；三是运气调息的贯注动作；四是气势连贯的整体意识。

三、适用对象广泛

武术运动不但锻炼价值高，而且内容丰富、形式多样。不同的拳术和器械有着不同的动作结构、技术要求、运动风格和运动量，可以不受年龄、性别、体质、时间、季节、场地和器材的限制，人们可以根据自己的需要和条件，选择合适的项目来进行锻炼，这给开展群众性的体育活动提供了便利和条件。因此，武术运动有着广泛的适应性。

第四节　武术运动的作用

一、具有增强体质的作用

武术套路运动的动作包含屈伸、回环、平衡、跳跃、翻腾、跌扑等，人体各部位几乎都要参与运动。

系统地进行武术训练，对人体速度、力量、灵巧、耐力、柔韧等身体素质要求较高，人体各部位"一动无有不动"，几乎都参加运动，使人的身心得到全面锻炼。实践证明，武术运动对外能利关节、强筋骨、壮体魄，对内能理脏腑、通经脉、调精神。武术运动讲究调息行气和意念活动，对调节内环境的平衡、调养气血、改善人体机能、健体强身十分有益。

二、具有防身自卫的作用

在武术套路和搏斗运动中，技击动作是其主要内容。套路虽然是以演练的形式出现，但它包含了许多攻防中可用的拳法、掌法、腿法、擒拿法和快摔法，经常锻炼不仅能使人体机能和素质得以提高，还可强化对距离、时机的判断能力的培养，可以起到防身自卫的作用。散打、推手的许多招式动作可以直接用于搏击和防卫，其中许多战术都有益于防身自卫能力的增强。

三、具有修身养性的作用

进行武术锻炼要常年不懈、持之以恒。长期进行武术锻炼，能够培养坚韧不拔、勇敢无畏以及果敢、冷静、坚毅的意志品质。武术在几千年绵延的历史中，一向重礼仪、讲道德，"尚武崇德"成为学武之人的一种传统教育。诸如尊师重道、讲礼守信、见义勇为、不逞强凌弱、学之有恒、精益求精等，可以培养和陶冶高尚的情操。

四、具有观赏娱乐的作用

武术具有很高的观赏价值，无论是套路表演还是散手比赛，历来为人们喜闻乐见。杜甫在著名诗篇《观公孙大娘弟子舞剑器行》中有"昔有佳人公孙氏，一舞剑器动四方。观者如山色沮丧，天地为之久低昂。耀如羿射九日落，矫如群帝骖龙翔。来如雷霆收震怒，罢如江海凝清光"的描绘；汉代打擂台，"三百里内皆来观"，都说明无论是显现武术功力与技巧的竞赛表演套路，还是斗智较勇的对抗性散手比赛，都会引人入胜，给人以美的享受，都具有很高的观赏价值。通过观赏，给人带来乐趣，更给人以启迪、教育。

此外，人们还可以根据自己的兴趣和爱好选择适合自己的项目进行锻炼。群众性的练武活动可以成为人们切磋技艺、交流思想、增进友谊的良好形式，达到既健身又自娱的目的。

第三章　以武养武：民间武术文化发展的必然

第一节　武术文化基本形态的构成

武术文化是中国文化的基本形态之一，之所以称为"武术文化"，其考量有三：第一，武术文化是中国传统文化整体的有机组成部分；第二，武术文化自成体系；第三，武术文化体系能全面反映中国文化的基本精神。那么，究竟是如何反映的呢？概括有五点：①武术能反映刚健有为的进取精神；②武术能反映伦理道德的人文精神；③武术能反映排斥神学的民俗精神；④武术能反映"天人合一"的崇尚自然精神；⑤武术能反映师徒血缘的宗法精神。这五种精神又是通过武术文化形态逐步展现的。武术文化形态就是武术本质、形式和功能的具体体现。

一、攻防技击是武术文化形态的内核

武术的本质是攻防技击，攻防技击是武术的内核，倘若失去了攻防技击，就不可能称其为武术。研究武术本质，就必须弄清"武术"的含义。翻阅古今汉字工具书籍，对"武"的解释清一色为：止戈为武，或从戈从止。并将这种传统解释纳入所有的武术教材之中，广为流传。然而，随着人们对武术认识的提高、研究的深入，对"止戈为武"的质疑也随之而来，一些新的解释便应运而生。如樊云庆研究认为："武"字的本意是，"人拿着兵器走或跑着去打仗，取勇敢向前冲之意"。于省吾则认为：武，从止从戈，本意为征伐示威。征伐者必有行，止即示行也，征伐者必以武器，戈即武器。徐清祥更有想法："武"的原义是威武示威，象征着一个武将或武士威风凛凛地站在那里，警戒凶恶的人。而韩建中则认为："武"字"本身就包含了战争与保卫和平两个要素，战争与保卫和平同时含在这里面，于是'武'字的战争与保卫和平的意项就对立统一起来"，"这里面有搏斗，

又有停止械斗"的意义。四种认识，按照古汉字的发生、发展、变化过程去分析，依照祖先造字的象形、指事、会意、形声去研究，都有它的合理性和存在的价值。

为了更好地解释和理解"武"字，我们特意考察了河南省安阳小屯村殷墟遗址，对甲骨文中的"武"字有了进一步的认识。"武"字由止、戈二字组合而成，最初的表现形式是静态的"立足持戈"，而后又形成了动态的"持戈而行"，至于金文以及后来的变化都有一个渐进的过程。从甲骨文中"武"字的变化来看，其原始本义并非止戈为武，而完整的表述应该是这样的：或持戈静止而立，注视前方；或举戈而动，欲与人、兽斗，与人斗是争夺地盘和剩余价值，与兽斗是维持生存和生命。至于"止戈为武"的说法，是对历史的一种误解。古时对"武"字的理解，主要是引申意义上的"武"，即上要手持兵器，下要步走行军。而其他方面的含义都是后人赋予的。

武术之所以称为武术，重要的是还要有"术"。那么，"术"的本义究竟是什么呢？《说文解字》释为："术，邑中道也。"段玉裁注："引申为技艺。"道路是通达目的地的，技艺则是方法、技术之谓，都是手段，所以技艺也就被称为术。《现代汉语小词典》将"术"解释为两层意思：一是技艺、技术、学术；二是方法、策略。泛指操作方面的技巧。实践证明，"术"有法而无定法；"术"贵在"变"，"术"贵在"活"。前面已对"武"做了描述，再加上"术"的本义，应该这样表述：无论是与人斗，还是与兽斗，必须使用合理的手艺、技巧、方式和方法，才能争夺地盘和剩余价值，维持生存和生命。

以上三段话是对"武"与"术"本义的引申认识和理解，并不是现代意义的武术概念，但无论如何，武术的"攻防技击"本质是十分明确的，也是武术文化形态有别于其他文化形态的根本所在。武术的"攻防技击"本质确定以后，其"攻防技击"转换的特征也就表现了出来。形成"攻防技击"特征是以双方格斗为前提的，双方都可以使用完全相同的手段和技术，既可以防守，也可以进攻，或防守中实施进攻，或进攻中兼顾防守，循环往复。一般情况下，进攻者是根据防守者的姿势而采取最佳的进攻方法，也许是直线或曲线出击，也许是左侧或右侧攻打，也许是拳法或腿法攻击，也许是组合性进攻……而防守者也是如此。对此，武术界的共识是，精妙的防守，是对对手精妙进攻的反应；而精妙的进攻，往往又是对对手精妙的防守的反应。明代唐顺之在《武编前集》卷五中讲道："拳有定势，而用时则无定势。……似惊而实取，似取而实惊，虚实之用，妙存乎人。"这体现的是武术灵活多变的本质特征。

由此我们又想到了两种古老的兵器——弓箭和暗器。由于两种兵器在当时具有较强的杀伤力，它的实用性得到了普遍认同。例如，十八般武艺以"弓"为首，而暗器超出了十八般武艺的范畴，这也充分说明了两种兵器的重要性。但是时过境迁，今天的武术器械并不含有这两种兵器，原因很简单，那就是这两种兵器不具备武术的进攻和防守转换的本质特征。箭的射出是有去无回，只能进攻，不能防守，而暗器以发出为进攻，防守却变成了徒手。

二、分类形式是武术文化形态的中层

武术的攻防技击是通过多种形式实现的。武术在分类上至少有三种形式：一是流派的分类；二是器械的分类；三是运动形式的分类。

（一）武术流派的分类

所谓武术流派，是指由于不同的技术特点和风格而形成的武术派别。早期有"长拳"与"短打"之类；"内家"与"外家"之说；"南派"与"北派"之分；"黄河流域派"与"长江流域派"之划法；"少林派"与"武当派"之别。现代有竞技武术、学校武术、健身武术、实用武术等。

（二）武术器械的分类

所谓武术器械，是指古时的"十八般武艺"和现代的器械种类，并按照时间顺序有选择地排序。

现今国家体育总局把古代"十八般武艺"中的各种兵器，按器械性能归纳为四类，即长器械、短器械、软器械和双器械。长器械指大刀、枪、棍、戟、铲、（镗）；短器械指刀、锏、匕首、鞭、钩、剑；软器械指鞭、三节棍、梢子棍、流星锤、绳标；双器械指双刀、双剑、双钩、双鞭、双头枪以及单刀加鞭。武术运动中的各种徒手拳术，也就是古代"十八般武艺"中所称的"白打"。

在各种说法中，不仅器械的选择有所不同，其排列的顺序也有变化，这反映了对各种器械的重视程度不一。但从中我们也可以看出两个特点：①几种主要器械较为固定，在各种选法中都相同，如刀、枪、剑、棍等。这说明了武术器械发展的稳定性。其中有些器械直到今天仍然是武术表演和比赛的重要器械。②包含面较广。虽有各种说法，但在排列上都有了长兵器、短兵器、重兵器、轻兵器、硬兵器、软兵器等。这反映了器械实用化发展的一个趋势。

（三）武术运动形式的分类

武术按照运动形式分类，可分为套路运动、搏斗运动和功法运动三大类，各类又包括相应的内容。例如，套路运动分为单练、对练和集体演练；搏斗运动分为散打、推手和短兵等；功法运动分为柔功、硬功、内功、外功、轻功、眼功和耳功等。其中功法是2004年以来由国家体育总局武术运动管理中心推出的新赛事，它在众多的传统功法中选出了符合"科学健康、特点突出、方法简明、观赏娱乐"的规定项目（单掌断砖、石锁上拳、对拧长杆、抛接沙袋、绳镖打靶、桩上徒搏）和自选项目（克服重力组、击打能力组、灵活能力组、其他能力组）两个大类，实现了比力量、比速度、比柔韧、比稳定、比准确、比技巧、比难美、比格斗的目标。

三、独特功能是武术文化形态的外表

武术的功能有多种，但有主次之分，同样是一种功能，在不同的历史阶段其排序是有区别的。例如，古代时突出武术的"技击自卫功能"，而现代更重视它的"养生健身功能"。无论如何，有一个基本原理是非常清楚的，那就是武术的"攻防技击"本质不能丢。虽然武术有技击自卫功能，但它有别于"你死我活"的厮杀，其中武德制约着技击自卫的尺度；虽然武术有养生健身功能，但它绝不是大众气功的翻版，其中武术内功融入了更多的内涵；虽然武术有竞技比赛功能，但它的整体不可能是竞技运动，其中武术比赛内容只是很小的部分；虽然武术有表演娱乐功能，但它不同于一般的曲艺娱乐节目，其中"内外兼修，形神兼备"起到调控作用；虽然武术有武德教育功能，但它肯定不是一般意义上的说教，其中武术的"门规、戒律"起到重要作用。近年来，武术的文化经济功能明显提升，这也是本书特别提出的当代武术功能之一。就武术的文化经济功能而言，至少涉及武术产业、武术市场和武术消费三大块，主要表现在以下四个方面：①习武为健身、防身和修身，"三身"为长寿，长寿就可能提高劳动生产力，减少医疗开支。上海的一份调查显示：在518名参与体育锻炼的人群中练习拳术、剑术、练功十八法、养生气功的人占总人数的70.1%，这充分反映了武术在体育运动中的重要地位。②武术作为一种精神产品，正消费于全民健身活动当中。例如，武术服装、器材；武术培训、娱乐；武术旅游、保健；等等。③武术馆校的平稳发展、武术之乡的评比，拉动了当地相关产业。④"以武搭台，经贸唱戏"成了一些武术发源地的习惯做法，使产品、健身、休闲、旅游为一体的综合活动带动了当地相关产业的发展。不仅在中国，在美国一部分人学习了中国武术后，再传给其他人时深有体会地说，习武不仅使自己进入一种古老而宁静的东方心境，还能带来滚滚财源。总之，"以武养武"是一种必然。

第二节　武术"体用并重说"的哲学本原

体用，即健体与实用（技击）的统一。无论古代还是现代，习武者均追求体用结合的目标。武术最本质的功能是实用，其实用的前提是以身体、体质、体格、体能、素质作为基础的。没有强壮的体魄做保证，其实用性也就难以奏效，所以武术界有"用为护体，体为用本"的说法。其实质反映了体用互补、良性转移、相互依存的辩证关系，是哲学研究的基本范畴。古代哲学家以"体"为本体和实体，以"用"为作用、功用和用处，这是其本来含义。在中国哲学的长期影响下，逐渐形成了一种"有体有用，体用一如"的思维模式，体用范畴也被赋予了复杂多样的含义，其中武术中有诸多的体现。例如，古代军队中强调的"搏刺强士体"就是典型的"体用统一"规律的实践，一方面说明通过"搏刺"这种形式的运动，可以达到"强士体"的目的；另一方面也说明了为更好的"搏刺"，就必须以良好的"强士体"为基础，或者说"强士体"是通过"搏刺"来实现的。所以说"搏刺"和"强士体"是互为体用、相互依存的。在武术运动中蕴含着丰富的"体用并重"哲学思想，很值得开掘和实践。

一、"体用并重说"的理论依据

"体用并重说"是辩证思维的具体再现，在古代哲学思想中可以找到其理论依据。"体用"二字最早见于诸秦典籍，如《周易·系辞上》说："故神无方而易无体……显诸仁，藏诸用。"这里的"体用"二字已蕴含着后来作为哲学范畴的基本含义。体用并重始于战国末期荀子，《荀子·富国》说："万物同宇宙异体，无宜而有用，为人数也。"这里的"体"指形体，"用"指功用。荀子虽然提出了体用的概念，但对体用关系未做深入研究。可以说体用并重在先秦时期还是个别的、偶然的，尚未形成具有确定含义的哲学范畴。这种状况，在两汉时期没有发生根本改变，不过有体有用的观念已经运用到较为广泛的领域，东汉魏伯阳在《周易参同契》中就有"内体"和"外用"对举的提法。魏晋时期，"体"和"用"成为一对重要的哲学范畴，但一开始就表现了唯物主义思想与玄学的对垒。王弼和韩康伯等人，从无为的思想出发，提出了以无为体、无为有之本体、以有为之功用的玄学"贵无论"。裴顾有针对性地提出了"崇有论""自生而必体有"，必须以有为体。此时玄学的体用之辩，对盛行于东晋南北朝和隋唐时期的佛教哲学产生了深刻的影响。南宋的慧能讲："定慧一体，不是二。定是慧体，慧是定用，即慧之时定在慧，即定之时慧在定。"北宋的神秀也宣称："我之道法惚会归体用两字。"这一时期唯物主义的体用观在反对儒、道、佛各家唯心主义体用观的斗争中也有发展。范缜提出形质神用、形神相即的观点，他在《神灭论》中说："形者神之质，神者形之用，是则形称其质，神言其用，形之与神，不得相异也。""质"即形质，有物质实体的意义；"质用"有"体用"的含义。唐朝的崔憬以实例说明"动物以形躯为体为器，以灵识为用为道"的体用范畴。宋元明清时期，体用范畴更广泛地被哲学家使用，程颐提出了"体用一源"的思想，他说："至微者理也，至著者象也。体用一源，显微无间。"朱熹用"即体而用在其中"来解释"一源"，用"即显而微不能外"来解释"无间"，从中可以明显地看到佛教体用观的影响。清初的王夫之更以鲜明的唯物主义立场和朴素辩证的思维方法剖析了"立体废用"的本体论，从物质实体及其作用、功能、属性的意义上来使用体用范畴，而且符合本质和对象的意义上来运用体用范畴。这在某种意义上说明了体用的"相因""相涵"的关系，也集中体现了他在体用论上的科学精神。近代以来，以谭嗣同、张之洞、严复和孙中山等为代表的唯物主义者，对体用范畴也都有过精辟的论述。

这些观点和思想为"天下之用"，武术理论也正是在这样的文化背景下而不断得到丰富和充实。

二、"体用并重"的具体体现

（一）拳家之说

多数武术流派追求体用兼备的效果。通背拳释义有："理象会通，体用具备。"这里的"理"是指拳理、原理和机理等意思，"象"是意象、形象和现象等寓意，强调练通背拳要明确其拳理和意象，达到体用兼修的目的。八卦掌以易理为拳理，要求"以静为本，以动为用"，强调"以静制动，后发制人"，一动一静，互为其根，并表明二者的转化关系，即动静相因，动静相即，缺一不可。在这里举一个技击实例：敌我对峙时，我不动，便很主动，此时可以用拳法击彼的头、胸或腹，也可以起脚击其裆部、胸腹，或虚出拳脚诱惑对方。此时，我是主，彼为客。然而，当我一拳打出或一腿踢出后，形势就变了；我若用拳法打击，就限制了腿法的攻击，陷入被动；而对方却有了相当的主动权。这时，主客易位，我由主动变为被动，而对方则由被动变为主动。当然，这种主客易位并非绝对化。太极拳强调以"柔"为体，以"不争"为用。要求肢体放松，动作柔缓。在追求极柔的过程中，逐渐步入老子所说的"天子之至柔，驰骋天下至坚"，"柔弱胜刚坚"的境界。在与人推手时，要"不争"，不顶不抗、随屈就伸、粘连粘随，舍己从人。在"不争"中求永存，步入"为而不争""不争而善胜"的境界。人们在推手中还总结出了"柔过渡，刚落点"的发劲特征，当与对方搭手时，肌肉相对放松，外形运转较柔缓，可呈圆弧形；当对方出现漏洞时，加速收缩肌肉，外形动速急增，呈直线形，刚硬重实的发力以击中目标。清乾隆年间王宗岳所著《太极拳诀》中的"十三势歌"有：若言体用何为难，意气君来骨肉臣，详推用意终何在？这里将"意念"和"气力"主宰于"体用"，也就是说强体，实用效果，来自意气的诱导。武当武术追求"性命双修"的目标，有名师说："本乎天者，谓之命；率乎己者，谓之性。"其"性命"二字，儒、释、道三家有不同见地。例如，儒家以尽性立命为宗，释家以养性听命为宗，道家以练性寿命为宗。其关键就在于以神为性，以气为命。著名的少林拳，则起初重练外刚，主于搏人，硬打硬进，直出直入，突出其"用"，发展至满清入关时，提倡内外兼修，身心双练，体用结合。据《少林拳术秘诀》云："内功之修养，实性命精神所皈依。离而二之，则为江湖末技，合而一之，则为神功极致。""乃参证禅机，冀臻上乘，于是始有内外交修之旨，身心两修之功，其技乃别开一生面，而非复昔日之景象矣。"此说又突出了"体"，二者结合才是少林拳的真谛。

（二）打练并存

最早的拳术套路与技击紧密结合，是训练攻防格斗技术的重要手段之一。的确，古时的军旅武术十分重视攻防格斗技术，因为它与战争的胜负和士兵的性命是息息相关的，通过单式招法和连接套数来实现技术的提高。戚继光在《练兵实记》中有"舞、对二事全然不通，与未习者为不知""能舞而不知对，能对而不知舞，虽精兵只作中"，又说"先自跳舞""舞毕即以花枪对之，次以本刀对砍"。戚在练兵时强调单舞和对搏应皆能，缺一不可。通过套路练习，有助于灵便身手和掌握对搏招法，还能展示出功法训练的效果；通过格斗练习，有助于体会武术的意识和动作攻防的含义，也能展示功法训练水平的高低。近代武术家李存义认为："自己练趟子为之体，与人相较时，按练时而应之为之用。"这里讲的就是体用结合和打练结合。

武术的动作素材是以攻防性能为本质的，并兼容攻防再现性和表现性。再现性指动作能够再现其母体的实用价值，在实践运用中发挥攻防效用。戚继光编的三十二势长拳，程宗猷编的《单刀法选》《长枪法选》中的动作，都称得上招招皆可实用的技法。表现性是指动作能够表现出母体动作的攻防意向，而不一定能发挥实用技击的作用，这类动作多用于锻炼身体，为实用做体能方面的准备。武术攻防的"两性"是习武者所追求的目标。武术谚语有"练拳不练打，临阵少方法"之说，强调单练与对练、套路与散打、套路与拆招、拆招与散打结合的重要性。也就是说，只有打练结合，才能体会到攻防的真正含义。

与之相反的是"打练分离"。"打练分离"是现代武术高度综合与分化的结果，套路追求"高、难、新、美"的目标，而散打强调"远踢、近打、贴身摔"的技术风格，彻底打破了原有的"体用结合"和"打练结合"的规律。事物的发展就是由平衡到不平衡，再由不平衡到平衡的循环往复的过程，每一次循环便是一次飞跃。"打练分离"使各自寻找或实现新的体用结合点，但都没有离开"看、练、用"三条主线，只是侧重点有所不同罢了。所谓"看"，是指观赏、娱乐、休闲等方面的功能；"练"是指习练、修炼、健身等方面的功能；"用"则是指技击、实战、竞技等方面的要求。若从套路来看，对于绝大多数习武者来讲，是以"练"为体，以"看、用"为用；对于少数竞技运动员则是以"用"为本，以"练、看"为用；对于散打而言，几乎都是以"用"为本，以"练"或"看"为用。对于不同的人群，其习武的目的不同，则体用的侧重点也有所区别。

打练分离也给武术进入奥运会设置了障碍。在这里需要了解一下现在奥运会项目的分类情况，现设的 28 个奥运会项目分为四类：第一类是技术型，如自行车、射击、射箭、皮划艇等；第二类是对比型，如体操、跳水、马术等；第三类是球类，如足球、篮球、排球等；第四类是对抗类，如拳击、击剑、柔道等。奥运会设项有一个标准，即任何项目均不能跨类别出现在奥运会中，而兼容套路与散手的武术却横跨对比型与对抗型两大类，这是竞技武术进入奥运会的一大难题。

（三）学以致用

习武的目的在于传武、用武，这是其基本宗旨。武术的生存与发展取决于自身的实用价值。武术来源于实践，经过加工、提炼，再用于实践，并成为武术发展的轨迹。习武者多着眼于切合实用，无论拳术，还是器械套路的一招一式均强调它的实用性，反对花架子。下十年苦功，方能功夫深久。戚继光在训练士兵时要求做到"按一字对戳一枪，每一字经过万遍不失"，最后才能达到"方可随意应敌，因敌制胜"的目标。在习武过程中，每招每式、进退开合、闪展腾挪等有形的东西是可以直接传授的，但内在的意境、神韵、气韵、武术之道的精微，则是只可意会不可言传的。民间有句保守习气较重的拳谚说"宁教十手，不教一口"。这就要求习武者用直觉去领悟、体验。历代武术名家都是穷毕生之精力而研习其技法精微绝妙之理，也正验证了"要练惊人艺，须下苦功夫"的道理。

习武是个过程，用武是个目的。习武是有程序要求的，违背其规律会欲速不达。早在明代，戚继光在《纪效新书·拳经捷要篇》中说："大抵拳、棍、刀、枪、叉、钯、剑、戟、弓矢、钩镰、挨牌之类，莫不先有拳法活动身手。其拳也，为武艺之源。"何良臣在《阵纪·技用》中也有类似的说法，即"学艺先学拳，次学棍。拳棍法明，则刀枪诸技，特易易耳，所以拳棍为诸艺之本源也"。作为最基础的拳术，又有"要练拳，须站桩；欲习打，先练桩"的要求，表明学习套路或散打都将桩功放在优先练习的地位，使下盘稳固、扎实。然而，"年拳，月棍，久练枪"又是对不同套路修炼时间的基本要求，若要较好地理解套路的攻防含义，还需要长期的磨炼。武谚中所说的"拳打千遍，其理自见"，同时告诫"练拳不习打，临阵少方法"。由套路向散打实用性的过渡还要经过"拆招"和"喂手"的过程。"拆招"无非是将成套动作化整为零，强调对动作细节和攻防含义的剖析，以便真正弄清楚动作的实用价值。"喂手"是传统武术最常用、最有效的加深体会攻防技能的方法，若甲方进攻，则乙方就是防守，反之则是互换。喂手时，既可以是一个动作，也可以是一组动作，对方是反复的接手，直到动力定型。咏春拳独特的"黐手"练习是典型的假设性敌我双方已接触之后的反应性练习，是向搏击过渡的桥梁。"黐手"是一种实用性极强的训练方法，目的在于尽量运用自己所学得的技术，招来招往，如切如磋，双方都可以是赢家，不需要有一方被对方击倒。现代散打、拳击、跆拳道等对抗项目训练中的陪练就有"喂手"的意味。戚继光在武术实用价值方面也有精辟的论述："既得艺，必试敌，切不可以胜负为愧为奇，当思何以胜之，何以败之，勉而久试，怯敌还是艺浅，善战必定艺精。"

不同年代的习武之人，其"致用观"是不同的。随着当今社会的进步，人们对武术的需求也在增多，体现在学以致用的"用"字上也会有较大的差别。例如，中老年人习武是用于健身、休闲；青年人习武于自卫、强体；少年习武则用于树立尚武精神和自强不息的精神等。

（四）整体意识

武术的整体意识首先体现在对人体的认识上，一般将人体分为"三节"，即上肢为稍节，躯干为中节，下肢为根节。根节为基础，具有载负身体移动、支撑完成动作、催促劲力发放的作用。中节是全身的枢纽，具有联系两端、顺达劲力、促进全身协调运动的作用。上节是全身的首脑，具有顶领全身、驾驭动作、完成攻防目标的作用。通过各节的协调运动，才能体现出"四肢百骸总为一节"的整体性。

其次，体现在"内外兼修"方面。武术将人体内在的、无形的意、气、劲，与外部的、有形的肢体视为统一的有机整体，要求意、气、劲、形保持高度的一致性。讲究"内练精气神，外练手眼身"，又有"外练筋骨皮，内练一口气"等，拳家指出："练有形者（外），为无形（内）之佐，培无形者为有形之辅。"无形则无神，无神则无味，如此内外俱练，以求体用一致。刘殿琛在《刘殿琛形意拳术抉微》中指出："武术一道，有形者为架势，无形者为气力。架势者，所以运用气力也，无气力则架势为无用，故气力为架势之本，然欲力之足，必先求气之充，故气又为力之本。"这种整体观表现在技击原理上，讲究"内外合一"的同一性；表现在训练原则上，讲究"内外互导"的补充性；表现在锻炼效果上，讲究"内壮外强"的一致性。"内壮外强"指的是获得身心的全部发展，这是"体用结合"不可缺少的重要方面。武术界通常所讲的"六合""节节贯穿"也是内外兼修的体现。

最后，体现在攻防技击方面。"牵一发而动全身"是武术技击的鲜明特点，这就要求习武者以整体统一的观念作为"体用结合"的准则。例如，散打运动员要想在比赛中获胜，就必须具备良好的身体素质、独特的技术技能、科学的战术思想、优秀的心理品质等，同时要发挥整体效应。现实比赛水平的不稳定与运动员自身条件和综合指标的整合不够有直接的关系。具有南方特色的咏春拳就十分重视整体的效应，其整体特征在于近距离和短距离发力、握守中线与子午线、重视接触感觉、马步灵活。这些特征总合起来，便能产生以弱御强、借力打力的效果。有研究表明，"丹田"在技击中的运用也要讲究整体效果。实战时，丹田不是孤立存在的，而是上、中、下三田合一，立体斜面旋转，使身体产生折叠，以便加大打击的力度。丹田是带动周身旋转的根本载体，丹田一转，周身上、中、下三盘无处不转。在旋转中避实击虚，变换击打角度，同时在旋转中积蓄能量，并对打击对方产生一个加速度，效果显著。

三、"体用并重"的引申形式

（一）动静体用说

形意拳以"静为本体，动为作用"。其意是相对静止地修炼身体与相对活动地运用技法，这是此拳"体用"的基本特点。越女在谈到"凡手战之道"时指出"见之似好妇，夺之似惧虎"，一动一静反差极其明显。查拳强调"行如风，站如鼎"；华拳讲究"动如本癫静如潜鱼"；意拳有"动如山飞，静如海溢"的要求；翻子拳也有"行如风雷动似雨，坐似泰岳静如山"之说。武术的任何形式都离不开动静体用的变化，动态是指套路演练运动过程中肢体在空间时的瞬间形态或构成的各种图形，如弧形、折线、曲线和直线；静态则指套路中动作与动作之间那短暂相对静止的造型。动态有快慢之分，疾缓之别，大小之差。快的动作似烟云翻滚，而慢的动作如雄鹰在空中盘旋；大的动作要充分舒展肢体，小的动作要尽量收缩全身。在快慢、大小动作的交错变化中，在一定的空间范围内，充分展示出身体运动的整体效果。

静态有高低之分，俯仰之别。高的动作如"提膝穿掌"，似青松立顶；低的动作，如"劈叉插掌"，似虎卧草丛；俯视姿态"探海平衡"，如潜海寻珠；"仰身平衡"犹如睡卧云海。在动静的变化过程中，可体现千姿百态的艺术造型。那优美绝伦的剑术，像仙女下凡翩翩起舞，飘逸洒脱；那猛虎下山的刀术，如狂风卷浪，势不可挡；那蛟龙出海的枪术，如云海翻腾，电闪雷鸣；那勇猛彪悍的棍术，如疾风骤雨，遍地开花；等等。总的要求：动要迅疾，静要稳定。

（二）形神体用说

武术界习惯上将"形神兼备、内外合一"连用。我们认为，两个词是一个问题的两种说法，或者说两者的连用更能体现武术的意味和特点。"筋骨皮"为形体，即外；"精气神"为内用，即神。任何拳种均追求内外兼修、形神兼备的整体效果。形是指武术运动中人的整体外部形象。它可以是一个完整动作的精致形象，也可以是动作过程中人的整体运动形态，还包括腾空瞬间的造型，动作与动作的组合形态和整套动作的结构形态。神则是指人的精神、心志、意向等内在活动。它可以是流露在外、充溢于表的，也可以是潜藏内在、含蓄深沉的。形具而神生，形是神赖以产生的基础，精神饱满、神奇鼓荡取决于健全的形质，而武术美善的形质又是紧密依靠传神达意而完成质的飞跃，这就是形与神的辩证关系。古人司马迁曾说："形者，生之具。神者，形之本。"哲学的观点是，形是神之舍，形是载神之车，神以形存。武术的"八法"就是外形与内在的要求。武术讲究"以形传神"，一招一式倘若只是做得工整端庄，只重视规范为求形似是远远不够的。拳法不仅要求形健质善，还要求形质成而神韵见。武术的传神达意就是通过套路的演练来反映出动作的规格意识、劲力意识、攻防意识、节奏意识和形神意识。

拳家认为，无形则无神，无神则无味；神赖形而存，形因神而显。把有形看作神的根基当作表现神的手段，把传神作为形的目的，由此形成了以形传神、贵在有味的鉴赏标准。就连惟妙惟肖的象形拳也强调突出被模仿对象的个性特征，而不单纯追求外形的酷似。武术养生多以"形神相亲、表里俱济""形具神生""形质神用"为标准，倡导"神不离身乃常健"的理念。

（三）德技体用说

武德为本，武技为用，两者相辅相成，不可偏废。武德是长期修炼的结果，它唤醒习武者既勇又武、刚强不屈的人格尊严，完善其见义勇为、舍己救人的信念，追求"见利思义，见危授命"的生命价值。一般说来，古代真正的侠士都是武技超群、品德高尚之人，他们对社会上的贪官污吏、豪门恶棍视作不共戴天的仇敌，而对广大百姓扶弱济贫，甚为仁义。

在武林界还有另一种情形：武艺虽精而无武德之人，有可能成为武术界的败类。明代正德年间出现的一种"打行"就是最典型的例证。明代万历年间，打行逐渐扩大，它纠集一些精通武术、强悍健壮之辈，专门为豪富人家保卫财产安全，甚至充当打手。打行挂牌营业时，常悬挂拳头图像，称为"铁拳头"。根据地方志的记载，对其评语不外乎是"聚党斗狠""游闲群聚""结党成群"之类。

"打行"的打手实际上并不是武林高手，而大多为地方上的无赖闲散，道德品质极差，只是好勇斗狠、滋事闹事，为武术高手所不齿。所以，打手的言行对武术的发展产生了很大的负面影响。有武德却武艺不精之人则有可能成为武术界的懦夫。可见，只有"德技"双修、技道并重，才能更好地实现自我价值。

综上所述，体用并重说是哲学研究的重要范畴，起始就以"天下皆用"的原则为中华武术所接受，并逐渐融汇了武术故有的理论和练功要求，从而变得更加明确、具体，使之成为指导传武、习武、用武的重要理论基础。

第三节　武术美学思想及其表现形式

"武术是文化，是一种高雅的文化。"这种高雅文化的形成与发展是长时间、多学科文化不断积累和渗透的结果。其中，美学思想的渗透构成了武术美学思想体系，它既相同于美学的某些特征，又有别于美学的某些属性，这是武术文化自身发展变化的必然产物。以往的研究多集中在武术的美学特征上，如动作美、姿态美、劲力美、技击美、节奏美、结构美、名称美等。对其美学特征背后的、深层次的美学思想挖掘明显不足，以至于这些研究一直处于低水平的徘徊状态。另外，这些研究过多地套用美学学科的知识，照搬、照抄的"拿来主义"现象严重，缺乏对武术自身美学因素的挖掘，如意韵、形神、刚柔、动静、情趣等。本节试想对武术美学思想进行研究，目的在于挖掘其深厚的思想根源，从美学角度认识中国武术的本质和特征，以丰富武术文化，促进武术文化发展。

武术从产生开始，就具有"练、用、看"三种基本功能，其中"看"是指它的观赏价值，具有观赏价值的东西一般都含有一定的表演艺术性。通过优美的造型、强烈的动感、均衡的势态、恰当的节奏、和谐的韵律、深蕴的意境，给人以美的享受，并引以为乐。

　　与武术最为密切的"武舞"要算较早的具有典型表演性质的活动。《左传·成公十三年》记载："国之大事，在祀与戎，祀有执膰，戎有受脤。"有"祀"则"舞"，有"戎"则"武"。"舞"与"武"的融合构成武术套路的雏形。从历史的发展来看，"武舞"至少有两方面的作用：一，丰富了人们的生活。武舞约产生于旧石器时代，据《尚书·皋陶谟》记载："予击石拊石，百兽率舞。"大意是人们敲打着石鼓，模仿着各种野兽的姿势，翩跹起舞。二，增加了人们的生活乐趣和提高了人们的审美能力。据《商书·伊训》记述："恒舞于宫，酣歌于室，时谓巫风。"这说明远在殷商时期，武舞已经常出现于宫廷宴乐之上。在祀神祭祖时或在战争获胜时都举行武舞，以表现人们真诚、喜悦、欢快之情。

　　武舞大致可分为两大类：一种是表达情感的"大武舞"，其内容在于表现"周武王伐讨之乐"，这种武舞属于文艺范畴；另一种是"练武"的武舞，如"干戚舞"，"干"即盾，"戚"即斧，乃是一种手执盾、斧等器械进行搏斗技击的单纯操练，其动作粗犷，"发扬蹈厉以示勇"，属于体育的范畴。无论哪种范畴的"武舞"，其与"乐"均有密切关系。

一、武术的美学思想

（一）体育范畴的"武舞"与乐

　　体育范畴的"武舞"被视为武术套路、器械对练的雏形，是以身体、精神兼修为要旨，提高军事技能为目的。早在夏、商、西周"乐舞"教育中"小舞"的后三种（旄舞、干舞、人舞）基本上属于体育范畴的武舞。通过这样大型的"武舞"活动，达到强身健体，"行列得正，进退得齐"的境地。据《韩非子·五蠹》记载："修教三年，执干戚舞，有苗乃服。"说的是大禹曾率兵苦练三年，以高超的套路表演征服了苗氏。这种演练形式既是"武舞"者自身技能、技巧的再现，也为人们提供了"乐"的素材。据史料记载，先秦时期体育范畴的武舞至少有三种：一种是"万舞"。《左传·庄公二十八年》中记载万舞为"先君以是舞也，习戎备也"，显然是指当时的军事训练手段。另一种是"象舞"。《诗经·周颂》有"象，用兵刺伐之舞"，这种"象"既可单人舞练，也可集体舞练，是用以训练士兵、鼓舞斗志、争取胜利的一种手段。在当时还将象舞纳入教育体系之中，《礼记·内则》有"成童舞'象',学射御",通过象舞达到锻炼身体、提高军事技能的目的。还有一种是"大武舞"。它是周武王为庆贺灭纣成功而作,全舞分六段,用以表现武王伐纣胜利的全过程。参与者共 64 人,舞者举干扬威,顿足踏地,将手中兵器向四方击刺四次,以再现战争之状。此外,"旌旄羽被,矛戟剑拨,鼓噪而至"。随着武舞的发展,出现了"目观为美,耳闻之乐"的认识,这是美感的飞跃。

(二)文艺范畴的"武舞"与乐

文艺范畴的"武舞"多指宫廷里以音乐伴奏下的助兴活动。在古籍中多有记载,《孔子家录》有"授戚而舞",可谓斧术的套路演练。

《史记·项羽本纪》中的"君王与沛公饮,军中无以为乐,请以剑舞"。这件事除了它的政治目的外,还可说明两个问题:一,剑舞已用于宴会间的娱乐助兴;二,剑术已经有套路独立作舞了。到了汉、晋,武术套路有了较大发展,在《史记》《吴书》《通典》等史书中均可发现很多关于"剑舞""戟舞""走戟""飞叉"的记载。到了隋唐以后,武舞表演更加盛行。诗人李白《从行军》中有"笛奏梅花曲,刀开明月环"的诗句,说明刀术有时也在音乐伴奏下,以套路形式舞练。《藏书·吴道子传》中说裴旻"驰马舞剑,激昂顿挫,雄杰奇伟,观者数千百人"。《庄子·说剑》有"昔赵文王喜剑,剑士夹门而客三千余人,日夜相击于前"的记载,说明赵文王以搏击取乐。在《梦粱录》《东京梦华录》等史籍中多见记载。可见,武术在唐代已被列入艺术范畴,供人观赏。

两种范畴的"武舞"都是"乐"的外部表现形式,通过"武舞",人们"耳目聪明,血气和平"。可见,"武舞"是一种欣赏艺术,是欢乐的象征,是武术美学思想的主要表现形式。

(三)"圆"是武术美学思想的核心价值

古希腊的毕达哥拉斯学派认为"一切立体图形中最美的是球形,一切平面图形中最美的是圆形",而在动态中以圆的形式出现仍是最美的。圆形无论是静止还是动态的,都比其他形体包含有最大的空间和最多的容量,具有均衡、和谐、完善等许多美的特征。圆弧是圆的部分,美的曲线即由圆弧构成,而人体便是曲线美的极致。武术运动正是通过人体不断地变化而体现出多种美学素材。从武术的产生、发展至今,处处带有"圆"的痕迹。就少林拳而言,它的创始与佛教有着不解之缘,如坐禅入道、戒律互补,"圆"的应用对"大乘派"佛教有着特殊贡献,其中"圆"字是佛教各派僧侣和佛经中表达多种美感的专用词汇,常用的有圆满、圆通、圆融、圆遍、圆光、圆因、圆果等。在少林七十二武艺中，各武技均要求"圆满"，也就是针对套路结构严谨，攻防技术合理，起伏转折、动静、虚实恰到好处而言的。少林拳械的演练要求发力顺达通融旋劲，躲闪圆灵多变，技击"滚出滚入""曲而不曲、直而不直"，这些都说明"圆美学"的渗透。太极拳的产生开创了"圆"的新世界。18世纪末，王宗岳用《周子全书》中阴阳太极哲理解释拳义，"太极者，无极而生，动静之机，阴阳之母也"。《太极拳论》认为，阴阳思想，既是世界观，也是审美观、伦理观，"圆"的思想贯穿太极拳的全过程，太极图是圆的，太极拳运动路线又多是平面或空间的小圆、大圆、立圆、斜圆、椭圆、半圆、弧圆、螺旋形，其动作又要环环相绕，处处圆活，似曲非曲，似闭非闭，忌直、角、滞、硬。能大圈归于小圈，小圈归于无圈者常以"螺纹""滚珠""车轮"喻之，惟妙惟肖，圆活之趣。推手同样以圆形不断变化，实现听、问、化、发劲。《立体几何学》认为，一旦外力作用于圆球上，由于圆球的滚动，外力会顺切线平滑通过，而借力、发力。推手同样讲究"曲中求直，蓄而后发"，这些完全符合宇宙实无始终、大化迁流、天地相继、时空无限不绝的规律。

圆的运动不仅在拳术中，在器械中表现得也十分突出，如枪棍的大圆与平圆、刀剑的斜圆与立圆，都是武术完美艺术思想的再现。根据不同的拳种和器械，一般分为大、中、小三圆。在练功程序上，先练大圆，后练收缩，即中圆，再求紧凑，即练小圆。小圆即无圆，就是说从外形上看圆的运动不是很明显，其运转在气，变化在骨，提领在神，故小圆也为上乘功的运用，是武术美学思想的真正内涵。

圆也普遍运用于技击上。武术有讲究硬接硬打的，但"四两拨千斤"就是以圆化掉对方攻来之力，旋转出拳以此借力、发力，可蓄发出更大的力量。武术界有"对方打来身如球，拧走转换莫停留"。这个圆是立体的圆，要求身体如圆球般圆滑滚转，使对手难以准确寻找到击打的位置。一些拳师常讲"以步法打人"。怎样以步法打人呢？形意拳要求"进步退步如球之无端，又进又退如球之相连"；八卦掌要求"环环相扣，势势相连""如机轮之循环无间也"；太极拳《乱环诀》则称："乱环法术最难通，上下随合妙无穷，陷敌深入乱环内，四两千斤着法成。"步法打人，实际是步法灵活胜人也。而这灵活，却离不开圆。

武术讲究一招一式，势正神圆，势正招圆。神圆是指精神状态的完美，招圆是指技术的和谐圆润，两者的统一将是武术美学高度的升华。

（四）"和谐"是武术美学思想的本质特征

和谐是指事物或现象各方面的配合协调一致，是一个从对立到统一的过程，是事物或现象发展的一种美好状态。它在武术运动中是指所有组成部分的有机联系，通过联系再现合乎规律的美学思想本源。和谐是中国古代体育美学的理想，"和"字最早出现在金文当中，并成为中国古代美学中的一个重要范畴。

和谐体现的是中华文化兼容和博爱的精神，与西方崇尚的物竞天择、弱肉强食和改造自然、征服自然、与自然相对立的"达尔文主义"截然不同。和谐思想由人与自然的和谐、人与人的和谐、个人身心的和谐、人与社会的和谐、不同文明间的和谐五个方面构成，形成了中国哲学"普遍和谐"的整体观，包含了"和生、和处、和立、和达、和爱"五大原理。"和谐"的审美理想，表现在武术美学思想中，就是人生命的和谐，即动静结合、神形兼备、内修外炼、刚柔相济、阴阳互补，意、气、体三者达到统一。

我国最早对艺术实践经验进行概括的古代美学思想家史伯指出："美就是和谐，和谐就是美。"古希腊唯物主义美学家赫拉克利特在论述美学思想时指出："美在于和谐，和谐在于对立统一。"对立统一的事物源于社会实践，古代社会的各种实践活动是武术产生的沃土，其美学思想是对立统一事物的客观反映。武术中对立和谐统一的美比社会客观实践所反映的美更全面、更典型、更生动、更具体，主要表现在两个方面。

1. 矛盾对立的统一性

西周至春秋末年被认为是我国美学思想的启蒙时期，它与阴阳五行哲学思想的发展有着密切的关系。武术的美学思想也正是沿着阴阳总纲变化发展的，仔细观察任何一种拳械套路，在由起势到收势的整个节奏上，无不包含着阴阳、动静、虚实、刚柔、攻防、进退、快慢、张弛、轻重、缓急、密疏、广狭、长短、逆顺、收放、伸缩、上下、远近、高低、前后、左右、大小等矛盾的对立统一。这在武术流派分类、练法、技法等诸方面都是一样的，总结起来有两种情形：相互包含，表现彼此吸引的趋势；相互贯通，表现彼此转化的势态。这与古代美学的"相成""相济""相和"思想是一致的。

2. 内容与形式的和谐

武术的流派众多，内容繁杂，套路形式数以千计，风格各异，这种多样形式是任何项目所无法比拟的，所以内容与形式的和谐是武术美学思想的一个重要方面。从哲学意义上来讲，一定的形式反映一定的内容，任何武术内容都是通过具体形式来表现的，当内容与形式有机地结合起来，就是高度和谐统一的美，具体表现在以下三个方面。

（1）整体与局部的关系。武术的整体内容包罗万象，诸如拳术、对练、集体表演、攻防技术和功法等；局部内容是指某一种拳术、器械而言。无论是整体内容还是局部内容，必须通过多种形式加以表现，以保证内容和形式的整体性、适宜性和主从性，才能突出各种拳械的风格和特点，再现美学规律。任何一个套路从创编到定型，拳师们都经历了反复的揣摩、体悟、应用、修正、完善等过程，甚至需要付出毕生精力才可能流芳于世。另外，也可以将某一套拳或器械看作一个整体，组成整体的各部分称为局部，那么就可以用点、线、面来说明整体与局部的联系。单个动作，或一招一式为点，各段演练、变化的轨迹为线，而由起势到收势的全套演练为整体。美就孕育在其中。

（2）局部与局部的关系。武术中某一内容和形式相互协同是达到整体和谐的关键。任何一种形式必须反映武术的某种内容，而脱离武术内容的形式则是空洞的，无从论美。例如，初级三路长拳在创编过程中，在整体设计的基础上充分考虑各段局部间的和谐。第一段以手型、手法、步型、步法为主，第二段以掌法变化为主，第三段以躲闪、肘法、击打为主，第四段以腿法变化为主。各段的侧重点构成了一个既和谐又完整的套路。1990年和1999年由国际武术联合会分别审定的两套"国际武术竞赛套路"在创编上充分考虑武术的发展需要，以及局部之间的时空关系。图形更加多样化，运动路线更加个性化，攻防含义更加突出，动作衔接更加紧凑，再现了美的特征。

（3）内容与形式的变化。武术的内容和形式是不断发展变化的，内容的逐步丰富带来了形式的深化、反复、奇正、参差等规律，以达到相互协调的目的。从武术发展史来讲，宋明前及后段时期，套路极为简朴，武术意识、击法、技巧、功力高度结合与集中，程式上有起势、承接、高潮、收势等，富有格式化，完整统一。近代武术套路有了新的发展，在路线布局上讲究直、曲、斜、弧线、圆、"S"形、三角、对角、直角等多方位结构，体现了美学中对称、对比、平衡、均衡、呼应多样的变化特点。另外，表演器械的重量、长度、服装、式样以及演练时的配乐等都有一定规格，反映了对立的和谐统一。这些都是武术美学的具体体现，反映了社会需要与时代精神的高度结合。

二、武术美学思想指导下的美学要素表现形式

在武术美学思想的影响下，许多美学因素在武术中得以体现，并作用和丰富

于美学，如神韵、飘逸、气韵、情趣、意境等。由此带来的表现形式就更多了，下面介绍具有代表性的五种。

（一）姿势美

姿态、架势、功架、造型都属于姿势美的范畴。长拳是一种姿势舒展、动作灵活、快速有力、节奏鲜明并包含蹿蹦跳跃、闪展腾挪和起伏转折等动作和技术的拳术。长拳的动作除了要体现攻防技术的含义外，还要讲究骨法，动作要求规范，姿势优美。拳谱中讲"五体称"，四肢与躯干五条线充满骨力，这五条线就像写字一样，结构要匀称、工整，或撑拔张展，或勾扣翘绷，或屈伸回折，无一处松软，并呈现出健美之势。武术拳种丰富多彩，各具特色，姿态迥异。

武术的造型，或定势，或亮相，是姿势美的另一种表现形式。造型又可分为动与静两种，在时间和空间的运动中形成了连续不断的变化。就整体上看，动静造型是相互联系、相互转化、不可分割的。从这个意义上来讲，每一个造型的起势与收势都可以看作静态造型，如"金鸡独立、白鹤亮翅、推窗望月、青狮托球"等，这些都是在相对静止条件下的造型。而五体，"乃可谓之形备"，是指人体由躯干、两上肢、两下肢外在形体所构成；两上肢和两下肢以躯干为纵轴左右对称，这种解剖结构的对称表明了人体的匀称、和谐和端庄。拳谱习惯将人体的这种结构称为"五体""五骨""五筋"。武术的动作和姿势形形色色，但始终不离"五体"的变化。

"燕子抄水、大蟒翻身、乌龙绞柱、鲤鱼打挺"等可视为动态下的造型。这种造型是富有攻防意义的。

（二）劲力美

劲法、力度等属于劲力美的范畴。劲法是武术中各种运用劲力的方法和技巧的总称。按照劲法的基本运动形式，其可分为蓄劲、发劲；按照劲力的强度，可分为刚劲、柔劲；按照劲力的外部表现，可分为明劲、暗劲、化劲；按照劲力的运动方向，可分为直劲、横劲、竖劲、斜劲、圆劲。无论什么劲力，都是从"发劲"和招式着眼的。例如，长拳中讲"劲力顺达"，富于"寸劲"。许多拳种讲究发劲刚猛而纯透，有力而不僵。例如，南拳的特点是步稳势猛，套路中多短拳，擅标手，上肢功夫尤为突出，动作刚健有力，很能表现演练者的力量素质，富有一种"阳刚之美"。而通背拳和部分象形拳除了具备外形生动逼真以外，其发力体现在冷弹劲、鞭打劲、伸缩劲等，以灵动的变化捕捉击打的目标。又如，别有一番情趣的太极推手，它是一种柔中寓刚、绵里藏针的双人对抗，被人称为"画圈子"运动。它是以掤、捋、挤、按、采、挒、肘、靠等方法，双方沾粘连随，通过肌肉的感觉来判断对方的用劲，其中缠丝劲、螺旋筋、崩撼劲、翻扯辗转劲等经常使用，并借劲发力而将对方推出，达到失去平衡或倒地的目的，以决胜负。按照著名美学专家朱光潜所说的"移情作用"，就会在推手时出现"筋肉感"。太极拳名家中所表现的劲力常会使人们产生此感。

劲力美或健力美用在散打项目上更有说服力。散打被称为体力技术抗衡、智力意志较量之"勇敢者运动"。无论是早期的"散打王"，还是今日的"中国武术散打职业联赛"，以及各电视台举办的《武林大会》《武林风》等，都展示了我国散打竞技水平的不断提高。在此基础上，它的美学特征和观赏价值也在稳步提升，概括起来有六个方面：①赤膊上阵，人体之美；②角逐激烈，激动人心；③张扬个性，展示技艺；④战局莫测，引人入胜；⑤攻其不备，出其不意；⑥奋力拼搏，意志顽强。散打比赛是针锋相对、短兵相接的抗争，在势均力敌的情况下，硬打硬冲是一大忌。所谓的"刚对刚，必有伤"，就是要求对抗双方有运用多变战术的方案：制造假象，巧与周旋，避实击虚，以智取胜；声东击西，取上打下，"以短逼长，以闪为进，以疾制慢"等战术。

（三）节奏美

快慢、高低、刚柔、动静、虚实、轻重、开合、转折等对立统一的变化都属于节奏美的范畴。只有对立，才能产生节奏；只有统一，才能体现完整。武术节奏鲜明，富于变化，拳师们很早就总结出了"十二型"的变化规律，即动如涛、静如岳、起如猿、落如鹊、站如松、立如鸡、转如轮、折如弓、轻如叶、重如铁、快如风、缓如鹰。我们可以通过实例加以分析，如"旋风脚接劈叉"这个组合动作就是典型的反映高与低的时空变化。那腾空纵起的一瞬间，似若龙卷风直冲云天，在空中快速完成旋转击拍以后，紧接着低姿势造型，犹如矫健的雄鹰俯冲而下。这种瞬息之间的时空变化充分展示了一种美的韵律。在快与慢的变化中，快者犹如海浪般激荡，滔滔不绝，使人精神为之振奋；慢者动作犹如微风细雨，缠意绵绵，又如山涧涓涓溪水、潺潺缓流，把人带进大自然那秀美如画的田间风光之中。要掌握动静、起落、快慢、轻重、高低、刚柔的分寸，要形成互为补充、互为衬托的辩证统一。这种统一的结果便是表现出鲜明的节奏感与节奏美。

再从一套拳的表现来看，除了具备鲜明的节奏外，还必须符合它的完整性和技击性，如蛇拳，以蛇的"曲仰自如之态，左顾右盼之意"等动态特点创编而成。从青蛇惊醒、出洞、游行、觅食到"神蛇练月""风蛇绕树""玄蛇磐石""腾蛇起雾""白蛇吐信"等数十个动作一气呵成，其刚柔相济、快慢有别、动静兼顾，再加上蛇拳的手法、拳法，配合各种步型、掌型以及富有表现力的眼神，其演练形象逼真，引人入胜。

多年来，竞技武术倡导集体项目，由于可以配乐，更增加了演练的节奏感。无论是徒手还是各类器械的表演，都给人耳目一新的感觉。时而单练、时而对练、时而组合、时而集体，动作整齐划一，难度高潮迭起，内容编排推陈出新，主题紧扣观众心弦，令人拍手叫绝。

（四）神韵美

武术的神韵之美是集姿势美、劲力美、节奏美、内容美、意蕴美为一身的由内而外所体现出的一种美学特征。所谓神韵，即精神韵致。神是指生命的象征，如神采奕奕、神采飞扬，若体现在武术方面将是"意发于心，神传于眼"，意气不断，富于韵味。韵是指和谐的生命节奏，如气韵有声、神韵有致等，体现在武术方面应为"形断意连，势断气连"，灵活多变，富于节奏。

武术的神韵美是一种很难用语言表述的状态，可谓"不可言喻之妙"，但它又实实在在体现在套路的演练之中。根据多年从事武术教学和训练工作的经验和实际感受，可以将武术的"神韵美"概括为眼神变化、意境悠长、富于节奏。

眼神变化。第一步要求：眼随手动，神聚于眼。长拳技法要求达到"拳如流星，眼似电"，表明拳法敏捷快速，眼法机智敏锐，并从敏锐的目光中彰显灵动的神态。形意拳有"心要正，眼要精，手足齐到定要赢"，八卦掌的"心是帅，眼为锋"，强调的都是手动眼随，手眼配合协调一致。第二步要求：心动形随，眼随势变。除了眼随手动以外，还应该随着动作和势式的变化而变化，所谓"左顾右盼、上瞻下视、前观后眄、远眺近睽、正睹旁睐"等眼法都是从实战中总结出来的"眼观六路"，体现了眼法的多变性。第三步要求：目随势注，神传于眼。主要是指静止性动作其延伸向前凝视的状态，目光中显现出"伺机而动"、静中含动的意向。"用志不分乃凝于神"，体现的是"注目"和"凝视"。外国人与中国人习武的最大差别就在于眼神的不同，其眼神中渗透着观念、思维、价值、性格、习俗和审美的区别，实质就是文化的差别。"眼无神，拳无魂"便是也。

意境悠长。意境是一种美的境界，是情景交融、以实生虚的状态，能引起联想，耐人寻味。古老的中国"有美而无学"，由此出现了"天地有大美而不言"的状况，无论如何，美的意境是久远的。《吴越春秋·勾践阴谋外传》中关于越女论剑一段记述有"其道甚微而易，其意甚幽而深"一句。其中的"意"便是指"意境"。套路按一定的价值取向和审美需要，将具有攻防意义的技击动作进行艺术加工，和演练者、创编者的情感、精神融合一致，在似像非像中达到情景交融、神形交融。著名武术大师蔡龙云认为，好的套路演练时要将自己"置于一个战斗的场合"，才会气韵生动，气势如虹，气质贯一，表现一种英武不屈、坚韧不拔的斗志和气概，再现战斗的艺术意境，既是恢宏的又是蕴藉的，既是飞动的又是沉实的。套路的出现使武术有了更深厚的文化意蕴，并具有了更多的艺术元素。

富于节奏。具体体现在套路演练中的对立统一变化规律。谈武术的神韵美，必然涉及武术的艺术化与艺术性现象。随着武术功能的相对转换，武术的艺术化倾向也在加剧，所以有人感叹："现代的武术姓'舞'不姓'武'！"若从武术发展历史来看，不同时期的"武舞"是含有相对的艺术化因素的，其中追求美感、助兴、娱乐、玩味等都属于这个范畴。但自春秋战国以后，武术更多的是它的战争实用性，到了宋朝以后出现了"花法"等套子，可谓"中看不中用""左右周旋，满地开花"的形式，并受到明朝将领的严厉批评。戚继光在上呈皇帝"论蓟门练兵"的奏折中说："教练之法，自有正门，美观则不实用，实用则不美观。"何良臣也在《阵纪》中指出："花刀、花枪、套棍、滚杈之类，诚无济于实用，虽为美看，抑何益于技哉？是以为军中之切忌者，在套子武艺。""虚花武艺，一些用不得在阵头上。"然而，也正是这些花法，填补了武术实用价值的艺术化缺憾。由于现代武术实行"打练分离"的发展模式，套路追求"高、新、难、美"的目标，其艺术化倾向自然相伴而来。难怪有人感慨："西方有把艺术技术化的倾向，中国则有把技术艺术化的倾向。"

是否可以这样表述：武术的发展应去艺术化倾向，保留其技术性。武术的艺术性是对武术表演的整体包装，武术的攻防技击含义不变。例如，已有14届中央电视台《春节联欢晚会》上出演了15个武术类节目，大受好评。其原因就是灯光、音响、背景、服装、情景、主题等因素的综合作用。由此也带动了舞台表演市场的日趋成熟，如2008年北京奥运会开幕式中的武术表演；2010年上海世博会期间上演了"少林寺之武僧传奇"舞台剧近300场；2011年世界大学生运动会闭幕式中的武术表演都具有独特的风格。

（五）名称美

名称美主要是指以象形的命名而确立武术动作之美。自假托宋太祖"赵匡胤36式长拳"出现以来，就有为其套路动作冠以美妙的名称，当初只不过是方便记忆的符号，随着套路的成熟和数量的增加，名称的寓意更加生动形象，使习武者一边持械修炼，一边品味美妙的寓意。根据我们的初步考察，武术的名称主要分为直呼和形容两种。例如，直呼"提膝穿掌"，而形容为"金鸡独立"；直呼"弓步前指"，而形容为"仙人指路"等，可谓异曲同工。粗略统计，武术的名称可分为四类：一是仿生类，以象形拳所立的名称都具有这一特点，如白猿出洞、猛虎下山、白蛇吐信、黑虎掏心、金蝉脱壳、鹞子翻身、青龙探海、犀牛望月、百鸟齐鸣等；二是典故类，如苏秦背剑、霸王举鼎、哪吒探海、武松脱铐、秦王卸甲、仙人扑榻、玉女穿梭、女燕穿林、二郎担山、羿射九日等；三是宗教类，如达摩禅杖、十八罗汉、金刚捣锥、小夜叉棍、少林佛珠、少林装裳、童子拜佛、道长捋须、三丰抱剑、丹凤朝阳、仙人指路、一柱擎天、二龙戏珠等；四是描述类，如双峰贯耳、钩挂连环、拦拿扎枪、弧步绞枪、扫棍旋子、坐盘抱棍、左右劈刀、虚步藏刀、左右撩剑、弓步崩剑等。这些名称更偏重于意会，偏重于形容，托物取喻，借物发挥，集中而浓缩了"朦胧、抽象、情趣、回味"的美学因素。

再具体分析如下：如大鹏展翅、苍鹰扑食等，给人一种威猛雄健之感，体现了雄鹰气吞千里、力负千钧的雄伟气魄和坚韧不拔的英雄气概；如群猴攀枝、白猿献果等，则体现闪展腾挪和巧妙轻灵，给人以机敏灵活、轻松活泼的乐趣；又如金鸡独立、燕式平衡等，体现了舒展自如和悠闲自得的情态，给人一种舞台艺术造型美的享受；再如力劈华山、崩断昆仑等，好像擎天巨人拔剑出鞘，气势磅礴，威风八面。这种意境美使武术的本质融于行云流水的演练中，以势夺人，以形娱人，以神感人，以气贯穿始终，如一首首优美的抒情诗或奔放的进行曲，使人们在刀光剑影中享受美，品味淳厚的武术文化。

综上所述，武术美学思想是以中国古典哲学为主线，派生出来的一种全新的思想体系。这种思想的萌芽、形成、发展和完善均深植于中国大文化系统之中，不同程度地渗透着民族风俗、习惯、心理、情感、艺术、文学等因素。

第四节　武术文化产业发展与体系划分

一、武术文化产业发展

（一）确定武术文化的产业性质及活动

早在 1985 年，国务院就批准了国家统计局的《关于建立第三产业的统计报告》，将体育正式列入第三产业。作为体育项目的武术，其产业性质也得到确认。当时的国家体育总局副局长张发强概括性地指出，我国体育应当是"具有产业性质的社会主义公益事业"。由此，我们可以从三个方面来理解武术文化的基本定位：①武术依旧是社会主义公益事业，而不是物质资料生产行业，重社会效益；②武术文化应具有产业性质，成为可以创造经济价值的部门，参与市场竞争；③武术文化依旧是事业，仍需要国家继续加大投入，形成国家与社会共同兴办武术事业的格局，走社会化和产业化道路。

我们将1980—1990年这一时期称为武术文化产业的初始期，其主要标志有五个方面：① 1982年，由李连杰主演的《少林寺》影片，以高超的摄像技巧和精湛的武打动作，迅速吸引了人们的眼球并轰动于全球，即刻引发了"武术热"，以此带动了嵩山少林寺武僧团的成立，当地武术学校悄然兴起。②首批香港功夫片涌入内地影视市场，如《大侠霍元甲》《陈真》《射雕英雄传》和《神雕侠侣》等，进一步掀起了"功夫热"，并带动了周边武术服饰、器械和餐饮等武术文化产业及服务业的发展。③全国部分体育院校开始独立招收"武术专业"学生，后成为"民族传统体育"专业，大批适龄习武学生进入高校深造。④ 1990年，以"中国武术与传统文化学术研讨会"为契机的"武术文化学术"研究正在兴起，武术刊物随之跟上。例如，《武林》《中华武术》《武术健身》和《拳击与格斗》等为习武者提供了学习和交流信息的平台。⑤"武术搭台，经贸唱戏"是这一时期最显著的特点之一。1988年的第一届中日太极拳比赛交流大会和国际武术节，以及随后的"汛华杯"第一届世界武术锦标赛则完完全全是由中国武术协会和有关公司按照市场规律成功运作的典型之作。在杭州与深圳举办的两届国际武术节，集资额达3 000万元人民币，郑州国际少林武术节先后成功举办了4届，并分别创下了8亿、24亿、32亿和52亿元的经贸合同，政府部门也对武术文化的经济资源和功能给予了重新认识。

（二）确认"武术经济"等新提法及活动

当武术文化的产业性质被确定后，与之相适应的新提法不断出现。1991年，国务院批转《文化部关于文化事业若干经济政策意见的报告》中，正式提出了"文化经济"的概念；在1992年出版的由国务院办公厅综合司编著的《重大战略决策——加快发展第三产业》一书中，明确启用了"文化产业"一词，这是我国政府主管部门第一次用"文化产业"这一概念。随后，文化部设立了文化产业司，并将文化产业纳入政府的工作体系中，武术文化产业紧随其后。"1998年全国武术经济工作会议"上第一次使用了"武术经济"的提法，虽然没有给"武术经济"下一个准确的定义，但是已经确定了"武术经济"是一个上位概念。这种提法是对"计划经济、市场经济、社会经济、文化经济、体育经济"等名称的移植，旨在涵盖与武术文化产业相关的所有经济问题。

我们将1991—2001年这一时期称为武术文化产业的成长期，其主要标志有六个方面：①继"郑州国际少林武术节"后新一轮的"武术搭台，经贸唱戏"又在上演。1991年，湖北举办了"武当武术文化节"，在4天内仅经贸活动成交额就达到7亿多元人民币，让人惊叹；1992年首届温县国际太极拳大会，外商为该县投资达10亿元人民币，温县政府将武术与"粮、滩、药、鞋"并列为五大优势之一进行开发，列入了温县经济发展纲要。可见，武术文化为当地经济建设注入了活力。②以"中国武术协会经济开发委员会"成立为契机，与企业联合成立了上海泰戈武术发展有限公司，在北京成立了中鼎国际武术发展有限公司和中武奥体武术发展有限公司，并邀请一大批经济学者介入大型武术活动和赛事的策划、运作。例如，世界太极拳健康大会、散打王争霸赛和第一届散打世界杯的诞生都产生了相当规模的产业值。1995年，国家不再出资承办赛会，而是由承办单位投资或以承办单位为中介，依靠贷款、企业赞助、集资、捐资、办实体、开发场地资源等形式解决经费问题，取得了明显的效果。据不完全统计，1995—1997年的全国武术套路锦标赛赞助金额在10万～40万元人民币。散打锦标赛赞助情况明显好于套路锦标赛，这与该项目的对抗性、激烈性、刺激性、观赏性等特点有关。③根据"武术经济工作会议"精神，武术文化市场"要从过去的重点关注优秀运动队的比赛转向全民习武健身，推动社会武术尤其是传统武术的发展"上来。全民健身活动带动了习武人数的不断增加。据不完全统计，当时国内经常习武的人数已超过6 500万，占我国体育人口的一半；全国"武术之乡"不断涌现。有人通过比较，发现武术与足球在中国的发展存在一个有趣的现象：武术项目练的人多而看的人少，而足球则是看的人多但练的人少。这一多一少反映了两个项目在我国发展的基础，也道出了市场冷热的原因。④以塔沟少林武术学校、莱州中华武术学校为龙头的全国武术馆校多达12 000余所，比全国所有业余体校的总数还要多上几倍或十几倍，产值达20个亿。体育院校武术生源充足，首次将武术比赛列为全国大学生运动会的正式项目，具有里程碑意义。⑤自20世纪90年代以来，以盛阳体育用品有限公司为首的一批民营企业纷纷成立，主要生产太极服、武术服、散打系列服装及器械、跆拳道服装及器械，以及健身等产品，以满足习武者的基本要求。⑥出版业和影视业异军突起，以《中国武术大辞典》和《中国武术百科全书》等为主流的权威书籍问世，加大了对"武术文化"研究的力度和深度；以《尖峰时刻》《龙之吻》等经典影片冲击好莱坞，成功引发了李小龙之后的新一轮国际功夫热，有效地提高了武术文化的国际影响力。实践证明，21世纪最大的艺术是电影，最大的体育运动是足球，令人遗憾的是没有产生足球电影，倒是武术渗透到影视领域，创造出武打片这样一种艺术形式，并登上了好莱坞世界电影的艺术殿堂，推动了武术文化产业的发展。

（三）确保武术文化产业的发展及活动

在"成长期"的基础上，又迎来了我国加入世界贸易组织的良好机遇。我国承诺：在部分文化项目和文化产品经营上，实行不同程度的开放，为中外文化产业的合作与交流创造有利条件。党的十六大、十七大、十八大报告中均明确指出"发展中国文化产业的战略构想""大力发展文化产业""扎实推进社会主义文化建设"。国家"十一五"和"十二五"文化发展规划纲要中都强调"文化发展纳入国家发展的总体战略计划中""文化产业上升到国家战略性产业的高度"。至此，文化产业迎来了发展的黄金时期，武术文化也搭上了"快班车"。

我们将2002—2012年这一时期称为武术文化产业的发展期，其主要标志有七个方面：①以网络、动漫、影视、报刊、出版为代表的媒体产业成为武术文化产业的主打，武侠电视剧逐渐成为流行文化中的一股浪潮。例如，"中国武术网""中华武术网"等网站相继成立，网络带来的移动声讯、影像服务等多媒体给武术爱好者以更快捷和丰富的资源。又如，我国自主开发的民族网络游戏《剑侠情缘》和《梦幻西游》等一批国产网络游戏极具民族特色，制作优良，市场潜力巨大。②由中美合作的"新武侠新文化"项目已经启动，拟把金庸、古龙等10多位作家的武侠作品改编为动漫作品，未来几年武术题材的动漫将蔚然成风。③出现了一些民营企业投资武术文化的新现象，其中《禅宗少林·音乐大典》就是成功的范例。不仅如此，还有不少电视台与企业联合打造了"中国武术散打王争霸赛""武林大会""武林风""英雄榜"和"武术散打功夫王争霸赛"等。④武术教育、培训、竞赛、演出及相关的服务业、制造业的发展给武术文化产业的发展提供了极大的空间。各种形式的武术文化商业活动在国内外交替上演。⑤目前，全球的所有孔子学院都设有武术课程，深受外国学生的喜爱。"世界传统武术节"已成功举办了4届，有效地促进了武术文化的国际传播，促进了各国习武者的友好交流。⑥区域性武术文化发展成为最大亮点。以嵩山少林寺为龙头的武术与禅宗合一的特色旅游构成地方品牌，有效拉动了当地旅游业、制造业、服务业和餐饮业的发展。紧随其后的河南温县的陈家沟、四川的峨眉山、山东的梁山、广东的顺德、福建的南少林寺等先后开发和利用当地自然景观和人文资源，大力发展武术旅游业，让人们在游玩之中获得武术文化的熏陶，并推动武术产业的发展。

二、武术文化产业体系划分

在提出"武术文化产业"之初，由于受市场经济和体育经济的影响，武术领域也出现了许多新的提法，如武术经济，武术产业、武术产业化，武术商品、武术商业化，武术市场、武术市场化等。总之，它们都是围绕着"武术文化资源"所展开的，对此是仁者见仁，智者见智。在这里有必要就与"武术文化资源"关系密切的"武术产业"和"武术产业化"两个关键词加以解读。"武术文化产业"是一个大概念，是从宏观上认识的范畴。综合多方观点，概括为武术文化产业是指以公司或企业的形式，从事与武术文化商品生产和文化服务相关的行业。

武术文化产业是一个覆盖面很广、企业关联度颇高的产业，涉及国民经济的许多部门。有人形象地概括：武术文化产业是"经营人体"的行业，是"生命产业"，并突出其健身性、娱乐性、知识性和经营性的鲜明特征。

对于"武术文化产业化"的普遍认识是，武术文化产业化是指武术事业的基本运行方式向市场经济的要求转化，按照市场经济规律和武术发展规律，开发武术文化资源，把武术与经济结合起来，运用一系列经济原则、方法、手段和行为，刺激武术文化商品的需求，拓宽武术市场，强化自我发展潜力，形成武术文化市场运行的新机制。我们将武术产业化的发展概括为"产、供、销"三个关键性环节，实质是指"武术文化产业"的运行过程。

三、武术文化开发中存在的问题及应对措施

（一）现存的主要问题

1. 体制机制与政策法规明显不足

提出并实施"武术文化产业"不过是近30年间的事情，可谓时间短、基础薄、开发少、消费低。基本上是"摸着石头过河"，并没有直接的法律作为保障，充其量只是行政性规定和管理条例，并非适合武术文化资源的开发，而且行政干预颇大。在武术文化产业的初始期就确定了它的"产业"与"事业"双重性质，进而国家体育总局强调：逐步形成国家与社会共同兴办武术事业的格局，走社会化和产业化双轨道路。由于"双重性质"的存在，便出现了"两不管"或"两都管"的混乱局面，体育、武术、文化、教育等相关部门各自为政，单打独斗，管理权限不清，责任划分不明，缺乏统一的宏观调控，很难形成合力。若按照市场规律来讲，武术文化产业是以经济效益为导向的，而武术文化事业是以社会效益为导向的，各有分工与合作，当彼此界定不清时往往会造成产业设计载体不明确、开发思路不清晰、市场前景不光明。有的省份在武术文化产业发展中就存在着管办不分、政事不分、政企不分、事企不分的现象，以致出现认识上的偏差。地方政府和社会各界对当地武术文化产业的价值缺乏关注，不仅没有健全的政策法规体系，政

府和社会资本的投入也明显不足。由此造成零散的武术文化资源难以整合，产业形象模糊破碎，文化品牌未能转化为产业品牌，而且产业规模小、载体弱、业态少等。这也是一些地方存在的共性问题，解决这些问题的唯一办法就是寻求法律的保障，建立一整套行之有效的管理体制和产业运行机制。

2. 缺乏专业人才和先进技术力量

武术文化产业的发展靠先进技术，而先进技术的研发靠人才。客观地讲，我国从来就不乏"事业"方面的武术专业人才，能够满足不同层面、国内国外的武术教学、训练、竞赛、培训、演艺、健身和咨询等要求，而且经验丰富，成功案例颇多，以构成武术传承和发展的主体。奇缺和急需的是"产业"方面的专业人才，即直接参与武术文化产业策划、研发、经营、管理的专业人才。据估计，今后一个相当长的时期内，网络媒体将会成为武术文化产业的主攻方向，不断研发适合不同年龄需求的武侠电视剧，并逐步占领国际文化市场。需要一批既懂武术，又热爱中国传统文化，同时掌握高科技的高素质人才。从近年来表现的情况来看，急需熟悉金融、财会、税制、营销、策划等方面的管理人才；缺乏负责武术文化市场规划、高素质的企业家和经纪人；缺乏武术营销人才和武术产品研发人才等。在我国，具备武术知识的人才往往缺乏应有的经营意识和知识，而一般经营者又缺乏武术运动知识，懂武术的高素质管理人才严重不足，直接制约了武术产业市场化的发展，这是一个"怪圈"。现实的情况也证明：多数经营武术学校等实体的创办人或法人代表并非武术行家，与武术装备有关的工厂或公司的创办人或法人代表几乎就没有从事过武术行业的，其成功秘诀至少可概括为以下几点：懂得管理，请能人；抓住机遇，顺势上；产品对路，销售通；不断改革，有创新；积累资本，再生产。其中，大胆起用专门人才和科学管理是最重要的。

3. 产业结构不合理及发展不平衡

我国已将文化产业纳入国家战略体系中加以发展，作为体育经济之一的武术文化产业紧随其后，但总体表现是武术文化产业政策与文化产业战略不配套，武术文化产业体制改革的现实与预期目标差距较大，直接影响了产品结构和发展的均衡性。从武术主体产业来看，如武术教学、健身、竞赛、训练、培训、俱乐部等，有较为成熟的产品来满足常规的需求，但产品质量有待提高。从武术相关产业来看，如武术用品、武术器材装备、武术保健用品和纪念品等，其中武术用品和武术器材装备较为成熟，有一批相对稳定的消费群体，这个群体就是自发、松散、随意现状下的中老年健身队伍。他们购买器材是"一次性消费"，参与集体集中的消费是较少的。这与武术本身固有的"不需要多少投资，对场地、器材要求较低，易于普及"的特点有关，这也限制了产品的研发和规模化生产。在众多的武术器材生产厂家中难见名门望族，大多数是一些民营小型企业。小企业在走向大市场时，其弱点显而易见，如投资少、设备简单、检测手段落后、技术力量薄弱、产品质量难以保证、销售渠道狭窄、难以满足高端的供求关系等。总的来看，目前对武术产品整体开发缺乏宏观指导，联合开发的项目很少，难以形成规模化、集约化、系统化的生产，在市场上没有竞争能力。从武术辅助产业来看，如武术信息咨询服务业、网络传媒业、经纪代理业等十分缺乏，与时代要求仍有较大差距。

由于受地域和历史传统等因素的影响，武术文化产业发展呈现不平衡的特点。目前，我国有大大小小上百家武术器材生产厂，基本分布在浙江和河北两省。河北厂家靠低价位立足市场，如定州的训练竞赛刀剑和廊坊的白蜡杆各有特点；浙江的企业以质量赢得消费者，如龙泉市的龙泉宝剑、永嘉县的散打护具深受欢迎。当然，也不否认还有一些作坊式的生产厂家，向现代化企业经营模式转型较为困难，竞争力明显不足。

（二）采取的主要措施

1. 依法推进武术文化产业，提高管理的科学化

自中共十八大以来，依法治国成为我国治国理政的第一要务。在此背景下，所有行业都将逐步依法依规取代现有的、不合时宜的行政性规定和管理条例，武术文化产业也必将依法得到发展。由于武术文化产业既有体育的属性又有文化的属性，既有事业的特点又有产业的特点，所以它的发展先是在体育和文化的框架下的发展，然后才是在事业和企业框架下的发展。在现有法律法规不健全的情况下，给武术文化产业单独制定相应的法律法规是不可能的，只能是主动适用于体育、文化、事业和企业多个领域的政策法规，以求得更好的生存与发展。可以预计，随着我国文化产业的快速发展和国际化的需求，一些政策和法规将会陆续出台，如《影视法》《出版法》《演出法》等，以确保与文化产业相关的企业发展得到法律的保障和政策的扶植。目前，首要的任务就是完善武术文化产业管理体制机制。通过管办、政企、政事、企事分离实现政府职能转换，建立与武术文化产业化发展相适应的管理体制，政府部门主要是做好宏观指导，整体规划，在产业项目、园区建设、示范基地、品牌塑造、投融资政策、人才队伍等方面做出相应的战略部署，把武术文化产业纳入文化产业发展的体系中加以指导，并制定规则、规范市场和监督管理，不直接参与具体的武术文化产业经营。另外，要建立健全武术文化产业发展的政策扶植体系，在资金、立项、税收等方面优化武术文化产业发展的政策环境，尤其要重点支持有市场竞争力或有品牌优势的武术文化企业、

产业园区和示范基地做大做强，大力培育能带动产业发展全局的武术文化龙头企业或企业集团。最后，抓住核心产业，合理调整产业结构。合理的产业结构是保障产业间协调发展的基础，坚持调整改组相结合，支持鼓励发展多元的武术文化产业。积极推动武术教学、健身、培训、竞赛、表演、俱乐部等核心产业的发展，并带动武术相关产业和武术辅助产业的协调发展。

2. 打造地域武术文化品牌，提高产品的竞争力

"少林""少林寺"和"少林武术"是不可复制的特殊品牌，但它给我们即将要开发武术文化产业的省市和地区的启示意义是巨大的。少林寺是以"禅武医"为依托确立的产品主题和品牌形象，并打造形成了完整的少林文化产业链条和产业集群。禅宗为佛教的核心内容，围绕着这个核心以僧人、木鱼、袈裟和佛经为产品价值的体现，而少林武术则是最具魅力和最有影响力的产品品牌，我国青少年来寺院就是想学会像《少林寺》中那样的"真功夫"。外国人则是以习武为主，兼学佛医，与之相应的产品构成消费的终端。"少林药局"的成立为少林寺的损伤救治秘方开发提供了可能，如少林练功保筋通脉方、少林练功通气血方和少林练功洗手和伤方等都是出家人在习武和修道过程中，总结和积累出来的少有的保健价值功法和养生健身良方。如今，这些良方得到了有效的开发并投入市场，初步实现了"武医结合""为民所用"的产业目标，效果良好。

后起之秀的佛山提出了"以武养武，以武兴市"的发展战略目标，采取政府扶植，企业"自主经营，自负盈亏""谁投资，谁受益"为主的经营管理模式，以"武林圣地"为依托，打出了李小龙（其祖籍在顺德、其师叶问）和黄飞鸿（其祖籍在佛山）两张王牌，有效地促进了当地的经济发展。据当地政府官员讲，近几年来，佛山多次到国外招商引资，有60%的外国人了解"李小龙"。在李小龙辞世近50年的今天，他依然受到不同肤色、不同性别、不同时代人们的追捧，据说关于"李小龙"的品牌在全世界的价值超过10亿美元。佛山抓住了这两张王牌，效益日显。据我们实地考察，佛山先后建成了黄飞鸿纪念馆、鸿胜纪念馆、叶问堂、李小龙祖居等武术文化旅游景点，目前正在筹建佛山武术博物馆，还计划将梁赞故居、陈胜故居、鸿胜祖馆等列为市级文物保护单位。另外，当地丰富的"武林人物和事迹"素材为《黄飞鸿》《叶问》等功夫影视片和文艺作品创作奠定了良好的基础，市场前景广阔。佛山的习武人群以本市市民为主，以中老年人为主，约占80%；培训内容依次为太极拳、散打和一般性武术套路。武术图书、音像、器材和服装等大量涌向市场，并产生了相应消费。其基本程序为注意—兴趣—欲望—行动—满足。它符合市场经济规律要求。

上述内容说明了一个根本性的市场经济规律问题，那就是，实施武术文化品

牌战略，将地域文化资源优势转化为经济优势，将武术文化资源优势转化为产业品牌优势。通过保护、开发、传承和发展武术文化品牌为武术文化产业带来资本聚集、规模扩大、品牌提升、消费导向、产业示范、利润增值等多重效益，从而提升武术文化的竞争力，以求得可持续的、健康的发展。

3. 重视武术文化申遗工作，提高保护意识

武术文化产业悄然兴起，这有效地保护和传承了优秀的武术文化，只有保护好，才可能更好地传承与发展。目前，我们必须承认这样一个事实：在相当长的时期内以武术文化为代表的传统武术濒临失传，或正在失传。对此，专家和学者提出了从"非物质文化遗产"的高度来抢救和保护传统武术的研究课题。联合国教科文组织于 2000 年设立"人类口传和非物质文化遗产代表作名录"，我国文化界迅速回应，次年中国的昆曲率先入选，在后来的 10 年间，我国共有 29 个项目入选联合国教科文组织"人类非物质文化遗产代表作名录"，并成为世界上入选项目最多的国家。但遗憾的是，至今赋予"博大精深"的武术却榜上无名。

在"申遗"方面的先行者是"少林功夫"。多年来，少林寺借助多方力量为"申遗"做了大量卓有成效的工作，但最终仍未能如愿。尽管"申遗"未能成功，但给后续的传统武术"申遗"提供了借鉴作用：一是要深刻认识世界级"申遗"工作是高标准、高规格的。我国应根据国际"公约"的精神，制定一套可操作的"申遗"路线图。二是要整合庞杂而丰富的传统武术内容。应在国家级非物质文化遗产名录的基础上，精心筛选、科学整合、突出重点、体现特色。三是要不断扩大传统武术的国际化影响，组织人力策划"世界武术巡演"，加大在国外的宣传力度。对此，还应保持一种平和的心态，不把"申遗"作为唯一的目标，而更重要的是用"申遗"的要求和标准来抢救和保护濒危文化产业。

2009 年 9 月 8 日至 11 日间，正值"全国武术定义和武术礼仪研讨会"在登封禅武大酒店召开，期间由笔者的朋友郑书民（少林寺对外联络处主管）安排，有机会拜访了少林寺住持释永信大师。午饭后，我们一行四人（蔡宝忠，沈阳体育学院；周伟良，杭州师范大学；朱永光，徐州师范大学；杨祥全，天津体育学院）驱车来到寺院，释永信大师放弃了午休时间，在住所接见了我们，谈话间涉及了"少林功夫"的"申遗"话题。释永信大师心情平和地道出了"申遗"未成功的原因主要有两个："一是印度评委认为，少林武术起源与印度高僧达摩有关，并拉拢相关国家的评委与之保持一致的观点；二是对我本人是否会少林武术有质疑，以此否定传承的'门头制'，我就是练武出身的。"当我们问起今后"申遗"打算时，大师说："以'少林寺院'申报'世界文化遗产'为依托，带动'少林功夫'的'申遗'，关键还要依靠国家的扶植。"结束前合影留念，大师赠送我们《少

林寺碑刻选》《塔林》等多本书籍。

对传统武术进行抢救和保护是为了更好地传承与发展。随着全球经济的一体化进程的加快，各民族的文化交流更加频繁，其相容度不断提升，形成了一种"既是民族的，又是世界的"的呼声。武术作为中国传统文化代表之一，蕴含着儒学、佛教和道教的主体思想，充满着伦理纲常、道法自然、天人合一、崇阴法水等观念，成为竞争力的所在，其传播价值就是"文化力"的体现。

4. 大力开发武术旅游市场，提高社会的影响力

原国家旅游局发布数据显示：2014年，我国出入境旅游人数居世界第一位。武术文化旅游正是在这种大背景下逐渐崛起的一项新兴产业，它是随着我国整体经济发展、人民生活水平大幅提高和旅游业的繁荣而悄然产生的，其势头方兴未艾。无疑，少林武术文化旅游是极大成功的，堪称典范，相关的研究文章多如牛毛，这里不再赘述。在"天下武功出少林"的影响下，武当山大声呼喊出"天下太极出武当"的最强音，并开启了武当山太极拳旅游之路。以20世纪90年代初湖北省举办的"武当武术文化节"为例，其就创下了可观的经济效益，引起了当地政府的高度重视，并开始有计划地实施旅游开发战略。湖北省是将武当山旅游产业纳入"鄂西生态文化旅游圈"加以统筹规划的，以大山大水大人文为优势，以武当山为中心，整合山、水、城旅游资源，延伸旅游产业链条，形成旅游景观集群，实现山、水、城互动，人文与生态相融，打造集观光、休闲、养生为一体的国内一流、国际知名的旅游胜地。十堰市委书记就"一体化"旅游问题提出了多条思路，其中特别强调：必须坚持高标准规划；坚持以武当山为龙头产业；要"坚持生态第一，旅游第二""保护第一，开发第二""社会效益第一，经济效益第二"的原则；坚持以开放促开发，以资源换资本；注意引进战略投资者，促进旅游产业大跨越、大发展……武当山旅游以"第三、四届世界传统武术节"为契机，对相关的软硬件进行了升级改造，实现了比武、问道、观光、养生为一体的特色旅游。武当山以山峦起伏、景色秀美、建筑独特、道法玄机、崇尚宝剑、练气养生而闻名，进而吸引了大批旅游、修道、习武和投资者，现在每年到此参观的游客达数百万人次，实现了经济效益和社会效益的双赢，真正唱响了"水之阴，山之阳，天下太极出武当；有为、无为、无不为，中华精神美名扬"的时代音符，不断提升"武当山——世界遗产，国家名片"的知名度和影响力。

河北省也是个武术文化资源丰富的大省，但"名盛形散"也是现实，大多零散于乡间，空间聚集度较低。针对这种状况，提出了以"侠义"为资源整合主线，塑造以"尚义任侠，慷慨悲歌"为内涵的"河北省武术"文化旅游品牌。利用正定的历史名城和旅游的优势，以此为核心建立综合性武术文化产业园——"华武

园"，这是目前我国最大的武术文化产业园林。"华武园"占地约 17 公顷，塑造文武"二圣"的文化内涵，并与正定大佛珠联璧合，打造地域旅游"礼佛朝圣"新品牌。此园是集国内外搏击竞技赛事、学术段位资格认定、中外高端专业人才培训、影视拍摄、文武一道名家论坛、旅游休闲和"华武"系列文化产品开发推广于一体的武术文化产业基地。以"华武园"为中心，辐射全省武术文化产业，如沧州武术园、保定摔跤园、广府太极园、蓟州北少林禅寺等。近年来，河北省旅游局对外发布了反映沧州、保定武乡风貌的专题片——《武乡行》《保定保健旅游》《一代宗师》和《太极拳乡记行》，有效提高了河北省武术文化在国际上的知名度，每年来此地学武、观光的外国人有增无减。到八极拳发源地孟村县学习武术的日本、美国、澳大利亚、新加坡以及我国港台地区的武术爱好者达上千人次，日本还成立了"日本八极拳研究会"，八极拳成了孟村县对外经济、贸易、旅游、文化交流的媒介，为孟村县对外开放架起了桥梁，创造了效益。

以上两个成功实例各有千秋，湖北省是将武当山旅游放在"鄂西生态文化旅游圈"龙头的位置做综合规划的，既突出了武道结合的特点，又带动了"圈内"的旅游产业，可谓大视野、大旅游。而河北省集中整合"名盛形散"资源，设立主线、深挖内涵、打造品牌，以正定"华武园"为核心，开发其他零散武术文化资源。两例的共同特点是，整体规划都是在大量调研基础上，根据本省经济状况、自然资源、武术文化底蕴、发展前景等多方面考量所做出的，既符合本省的实际情况，又凸显武术文化的魅力。较为规范地实践了"策划—投资—运作—回收"的经营模式。

总而言之，"以武养武"是一种古老而新兴的模式，古时就有广收门徒，传播武术技能及受聘于军之教者；在民间有"导引之士"和"养形之人"，教授导引养生方法的。还有依靠其勇力、武技依附贵族、富门为生的人，他们就是"以武养武"的先辈。今天的"以武养武"较之过去有着根本性的差异，它是将武术文化植于"市场经济"的大环境中加以开发和利用的，其市场决定武术文化产业的兴衰。开发和利用武术文化经济资源是一项系统工程，一项长期的任务，作为职能部门必须对武术文化产品和市场发展前景做出客观、准确的估价，并建立全国性的武术文化产品体系和管理体系，按照经济规律有针对性地培育和开拓武术文化市场，挖掘武术文化所蕴藏的巨大资源和财富，创造更大的社会效益和经济效益，造福于人类，享用于世界。

第四章　民间武术中的地方拳种

第一节　以"门"命名的拳种

以"门"命名的拳种有洪门拳、法门拳、鱼门拳、余门拳、硬门拳、空门拳、孔门拳、风门拳、鸟门拳、火门拳、水门拳、字门拳、严门拳、熊门拳、自然门拳、佛门拳、窄门拳、孙门拳、引新门拳、罗汉门拳、磨盘门拳、水浒门拳等。

下面对硬门拳的发展与传承情况进行分析和研究。

一、安福硬门拳

（一）安福硬门拳的起源

1.安福硬门拳发展的基础——"桩堂"武术

安福县位于今吉安市（旧区名庐陵），庐陵武术历史悠久，其多源于动荡的社会环境，纵观庐陵地区历史进程，其武术发展离不开两点：其一便是大大小小多达120起反抗斗争和农民起义。庐陵自214年便有史料记载的农民起义，而后其大大小小的农民起义数十起，晋至南北朝时期，封建割据势力在庐陵地区发生的大战多达12次，更有隋唐时期的吉州赤石山寨农民起义、宋代嘉定二年（1209年）的吉州农民起义、建炎三年（1129年）的金人入侵等。到明清时期，农民运动在吉安地区依然十分激烈，其中影响最大的便是太平天国运动了。据史料记载，在太平天国运动中，太平军在庐陵自1855年至1861年进行了长达7年的活动，其影响十分深远。在斗争中，人们对刀、枪、棍、棒等武术器械的使用技术日益精湛，奠定了庐陵地区武术发展的基础。其二便是源于人口迁移导致的村落权益保卫的争斗。庐陵地区山多林密，土地肥沃，自然条件和地理环境都十分适合人们生活，不断有南迁的人们在此定居。为了维护个人与村落的利益，庐陵地区的人民与南迁人民发生的冲突争斗数不胜数，南迁人民对庐陵地区人地生疏，经常在争斗中吃亏，便请武师相教武术，庐陵人民见此——效仿，村落间便兴起大大小小的习武"桩堂"，民间的尚武、习武热情高涨，作为攻防格斗的武术在此过程中得到了飞速发展。"桩堂"武术是庐陵地区的历史文化特色，其对庐陵地区的武术发展乃至江西的武术发展有着巨大的推动作用，是江西武术文化、历史不可缺失的一部分。

笔者通过调查发现，安福地区的习武者在讲述其习武历程时，都会提及"起桩"。所谓"起桩"，便是"桩堂"中技艺高超的武师进行授徒的一种叫法，也称"教打"。"桩堂"形式的武技传播是安福硬门拳流传的主要途径，安福硬门拳的传承方式有三类：第一类是由当地每个村子的领事人牵头，根据自己村庄需要去寻找联系一位拳师（当地称把士），跟拳师商讨利益相关条件之后，然后请拳师到其村庄内教拳，教拳的时间一般为 3 个月。教学内容是一些简单的硬门拳套路（四门、小连等）和散手，1 ~ 2 门器械（棍、板凳）。第二类是在教学过程中，如拳师发现人品与身体条件都特别好的学生，经双方同意后，拳师会收其为门派弟子，教学内容除套路、散手跟器械外，还会教授其医术（治疗跌打损伤、断骨错经等）和硬气功（金钟罩铁布衫、铁砂掌）。第三类是本着传内不传外的原则，拳师只传授给自己的儿子还有儿媳，教授内容除了以上所讲之外，还会传授其点穴功法，俗称五百钱。五百钱乃是手上功夫，在不知不觉的情况下对人的穴位进行点按拍打，使其经脉受阻，由此产生身体病变，五百钱在攻击时十分隐蔽不易察觉，可能一个简单的握手或者拍肩动作就已经完成了点穴。

"桩堂"武术形式独特，拳师们在"起桩"过程中，展示自己的武技和实力，赢得威望，以扩大自己的势力。有名的拳师通过"起桩"常常能招收成百上千的弟子。当然，拳师之间也会有切磋和较量，要想与名拳师切磋，必须先与其弟子过招并取得胜利。常常有败者拜胜者为师，并虚心求教的事例发生。正是因为有这样的桩堂武术文化的存在，才使安福硬门拳不断地进步与发展，并在其发展过程中与优秀的中华武术进行交融。

随着社会经济文化的飞速发展和现代体育教育培训机构的兴起，"桩堂"武术的传播模式受到冲击。在武术文化式微的当今，"桩堂"武术形式作为武术文化的一种，具有的社会价值也渐渐减弱，许多"起桩"的师傅为了生活和生存，也只有选择另寻其他的谋生门路，庐陵地区的"桩堂"在渐渐消失。但笔者认为，任何一种文化形式在时代更迭的时候都避免不了遇到这样的问题，人类社会一直是优胜劣汰的。"桩堂"武术的传播和当今社会的武术馆、跆拳道馆、培训学校和培训机构在方式上其实是相似的。笔者认为，"桩堂"武术的衰落和它的文化内涵是没有关系的，只是时代更迭，在近代武术文化的发展和传播都陷入低谷的过程中，许多武师为了生存被迫放弃了"起桩"。"桩堂"武术只是没有找到一条适应当今社会的发展途径，但其内容是丰富的，文化价值是宝贵的。

2. 安福硬门拳的起源与传承

我国的传统武术除了技击技法，更注重对人、生命、自然的理解和体悟，对人的心灵德行、人格的涵养与教化。但是不可否认，传统的武术文化也存在着一定的弊端，如传统的武术极其重视门派。早在清朝初期，武术就已经有了内外家之分，各个门派间相互竞争、促进，相互衍生，形成了武术的繁荣，但也造成了武术的封闭性。各门派间也相互排挤，使武术的发展受到了重重限制，"桩堂"武术文化遵从各派同源的观点，不争门派长短，很多武师集各家武术于一身，熔各派精华于一炉，再走出自己的武术道路。安福硬门拳的传播得益于"桩堂"武术文化的开放。安福硬门拳因为其传承形式基本为口传身授，没有成文的武术功法典籍，所以在其传承过程中，可能存在部分失真或失传的内容。笔者通过对硬门拳传承人进行调查采访，并在当地对一些高龄武师进行采访核实，对其发展脉络进行了整体的把握与分析。

通过对安福地区的武师进行走访调查得知，近代在安福县最早使硬门拳闻名的便是少林武师贺金彪（化名）。贺金彪乃是南少林弟子，与人结怨后藏身于少林习武，为人义勇好斗，武技高超。其自少林归来之后，以一身功夫在安福县威震一方，贺金彪在安福县"起桩"后，收纳弟子无数，但遵从传统武术文化，对嫡系弟子教授内容的多少取决于其人品，贺师傅所收徒弟名气最大的有三人：其一名为杨厚德，人称"驼师傅"；其二名为肖西贤；其三为彭文龙。杨厚德与肖西贤在拜贺金彪为师之前本就是功底深厚的武林中人，又得到师父贺金彪指点，武功日益精进，后各自起桩，开始"教打"（传授武艺），以此谋生发展势力。杨厚德为人忠厚，收徒考量，喜爱切磋，收徒上千人。肖西贤为人桀骜，民国时期是安福县民团团长的保镖，收徒无数。但是肖西贤成为民国保安团团长的保镖之后，仗势欺人，鱼肉乡里，据传当年彭德怀率红军进入安福县城时，肖西贤带领部下进行抵抗，杀人如麻，阻止了红军入城。肖西贤于中华人民共和国成立后被枪决。贺金彪的另一个徒弟彭文龙本为武术世家出身，酷爱武术，听闻贺金彪的名声，一心想拜贺金彪为师，请了三位有名的裁缝缝纫一个多月，做了一件极其好看的大袍，在新年伊始之际以拜年为由送与贺金彪，见其收下，并当场跪地拜师。贺金彪见不好推脱便收其为徒，后发现其资质过人，便着重培养。彭文龙为人豪爽仗义，天资了得，学得一身绝技，不仅医术、武功精湛，其乐理、戏曲也是闻名当地，可惜不曾收徒。

安福硬门拳在贺金彪和其弟子们的传播下发展迅速，拜师之人络绎不绝，也因此出现了一大批优秀的武师，其中霸王手杜武师、金枪手毛师傅、九节鞭丁师傅、狮子头七师傅等都各有自己的拿手绝活。其中，狮子头七师傅便是当代安福硬门拳传人刘骋昌的外公欧阳福昌，因家中排行老七，善舞青狮（单人舞狮），故被大家称为狮子头七师傅。欧阳福昌的哥哥也是武林中人，师传于永兴的黄振才，他以一身八卦掌绝学叱咤于长沙码头，弟子400余人，欧阳福昌在长沙码头帮衬大哥，后因码头纠纷，带其大哥的儿子回到安福躲祸。回到家乡的欧阳福昌拜了杨厚德为师，以其优秀的功底，成了杨厚德的得意弟子。

硬门拳在安福周边发展迅速，20世纪初期是安福硬门拳最盛行的时期，硬门拳妇孺皆知。随着改革开放后外来文化的冲击和经济的高速发展，习练传统武术的人急剧减少，"起桩"的经济收入已经不能满足拳师的日常生活，安福县的"桩堂"也越来越少，这也使安福硬门拳的传承面临断层的境地。

（二）安福硬门拳发展现状

当代安福硬门拳的传承人刘骋昌为吉安市安福县人士，居安福县北门，其居所原名为教场，即古时的练兵场。刘骋昌自小习武，教导他的是其外公欧阳福昌。刘骋昌得其外公真传，自"起桩"以来，收徒上千人。20世纪末，跟随刘骋昌习练硬门拳的人日益减少，传统的"桩堂"形式相对于现代武馆已经缺乏竞争力了。

由于经济的压力，刘骋昌也从事了其他的事业，但出于对武术的执着和喜爱，他并没有放弃硬门拳的传授。他通过学习，凭借自身长期授徒的经验，也开设起了武馆，除了传授硬门拳外，他还将硬门拳中的散手、擒拿进行重新编排，运用到教学中，取得了不错的效果。但是通过笔者调查发现，安福县依然还坚持传播硬门拳的只有刘骋昌一人，而跟随他学习的学生，并不能称为传承者。首先，他们的学习时间较少，难以掌握硬门拳丰富的内容。其次，当代的学习方式和传统武术的传承方式有着较大的区别，当代人习练武术，多以掌握一些防身技巧和强身健体为主，在时间和精力的投入上与过去的徒弟是不能相比的。

民间武术的传承特征表现为脆弱性、师承性、长期性和非标准性，当代社会中民间武术的生存环境已经遭受了严重破坏。传统武术的发展重点是保护武术传承人、发展武术教育、重视民间武术，这样才能使民间武术在建设和谐社会中发挥作用。要将传统拳术当成事业传播出去，传承人一方面要适应社会发展，跟上时代的脚步；另一方面也面临着巨大的经济压力，传统授拳方式所带来的经济价值不能满足传承者的生活需要。我国传统武术发展的立足点是"以人为本"，发展根据是"以我为主"。在全球化的现代社会，我国传统武术要想取得发展，必须以"经济实力"为后盾，具备"创发性突破"。当代传统武术的传承者处于技艺传承和生活压力的矛盾中，这是我国传统武术面临传承难的原因之一，安福硬门拳所面临的困境也是如此。

（三）安福硬门拳拳术研究

笔者通过调查研究发现，安福硬门拳不仅仅只有拳法，由于在拳术练习过程中常会有穴位点按和跌打损伤，拳师们一般也精通医术和解穴（俗称五百钱）。硬门拳除了拳术还包括医药理论和解穴点穴手法，所以安福硬门拳的传承人将硬门拳内容概括为"医、药、打"。在桩堂武术盛行的时期，硬门拳传承人欧阳福昌是当地有名的骨科医师，他不仅拳技高超，也十分精通医理药理。

因点穴功法传习练难度较大，安福硬门拳传承到现在，目前在安福当地通晓硬门"五百钱"的只有武师刘骋昌。

1. 传说中的"五百钱"

"五百钱"乃是硬门绝学，传承之人少之甚少，基本都是一脉单传。不过也有例外，相传有个不成文的规定，如想学习此拳术要另交付拳师五百钱的学费，否则坚决不传，因此得名"五百钱"。除了其不轻易传承外，还有另一个原因是其学习难度非常之高，习练掌握要花上数年的工夫，又因其手法奇特，下手狠厉，出手非死即伤，所以传授时对于传承者人品的考量也是非常严苛的。

硬门拳法中所谓点穴其原理是：根据人外五官四肢、内五脏六腑的经络血流，闭其交通之道，断其输运之功；断其经络，则缺乏活动之能，停其血脉，则失其知觉之效。筋络始于爪甲，聚于肘膝，汇于头面。而主其活动之能者气也，练筋必练气，气行经络之外，血行脉络之内，血如水，穴如泉。闭穴则凝瘀，开之则疏泄。

人体周身有单穴52个，双穴309个，奇穴50个，周身有108个要害穴，72个不致命穴，36个死穴，死穴分为软、麻、轻、重四种，各种皆有9个穴，36死穴如下：头颈部位有9个，胸腹部位有14个，腰背部有8个，上下肢部位有5个、点穴之法很复杂，先要练指力，然后要熟悉身体的每一个穴位，再记住血液流转的时刻表和走穴图，内容十分丰富。

据硬门拳传承人介绍，硬门拳点穴手法是由明代内家拳高手单思南传于王咸来（王征南），再传于黄百家的。黄百家集其拳技撰成《内家拳法》，明代史学家黄宗羲为王征南撰写了《王征南墓志铭》，为后世研究内家拳法和王征南略历的据典。黄百家之后因所传承的拳法有所缺失，非精心研究者不能得其秘奥，且点穴之法不能单一使用，仍然需要依据拳法步骤进行施展，精通拳法，才能将点穴手法夹杂于其中使用。硬门拳点穴手法中手指点穴之法有一指点、二指点、珠子手、马蹄手、金枪手等。其他点穴方式有撞、拍、按、戳、推、托等。点穴之法也有掌拍点穴、掌按点穴、指戳点穴、指按点穴、膝盖点穴、肘拐点穴之分，掌、膝、肘相对于指点穴，创伤面大，但相较手指点穴伤势更轻。

安福硬门拳点穴手法中对手指的练习非常重视。练指之法有五指齐练的，有只练二、三两指的。五指齐练有黄龙探爪法，其法需导力至各指尖，徐徐伸缩，时时行之，三十六抓，三十六戳，空练之后，加以实练，以黑豆与绿豆置于斗中，以手指戳之，初缓继急，始轻后重，日行三次，每行至疲倦方止。久之，则手皮坚厉，筋力暴长，穴为指点，如触蛇蝎，立奏奇效。初步阶段用戳豆之法，而后有小成，可用圆石子置于水中，以手指插之，使其手指之皮与筋骨相并，合而为一，再用药水煎洗，药水由微热至极热方才退出，洗毕自然风干，由此反复练习，浸洗月余，其不用指时，与寻常无异，用时则戳可洞牛腹，横可断砖木。

安福硬门拳点穴手法和药理紧紧相连，除了药草洗练手掌外，解穴之法也是其他医药之法奇效的最佳见证。根据不同的点穴位置，所对应的药方也是不一致的，可见学习完整的硬门拳点穴手法、解穴方法的难度。在当代社会，众多传统武术的习练者都缺少实战机会，由于点穴手法经过练指后威力惊人，所攻之处都为命门，中招后非死即伤，所以难以传授和检验。这也是点穴手法在当代难以传承的原因之一。

2. 安福硬门拳技法解析

安福硬门拳技术动作包括桩法、步法、拳法、器械和散手等数十种套路，内容丰富，其中步法和桩法是基础练习。桩法包含起桩、马步桩、弓步桩、四门桩、连绵桩等，以四门桩为主要桩法。步法包括三角步、梅花步、闪步，其中以三角步为主要步法。拳法套路主要有小四门拳、大四门拳、小莲、金枪手、泰山推掌、狮子摇头、三连飞等，其中小四门拳为基础拳法。散手包含三十六小擒拿和七十二大擒拿。器械主要有大刀、烧火棍（1.2～1.3米）、无口柴（长约一人一手高，一端粗一端细）、单刀、板凳、牧牛叉等，器械形状独特，各具风格，练法独特。习练初期，先从桩法开始练习，再熟悉步法、手法、拳法、器械。每个阶段都有对应的套路，功法间衔接巧妙、环环相扣。

（1）安福硬门拳手型手法。安福硬门拳手法包含拳、掌、勾、爪、指。其中，拳法主要有四平拳、珠子手、摆拳等，掌法主要为柳叶掌，爪法为龙爪和虎爪，指法为金枪手和剑指。

（2）安福硬门拳步法桩法。安福硬门拳以四门桩为基础桩法，并延伸为霸王桩、金鸡独立桩、四平桩、拜佛桩等。各个桩法都有其练习奥秘和对应功法，并配合马步、弓步、丁八步、仆步、横马、骑龙步、拐步等步法进行走趟演练。

（3）安福硬门拳练功方法。安福硬门拳在练习初期阶段的功法主要有五个套路，分别为四指金刚、金枪手、泰山推掌、千学手、圆滚手。在练习过程中，除了基本的站桩和走趟子外，还加以一些辅助练习，如推砖、抓罐子、抛石锁、抓沙袋、拧棒子、倒立等，方法独特，各具特色。

安福硬门拳属于内家拳，习练过程中同样注重练气，安福硬门拳套路演练过程中多带发声，有"发声则气能专一，力自舒透，而声必起自丹田，动作得势，是因气之曼相应，勇气自增，而敌气倍馁矣"的说法，更有气功"金钟罩""铁布衫"等功法。通过对安福硬门拳技法的研究，也能侧面印证其少林武僧传拳的说法，少林有三绝，其一为擒拿，其二为气功，其三为点穴，其中安福硬门拳的桩功与少林桩功如出一辙，气功、点穴绝手也是传统武术中少有的功法，其散手亦是少林的擒拿手。依此推断，安福硬门拳的少林武僧传拳说具有较高可信度。

二、安义硬门拳

（一）安义硬门拳的起源

安义县位于赣西北，隶属南昌市，东面与南昌市湾里区相邻，南面与高安市接壤，东南和南昌市新建区交界，西南与奉新县相连，西北与靖安县接壤，东北与九江毗邻，共 665.49 平方千米。安义县地理位置得天独厚，县境地势西北低、东南高，地形以丘陵和平原为主，气候湿润温和，四季分明，故而树木常青，植被茂盛，生态条件极其优越。而新民乡又位于安义县西北的丘陵地带，其皎源地区更是山峦起伏，青峰叠翠，溪涧蜿蜒，庄田棋布，景色宜人，为武者心法练习、潜心修习提供了极佳的地理环境条件。

安义县精英武术馆馆长帅式丰出生于安义县新民乡皎源地区，是安义县"非物质文化遗产"南拳硬门派的传承人。帅氏的习武传统已经有 800 多年的历史了，据帅氏族谱记载，帅氏始祖帅呙乃是宋朝抗金名将岳飞的部下，帅呙的第 20 世孙逢源公曾担任过殿前侍卫、江陵都统制使，逢源公的儿子帅扬曾任武功大夫、四川兵马都监使。后来，逢源公的孙子世昌公于宋熙宁年间迁至安义县皎源乡，当年岳家军解散后，帅氏一族回到安义皎源，但一直坚持习练岳家拳，岳家拳也从此一直在帅氏本族世代传授。因此，安义帅氏硬门拳也称岳家拳。

当代安义硬门拳的传承人帅式丰从小便对武术耳濡目染，并对耍刀弄棒十分喜爱，少年时便跟随其伯父学习硬门拳，帅式丰的伯父对帅氏丰要求十分严苛，从最基础的桩功到步法、手法套路都有很高的要求。艰苦的磨炼并没有让帅式丰放弃，反而令不服输的他更加刻苦，他暗自下定决心，一定要达到师父的要求。帅式丰每天都是整个村庄上最早打开房门的那一个人，然后到屋后的梨树下习练硬门拳。梨树下原本杂草丛生的，不久后便被帅式丰的扫堂腿给扫平了。帅式丰在习武的过程中以硬门中的"四门拳"为基础套路，苦练手、步进退闪躲的身法，以操板桩、沙筒功磨炼自身的劲力，日夜不离四平马、弓步、骑龙步等桩功。经过多年的磨炼，帅式丰得到了伯父的真传，他演练的硬门拳套路小巧玲珑但又刚劲凶猛，动作朴实无华但又攻防兼备，左右开弓，边环往复，将帅氏硬门拳"拳打八方、步走四面"的功法展现得淋漓尽致。

得到真传的帅式丰经常走访各村庄与人切磋，因其技法娴熟稳重很快便声名鹊起，而后被皎源的民间武馆请去当教练，那一年的帅式丰年仅19岁。1998年，27岁的帅式丰为了更好地传承中华尚武精神，将帅氏硬门拳发扬光大，离开了皎源，来到了安义县，并创办了安义县首家武术馆，名为精武武术馆。凭借着其扎实的基础、执着的精神和良好的社会声誉，精武武术馆很快便取得了发展，从此帅氏硬门拳便在安义县传扬开来。

（二）安义硬门拳发展现状

江西省南昌市安义县的精武武术馆是安义县帅氏硬门拳第52代传承人帅式丰创办的。开馆初期，帅式丰积极走访文化局、体育局等部门，得到了相关部门的支持，很快便招收了近百名学员。开馆的第二年，帅式丰便率队参加了江西省第三届武术大赛，并在当时的27个武馆、300多人的比赛中脱颖而出，凭借着硬门拳摘得桂冠，获得了全省传统武术的第一名。名气是最好的广告，帅式丰比赛归来后，精武武术馆的名声大振，慕名前来学习的学员也日渐增加。还有很多村镇邀请帅式丰前去担任他们的青壮年武术教练。

推广硬门拳，让硬门拳走出江西，面向全国，是帅式丰的奋斗目标。2006年，帅式丰与其弟帅式波、师妹赵伟英到浙江省温州市开办精武武术馆的分馆，尽管过程曲折，但是凭借着帅式丰丰富的经验，温州分馆开馆仅半年，就收徒200余人，并得到了学员和温州当地人民的高度评价。帅式丰的精武武术馆之所以这么快就能取得成功，不仅取决于他强劲的实力，还在于他的教育理念，帅式丰将武德教育摆在了武术教育的首位，"练武先习德"是他培养人的准则，在他的教导下，很多为了争勇斗狠而来习武的青年开始变得成熟，懂得礼让、谦和。学员变化也使越来越多的家长认可帅式丰和他的武术。在帅式丰的不断努力下，帅氏硬门拳于2014年被安义县政府特批认定为安义县唯一的体育竞技"非物质文化遗产"，帅式丰也被认定为该"非物质文化遗产"的唯一传承人，2016年帅氏硬门拳又成功申报市级"非物质文化遗产"（南拳硬门派），并于同年申报省级成功。

帅式丰不仅将硬门拳以武馆授徒传播出去，还通过"非物质文化遗产"的申报对帅氏硬门拳进行保护。帅式丰一直在寻找适应当代社会发展的硬门拳传承与发展途径，2014年，帅氏丰被江西警察学院聘为武术教练，江西警察学院也是江西省政府部门认定的警察训练总队，通过帅式丰的努力争取，最终将江西硬门拳带入了学校的体育课堂之中，也推向了社会，为硬门拳的传播与发展做出了重大贡献。

安义硬门拳传承人帅式丰在推广和发展帅氏硬门拳的路上不断努力、不断开拓。帅式丰所创办的精武武校武风纯正，学员武德高尚，学员众多。因此，他也有机会认识社会各类人才，只要有机会，便会想办法推广硬门拳。帅式丰常常以武会友，以德服人。他走遍了全国各地，学习和交流武技，因此结识了不少朋友，在此过程中，他发现当代经济社会武术所具有的价值不一定能被认可，而由商业所带来的人气和推广作用将更加强大。他意识到商业是帅氏硬门拳很重要的一个环节，于是决定走向商业。帅式丰渐渐地开始着手在全国的各个大型酒店、宾馆开设精武基地，并承包它们的食堂项目，对精武基地做宣传。从2000年开始，帅式丰的商武一体化慢慢发展到安徽、浙江、上海、福建等地，遍布全国，不但在商业上取得了成功，而且在帅氏硬门拳的推广上取得了重大突破，全国各地的武馆每年招生3 000余人，对硬门拳的传承与发展起到了保护作用。

帅式丰认为，习练硬门拳的过程使他自身得到了历练，磨炼出了他执着、坚韧不拔、敢闯敢拼的精神气概。正是这种尚武精神让帅式丰取得了今天的成功，也让硬门拳的武馆遍布大江南北，还培养出了大批像熊付鑫（武术健将）这样的祖国栋梁。

（三）安义硬门拳技术分析

安义硬门拳是安义县帅氏历代族人在学习"岳家拳"的基础上，根据实战的需要，不断传承和创新的拳法。安义硬门拳内容丰富，主要由拳术、棍术和练功方法组成，以"四门拳"为基础套路，以贴身短打为主，符合南拳的风格。

1. 手法

帅氏硬门拳手型有柳叶掌、锤子手、四公手、沉桥手、拉弓手、马蹄手，手法有抄、搂、封、抛、扣、插、臂等。安义硬门拳的特别手法有三种：其一为"猫狸洗脸"。它是安义硬门拳的主要防手，其特征是360°转动手腕，全方位防守，在硬门拳的方、圆、偏、斜身法中都可应用。其二为"推板功"。推板功是硬门拳的实战训练形式，练功时手法、步法并用，同时纳入"方、圆、偏、斜"身法，将内气外发到手和腿上，以顺扫脚和反扣手的练功形式形成倒桩功。马步扫腿、反扣手练功时，以人形桩为靶，左右循环。随后以弓步挺腰，掌、指、拳击人形靶各部位。其三为沙筒功。在训练时，扎好马步站在板凳上，双手端平起沙筒，挺腰，头正，目视前方，将 100 多斤的沙筒在手指与手腕间来回滚动，脚稳，腰挺，身正，手臂硬而生劲。

2. 步法套路

安义硬门拳步型有马步、跪步、仆步、弓步、虚步、骑龙步。套路特点是小巧刚猛，动作朴实，攻防结合，手脚并用，左右开弓，连环往复，讲究步走四面，拳打八方，手法密集，步法灵活。

拳术套路以"四门拳"为基础，前后左右四个方向攻防。套路简单，短打精干，跳跃幅度不大，刚猛相并，喝喊助威，手似铁钯，拳如锤。打法以起桩发声、呼吸配合拳术每个动作的阳刚之劲，硬打硬进无遮挡。

3. 器械套路

帅氏硬门拳的器械种类繁多，有古代行军打仗常用的刀、长枪、大、铜、锤，也有贴近民间的钯头、板凳、叉、棍等。其中，最有名的便是棍法套路——韩信点兵，其内容主要包括起式—定棍—弓步出棍—马步扣棍—马步架棍—蹲式躲闪—起腰刺棍—躲闪待棍—骑马扬棍—划棍躲闪—伏虎抽身—弓步刺棍—马步挑棍—削竹劈丫—弓步扣棍—弓步架棍—伏式躲闪—左弓步划棍—韩信点数—马步压棍—弓步刺棍—指东打西—棍劈泰山—阵前止旗—伏身压棍—心中有数—夹马着桩—收式，套路灵活，进退有度，变化多端。

第二节　以姓氏命名的拳种

以姓氏命名的拳种有孙家拳、邹家拳、高家拳、刘家拳、蔡家拳、李家拳、莫家拳、巫家拳、薛家拳、岳家拳、赵家拳、杜家拳、周家拳、祈家拳、温家拳、戚家拳、洪佛拳、岳家教、钟家教、刁家教、李家教、朱家教、陈氏太极拳、杨氏太极拳、武氏太极拳、孙氏太极拳、吴氏太极拳、蔡李佛拳、岳氏连拳、罗家三展、杨家短打、胡氏戳脚、郝氏戳脚、林氏下山拳、武氏十八技等。

下面对湘西孙家拳进行详细的分析和研究。

一、湘西孙家拳的起源与发展

孙家拳又叫矮桩，源于猴拳，相传为宋代张国武所创，张国武参加过岳家军，在军队中学习岳家拳，他作战勇猛异常，冲锋陷阵，一马当先，使金兵闻风丧胆。后来岳飞被害，岳家军解散，张国武隐姓埋名来到湘西，过着隐居闲游的生活。一次他上山采草药，发现一只猴子和一条蛇正恶斗，猴子以静制动，左躲右闪避开蛇的正面进攻，然后乘蛇想溜走之际突然一把抓起蛇将蛇狠狠地甩到一块大石头上，当场将蛇摔死。看到这种情景，张国武若有所悟，回家后，经过多年精心研究，他结合岳家拳创造了一种拳术，其最大的特点是集刚柔、动静于一体，攻守兼备，注重力量的巧妙用法，四两拨千斤。这种拳术后来传到了明代的孙恒，孙恒进一步完善了这种拳术，在孙恒的影响下，这种拳术威名远震，也就从这时起，这种拳术被正式命名为孙家拳。

由于生活所迫和抗击金兵的需要，张国武开始招收弟子，由此翻开了孙家拳传播的先河。张国武武德高尚，为人仗义，深受当地人的尊重，其收徒弟有许多讲究，不是任何人都收，由于他长期跟随岳家军作战，深受岳飞的影响，因此他非常注重武德，并为此规定了一些学武的必备条件：孝敬父母，尊敬师傅；博爱友善，心底宽广；重义轻财，扬善除恶；忍字当头，不出风头；只当防身健体，不应欺侮他人。所收弟子必须遵守以上训规，否则，他一概不收，如有个别弟子触犯了以上训规，他当即将其逐出师门，并废其之所学。孙家拳经过几百年的传播发展，到清末传到了张云武这里，张云武天资聪慧，勤奋好学，得到了孙家拳的真传，于是决定发扬孙家拳以教孙家拳谋生，开始在吉首、龙山、永顺、保靖、花垣等湘西一带广收徒弟，传授孙家拳。随着孙家拳的传播，张国武创定的孙家拳武训也随着传播开来。张云武为约束弟子，在祖师爷张国武制定的武训的基础上又增加了一些新的训规戒律：不喝酒，不吸烟，不惹是生非，不吸鸦片，吃苦耐劳。随着孙家拳在湘西的影响不断扩大，张国武、张云武制定的武训也不断传播开来。

二、湘西孙家拳的传承现状

（一）湘西孙家拳传承方式

1. 家族传承方式

民间武术作为中国传统文化的典型代表在其发展过程中同样深受宗法观念的影响。孙家拳的开宗立派是一个拳种的形成和创始。在整个中国民间武术体系中，"宗""门""派""家"等称谓都体现了这种家族宗法制度的观念和影响。宗法制度的本质就是以血缘为基础的家族制度的政治化，宗法制度中的传承实际上就是家族传承，其在本质上是血缘关系的传承，这种传承方式在中国社会的发展过程中占据了主导地位。中国民间拳种的创立、发展其实就是"家传"的过程，得到"真传"的也主要是有血缘关系的后辈，没有血缘关系的外姓则很难得到真传。这种家传方式还得罩上"传男不传女"和严格以辈分的不同决定在本门中地位的帽子，使孙家拳的传承不单单是技能的继承，更是一种制度和理念的继承。

2. 外族拜师传承方式

师徒传承双方是模拟血缘关系的师"父"与徒"儿"，曰一日为师，终身为父，这种类血缘关系的师徒传承赋予了师父传艺解惑以及道德教育的责任，也赋予了徒儿刻苦训练技能并修行个人道德素养的要求。这种师父视徒为"儿"，徒弟视师为"父"的模拟"家"的感情为传承打下了坚实的基础，使传承纽带较为牢固，成为孙家拳得以传承延续的重要机制。在中国几千年来封闭型的小农经济生产方式和封闭型的社会文化心理等多重因素作用下，师徒传承始终存在着无法逾越的历史局限。

3. 开办武校教学传承方式

在现代社会，人们对知识产生了多方面的要求，客观上要求扩大教育对象，充实、丰富教学内容，进而要求对湘西孙家拳传承方式进行改革，以提高教育效率，培养高质量人才。开办湘西民族文武学校就是顺应了在受教育人数增多的形势下，人们对学校教育的要求。

（二）孙家拳学员情况

1. 学员的价值取向

体育健身动机是个体进行体育健身活动以达到某一目的的内部动力。一般来讲，人们的体育健身活动都是由一定的体育健身动机所引起的。练习孙家拳首先是为了强身健体。这说明随着湘西地区人们生活水平的不断提高，人们将增强体质、增进健康的需求放在了重要位置。积极练习以增进健康为目的孙家拳已经成为人们生活中的重要组成部分。其次是传承民族文化，著名学者张岱年说过："必须正确理解民族文化中的优秀文化，才能具有民族自尊心、民族自信心。有了民族自尊心、民族自信心，才能增强民族的凝聚力。"因此，弘扬具有优秀中国文化传统的孙家拳是增强民族凝聚力的思想基础。最后是满足娱乐和社会交往的需要，因为人们在练习孙家拳的过程中可以缓解工作和生活中产生的各种心理压力，在自健、自娱、自乐中得到身心的愉悦和调整。同时，通过以武会友可以增加人与人之间的交往，进而克服人的孤独感、失落感。

2. 孙家拳学员的年龄、性别情况

学员在 66 岁年龄段的参与人数所占比例值最低，15 岁以下的年龄段最高。结合调查数据和访谈记录分析，26～35 岁与 36～45 岁年龄段的人数与所占比例值也较低，原因可能是经济的快速发展、社会的日新月异逼迫他们为生活忙碌奔波，巨大的工作压力和繁忙的家庭事务、社会事务使他们没有时间去参与孙家拳的锻炼。这种青壮年人对孙家拳的疏远现象十分不利于孙家拳的传承。学员中男性明显比女性多，其中男性所占比例为 85.3%，女性为 14.7%，这主要有两个原因：一是与孙家拳练习强度大，对参与者的身体素质要求较高有关；二是"传男不传女"残留的封建思想在作怪。

3. 孙家拳学员的文化程度与职业情况

学员的数量随着文化程度的提高呈递减趋势，其中在学员中为初中及初中以下文化程度的超过一半比例，而且多表现为小孩。这是因为随着体育全球化发展，越来越多的体育项目被引进学校体育，以传统武术作为健身锻炼内容的人数正在逐渐减少。受这种大环境的影响，孙家拳在文化程度较高的群体中渐渐地消失，没有了市场。受性别、年龄、文化程度的影响，人们参与孙家拳的情况有着明显的差异。受地域环境、经济条件和受教育程度的制约，也表现出职业结构的不均衡性。

4. 孙家拳练习场所与组织形式的情况

人们练习孙家拳多选择在学校与户外空地，这是由于练习孙家拳对场地要求不高，人们在练习孙家拳时大都遵照就近和方便的原则。在练习孙家拳组织形式的调查中，选择老师与朋友一起练习的人数占的比例最高，最少的是选择个人锻炼。很多受调查者都反映，和学校老师或是高明武术同道一起锻炼很有感觉，活动的气氛很好。这也符合孙家拳的传承特点。这种以传习某种技艺为纽带而形成的师徒传承几乎是所有文化艺术门类发展过程中的普遍现象。

三、影响湘西孙家拳的发展因素

（一）青黄不接，面临传承断层危机

由于过去科学技术不发达，缺乏音像记录技术，孙家拳的演绎已无从考究。拳师文化水平不高，在著书立说方面欠缺表达能力，授徒多"言传身教"。在物欲横流的现代社会，大多数人最先考虑的是赚钱、享受，极少有年轻人愿意花长时间去学习孙家拳。另外，现在各种武术比赛多以竞技武术为主，一些年轻人因此不愿学习那些难登赛场的孙家拳，而且一些父母认为练习民间武术容易受伤，因

此舍不得孩子全心钻研民间武术。在经济大潮的冲击下，年轻人偏浮躁，一些习武之人热衷于竞赛、表演，真正愿意下功夫"十年磨一剑"的人不多。老拳师渐去，年轻接班人又偏少，湘西孙家拳面临传承断层的危机。

（二）武校萎缩，推广艰难

在武校，一般主要向学生传授国家规定的长拳类（竞赛类武术），有很多学校还教授跆拳道等，民间武术的学习时间只占整个课程的 10% 左右。民间武术的教练偏少，教练中民间武术有过较系统的学习的、经验丰富、功力深厚的老拳师更为稀少，大多教练都毕业于体育院校，所学习的大多是国家规定的拳种，较少涉及本土武术。

（三）受现代文化冲击的影响

中华武术虽然凭着几千年来深扎的根基在现代社会占有一席之位，但是随着国家对竞技武术的政策偏向而逐渐失去了最后的动力。武术竞技化的冲击对包括孙家拳在内的整个中国传统武术活动产生了极为深刻的影响。在这种"内忧外患""左右夹击"的生存狭缝中，民间传统武术面临着自生自灭的濒危境地。孙家拳遭受着西方体育、现代娱乐、竞技武术的强烈冲击，表现出对民间武术未来发展之道的迷茫。政策的偏离使各种武术比赛都以竞技武术套路为主，各级武术教育也以竞技武术为主，高校武术科研更是围绕竞技武术和科学训练化进行。在这样一个大环境下，缺乏国家政策和资金的支持，孙家拳发展势必受到严重影响。

四、湘西孙家拳的发展对策

（一）加强传承人的保护与培养

一个老拳师就是一部活的拳谱，应重视老拳师的作用，组织力量以音像方式对其传授的武术加以整理、保存。老拳师有着丰富的习武经验，如果不加以珍惜呵护，随着这些老拳师的故去，传统套路和功法将失传。武术是要言传身教的，老师父们去世了，这个拳种也就没了。开办武校要树立正确的习武价值观，吸引青少年爱武、习武，还应该加强文化素质教育，让学员既能"文"又能"武"，文化素质的提高既有利于加深学员对武术内涵的理解和认识，又有利于提升他们走向社会、走向工作岗位后的适应能力。同时，以城镇的文化广场活动为载体，组织广大群众习练孙家拳，拉动湘西孙家拳的大众化推广。

（二）用比赛推动传统武术文化交流与传承

体育比赛是推动民间传统武术发展的动力，是科研与创新的原动力，更是武术产业开发的主战场。通过举办比赛可以调动孙家拳练习者的积极性，十余年寒苦修行如能在此领域拔得头筹当是对艺人莫大的鼓励。通过举办比赛还能促进区域之间、门派之间武术交流，相互借鉴，取长补短，共同推动孙家拳的繁荣发展。

（三）积极融入现代文化，满足社会需求

历史经验告诉我们，各个国家和地区之间进行友好交流和合作，相互之间取长补短、互利互惠是各自获得发展的重要外部条件，闭关自守和墨守成规只会导致贫穷和落后。毛泽东提倡：古为今用，洋为中用，取其精华，去其糟粕。湘西孙家拳要在借鉴和吸收中注重创新和发展，走自己的路，有所创造，有所发展，积极探索，开拓创新。第一，应该对湘西孙家拳进行整合创新。湘西孙家拳作为特定社会和农业文明的产物，必然精华与糟粕并存，我们要在传统基础之上对其进行新的创造，合理吸收其精华部分，坚决摒弃一些落后、不符合现代体育科学原理，与社会主义现代文明相悖的东西。第二，应该借鉴和吸收西方体育以奋发与竞争为核心的精神价值，在保持民族特色的基础上，引入奋发和竞争为核心的奥林匹克精神，追求人体和精神双重价值的实现。第三，积极借鉴现代体育的优秀成果，运用现代体育科学理论与方法对湘西孙家拳进行理论研究，借鉴现代体育成功的管理制度去管理湘西孙家拳，借鉴现代体育的组织制度和现代化传播手段宣传和发展孙家拳。

（四）采用现代商业运作模式，加大宣传力度

现代化的电视、广播、网络等电子传媒的广泛普及使人们大多待在家里看电视，所以孙家拳通过大众传媒向广大人民群众宣传其历史渊源、技术风格和精神是非常有必要的。长期以来，孙家拳的宣传过于低调，要加强孙家拳宣传、扩大影响，就要强化与媒体的沟通和合作，营造孙家拳宣传的良好舆论氛围，多组织媒体记者采访，获得孙家拳宣传的鲜活材料。打造经典的孙家拳赛事，推出孙家拳武术明星。赛事和电视的结合使中国武术的影响日益广泛，拥有越来越多的观众。例如，河南"武林风"、中央电视台的"武林大会"比赛已形成一定的规模，开展得如火如荼。我们可以借鉴它们的成功经验为孙家拳定期举办不同类型、不同规模、不同层次的赛事，形成孙家拳自身的赛事制度，加强爱好者之间的交流。体育竞赛是推动体育运动发展的强劲动力，也是提高运动技术水平的快速通道。

我们应该在充分掌握孙家拳本质属性特点和功能的基础上，研究符合孙家拳自身发展的赛事，制定出比赛的评价标准和方法，但比赛既要体现孙家拳的特点与技击方法，又要简便易行，让广大的爱好者都能参与。

第三节　以人名命名的拳种

以人名命名的拳种有咏春拳、武子门拳、神行太保拳、太白出山拳、燕青巧打拳、燕青拳、太祖拳、珠娘拳、纯阳拳、达摩拳、玄女拳、武侯拳、五郎拳、文圣拳、五祖拳、南枝拳、子龙炮拳、太祖散掌、三皇炮锤、孔朗拜灯拳、武松脱铐拳、刘唐下书拳、武松独臂拳、达摩点穴拳、甘凤池拳法、黄啸侠拳法、燕青十八翻、罗王十八掌、孙二娘大战拳、达摩十八手、武松鸳鸯腿拳、孙膑拳、宋江拳、白眉拳等。

下面对咏春拳进行详细的分析和研究。

一、咏春拳的起源

关于咏春拳的起源早年只是民间传说，并没有实际的考证，直到黄华宝时期才开始有文字记载。因此，咏春拳的起源有几种不同的说法。

一种说法是咏春拳初传源自福建泉州的少林寺鹤拳，是南少林武术之一。严三娘的父亲是南少林弟子，严三娘从小便随父习武，得到了南少林鹤拳的真传。后来，严三娘嫁到广州并授拳于当地，因严三娘来自福建省永春县，人们便称呼其为严咏春，称其拳为咏春拳。自此，咏春拳便在当地流传开来，这种说法具有一定的可靠性。

另一种说法是，咏春拳起源于清朝中期，由南少林武术大师五枚师太所创。当时福建南少林被清政府烧毁，五枚师太为了避祸，隐居于现在的云南与四川交界的大凉山下，偶然见到蛇鹤相争的场景，便悉心研究拳术，最终创立咏春拳，后来传于弟子严咏春。也有人说，五枚师太不是将咏春拳直接传授于严咏春，而是经少林弟子苗顺、严二后，由严二传于其女严咏春。

还有种说法是咏春拳最早叫"泳春拳"，与五枚师太或者是严咏春均无关系，而是清初反清组织"天地会"斗争的武技，由嵩山少林弟子所创，后传于戏班的武生张五，张五落难逃到广东佛山"琼花会馆"便将泳春拳传于粤剧界众弟子，为了避祸改名为"咏春拳"，后来由佛山行医的梁赞将咏春拳发扬光大。

目前比较详细准确的说法是咏春拳乃少林南拳的一种，是为了纪念咏春拳的创始人严咏春而得名的。严咏春之父严二在九连山下以卖豆腐为生，严咏春从小师从五枚师太，后见到蛇鹤相争便悟出一种拳术，经五枚师太修正，武技大成，严咏春请五枚师太为此拳术命名，五枚师太就借严咏春之名命此拳为"咏春拳"。

咏春拳的起源之所以有以上几种不同的说法，有多方面的原因。其中，主要是缺少文字的记载，单凭民间传说，其说服力不足。此外，人们出于对咏春拳的崇拜、敬仰，将咏春拳神话化、传奇化，与历史的真相有一定的差距。不过，目前咏春拳的起源和发展被一致认为是"源于严咏春，衍于梁赞，盛于叶问"。

二、咏春拳的特征

（一）简单实用性

咏春拳的内容比较简单，整个拳术只有小念头、寻桥、标指 3 个套路以及木人桩，每个套路都比较简短，并且所有的技术动作都包含在小念头套路中，共 25 手，5 分钟就可以完成所有动作。咏春拳的手形主要是凤眼拳和柳叶拳，手法以三傍手为主，步形和步法也很简单。这些基本动作任意组合便构成了许多组合拳、组合手法、腿法等技击动作以及木人桩技术动作。此外，咏春拳擅长埋身搏击，其招式多变，运用灵活，善发寸劲，用最简单的动作完成最直接的进攻，因此咏春拳具有很强的实用性。咏春拳马步灵活、起落快速、左右兼顾，善于以小挫大、以弱胜强，主要以双手整体进攻集中歼敌的"来留去送"和"甩手直冲"的打法给予对手制约和打击。这种快攻双手兼顾、一鼓作气，手似刀剑，同出同入，连打带削形成多面手进攻优势，在一打多的形势下不落下风。后来，李小龙创立的截拳道也吸纳了咏春拳简单实用的特点，具有很强的实战性，并传到海外，深受广大武术散打爱好者的喜爱。

（二）攻守兼备性

咏春拳讲究攻守兼备、守攻同期，在心法、手法方面注重左右兼顾，以最短的距离和时间用寸劲进攻和防守。咏春拳的中线理论讲究在进攻方面要沿中线向对方做最短距离的攻击，防守方面守中线，以分水的方法消掉对手最短距离的进攻。"来留去送"心法讲究的是用桥手相接的感觉将对方的力控制住，然后借助方向的改变给对手以还击，这一守一攻是咏春拳典型的打法。"守攻同期"讲的是在消掉对方进攻强力的同时，在可能的范围内发招还击对手，变被动为主动而后发制人。此外，在攻防的时候还要注意以下几点：首先，消手时不能超过防守所需的范围，即对方不能击中便无须消手；其次，不能离开防守所需范围来追接对方的桥手；再次，出手时重心要稳，不需要借助位置来发力。"寸劲"是咏春拳用于攻防最重要的发力方式，此力短暂且爆发性强，能在短时间、短距离内迸发出较强的杀伤力，在咏春拳的攻防体系中发挥着重要的作用。

（三）科学完整性

咏春拳是一种科学化、人工化的拳术，其理论和心法具有一定的科学性，如中线理论，讲究沿中线进攻敌人中线，沿中线消解敌人的进攻，从而在最短的距离和最短的时间内猛攻。还有朝面追形、埋踭理论、收踭理论、来留去送以及甩手直冲心法等都符合一定的力学原理。咏春拳的手法快如闪电，防风雨而不透，这与其"四门"原理是密切相关的。所谓"四门"原理，就是在身体正面划个四方形，然后将其分成 4 个面积均等的方形区域，以抵挡对手的进攻，"四门"的标准是低于眉、窄于肩、高于腿。此外，咏春拳是一种系统，完整的拳术，主要是与套路打法相配套的手训练。咏春拳徒手实战主要是迫使对手近身格斗，借助感知来做出快速的反应；黏手训练就是锻炼双手的触觉反应，达到"无招胜有招"。咏春拳的实战性很强，在战术上有一定的思想和哲理。

三、咏春拳的价值

（一）促进全民健身，构建和谐社会

在我国逐步推行实施《全民健身计划纲要》的今天，咏春拳作为一项简单实用的民族传统体育项目，非常适合男女老少锻炼。对青少年而言，练习咏春拳可以促进他们的身体发育，提高各器官的功能；对中年男女而言，练习咏春拳可以缓解他们紧张的工作压力，维护社会的稳定；对老年人而言，练习咏春养生气功可以促进气血循环，调理五脏六腑，从而达到保健强身、延年益寿的目的。随着近年来"咏春"系列的电视剧和电影的热拍，咏春拳越来越受到人们的关注和喜爱，特别是广大青少年受剧中英雄人物的影响，掀起了一股学习咏春拳的浪潮，既可以强身健体，保护自己，又可以"路见不平拔刀相助"，见义勇为。如果越来越多的人学习咏春拳并且能合理地运用自己的所学将会有助于我国社会的稳定，有助于和谐社会的构建。

（二）技术移植，促进搏击类项目发展

咏春拳的手法、打法以及战术思想对散打、拳击等搏击类项目的发展有很大的促进作用。例如，咏春拳中的藤圈手可以增强练习者肩、肘、腕关节和韧带的柔韧性与灵活性以及双手配合的流畅性，掌握了藤圈手就能领会咏春拳的战术思想，从而在近身搏击中发挥最大作用。近几年，中国武术多次受到泰国泰拳、日本空手道、韩国跆拳道以及西方拳击的挑战，我们的优势正在逐步减退，因此我国散打要不断吸收中国武术精华的拳术，集众家之长，使中国功夫不断发展。咏春拳作为一项简单实用的拳术，其手法、打法符合中国人的生理特点，特别是遇到身材高、力量大的对手时，其"以小打大、以弱胜强"的战术思想会发挥重要的作用。因此，加强包括咏春拳在内的各拳派的技术移植有助于中国功夫的可持续性发展。

（三）弘扬中华武术，传承民族精神

中华武术博大精深，派别众多，咏春拳是南少林拳术之一，20 世纪四五十年代在广东、香港、台湾及世界各地得以发扬光大。咏春拳的兴盛是在叶问时期，他先是在佛山学习咏春拳，后来又到香港教授咏春拳，经过叶问的不断改善和推广，咏春拳从一套女儿自卫术发展为实战性很强的拳术，被越来越多的人认识和学习，从佛山传到香港，从香港发展到世界各地，成为享负盛名的中国武术。香港著名影星李小龙早年跟随叶问学习咏春拳，后来创立截拳道，他的事业得到很大发展，逐渐从香港走向世界，也将中国武术带出了国门，一度在美国掀起了学习中国武术的浪潮。谦虚忍让是咏春人的性格特征，救死扶伤是咏春人的价值所在。梁赞大师行医习武救过无数伤病人员。叶问在 20 世纪战乱的年代尽自己所能捍卫了祖国的尊严，并广收弟子，在弘扬中国武术的同时，进一步传承了我国的民族精神。在经济快速发展的今天，咏春拳这一题材的影视剧凭借具有很高的关注度和票房成绩，成为继承和发展我国民族精神的重要载体。

（四）发展影视业，创造商业价值

近年来，电影《叶问》以主人公叶问为主线，将咏春拳这一简单实用的拳术呈现在广大观众面前，咏春拳也以其独特的魅力吸引了数以万计的观众，电影上映后，受到了影迷和业内人士的高度评价，统计票房收入轻松突破亿元大关，为我国的国产电影发展做出了重大贡献。看到《叶问》的成功，制片方感受到了咏春拳这一题材的巨大潜力，他们决定拍续集，期待能带来更大的经济价值。2010

年4月，《叶问2》再次登上国内各大影院，凭借着主人公的精彩演绎和人们对咏春拳的热爱，其票房再次过亿。其实，早在电影上映前，很多影迷就已经非常关注和期待《叶问2》的上映了，这种吸引力为电影取得高票房和好评奠定了基础。2016年3月，《叶问3》上映，也取得了不错的票房成绩。佛山是咏春拳的发源地，因此这几部电影都是在佛山拍摄的，这给佛山带来了一定的经济收益。佛山其实还是黄飞鸿的故乡，是南方武术的重镇，因此很多有关黄飞鸿的影视剧也都是在佛山拍摄的。目前，佛山已经形成了专门的影视剧拍摄基地，为当地的经济发展做出了很大的贡献。另外，制片方在制作过程中要注意对咏春拳民族文化的保护，不能因为这类的题材受到关注而滥拍，不能违背历史事实，要将历史的真实背景和咏春拳的真实情况呈现给观众，这样的东西才是人们想要看到的，也一定会带来可观的经济价值。

第四节　以地名命名的拳种

以地名命名的拳种有少林拳、武当拳、峨眉拳、潭腿（山东临清龙潭寺）、崆峒拳（分五大门：飞龙门、追魂门、夺命门、醉门、神拳门）、梅山拳、灵山拳、东安拳、石头拳、水游拳、昆仑拳、关东拳、关西拳、龙门拳、登州拳、西凉掌、太行意拳、洪洞通背拳等。

下面对武当拳进行分析和研究。

一、什么是武当拳

一般说来，武当拳的提法具有两方面的归纳义。

一种是广泛笼统的归纳义。凡古代历史上，在武当山道教庞大的宗教活动区域内，道士们（也包括部分和尚）所习所练、所传播的拳术都称武当拳。这种归纳实际上还包括有些道士、和尚原来未出家时在民间学过的一些其他拳脚，或是在其他庙观出家时学过的别门派拳脚，之后进了武当庙观，也将这些拳脚功夫带进武当庙观，后来也收徒传艺。后亦称为武当拳。这种情况目前在社会上出现不少。严格来讲，这类"武当拳"是不足以称为武当拳的。

另一种是狭义定向的归纳义。在元朝和明朝时期，由张三丰所创造的一派带道家修炼内涵的拳术派别特称为武当拳。这一拳派虽然后来不断传到各地道教庙观和民间，并有所发展，但因为它源自武当，并一直遵循其基本原理，所以也就自然沿称为武当拳。这一归纳义还包括当时及后来与张三丰所创造的太极拳风格特点内涵及功能相近的其他拳法。

二、武当拳为什么又称内家拳

武当拳又称为内家拳或武当内家拳。但是，它为什么被称为内家拳呢？

历来，人们对"内家"之说解释颇多，各执己见。"内家"之说最早见于明清之际朴学大师黄宗羲《南雷文集》中的《王征南墓志铭》。王征南为明末清初四明（今浙江省宁波市）地方的一位武当拳名家，从师单思南。由王征南上溯七代为开山派祖师张三丰。《王征南墓志铭》中云："……有所谓内家者，以静制动，犯者应手即扑（或作仆），故别少林为外家，盖起于宋之张三丰……"从黄宗羲"有所谓内家者"一词的使用可以看出，当时"内家"之说不但已被普遍使用，而且相沿日久。

有人认为，"内家"是张三丰以儒士自称。因为出家人称方外之人，张三丰不把自己当成出家人，而称"内家"。实际上，这一说法站不住脚。因为张三丰早年曾以儒业晋仕做过官，若想以儒士自称，就不必辞官不做，来当方外之人了。

也有人认为，少林拳称外家，是因为少林寺是佛门，佛教是从印度传来，印度是外国，故称外家。武当拳出自武当山，武当山是道教，道教是中国土生土长的教，故武当拳称内家。这种说法看起来倒很合情理，但实际上仍然站不住脚。因为佛教虽从外国传来，但当和尚的都是中国人，不但佛教传入后佛教经典理论都按中国人的理解与认识做了翻译，具有中国特色，而且佛教的武术都是中国土生土长的武术。所以，依此来划分外家、内家仍然不能自圆其说。有人辩解说，释、道两家从来存有门户之隔，张三丰当然可以按道教是本国之教，佛教是外国之教来划分内外家。但这些人不知道，张三丰的阐道著作中从来没有门户之见，而且持儒、释、道三教合一之观点，他认为三教在探索真理上，认识有相通之处。所以，这种说法也是站不住脚的。

还有的人认为，历史上少林僧人善以武技表现自己，爱露形于外，所以称外家，而武当道人们清心寡欲，恨山不高，恨林不密，归隐都来不及，从不露圭角，而且本领越高，越是不让人知道，注重内在，所以称为内家。这种说法似乎有道理，但仍显据理不足。因为僧人也有爱隐者，道人也有轻露者，况且隐显根本不是判定修道功夫的标准。不少道家还认为，真正的修炼功夫是在闹市。就说张三丰，尽管他踪影莫测，但还是经常抛面于世。他还将武当拳教给了许多道门之外的弟子。

除上述说法之外，还有以刚柔分外家、内家之说，以攻防分外家、内家之说，以功夫硬软分外家、内家之说，以地域之南北分外家、内家之说等这些就更牵强了。

金一明还指出："自魏晋以降，唐宋以来，朝代更变，其间缁衣者奔走十方，遂变佛门锻炼体魄之禅功而为战斗防身之预备。其间忠臣义士、大奸巨猾出入空门更不知凡几。世虽稍稍知其术，然讳莫如深。斯时张三丰应运而生，秉天赋之伟姿，过之人智识，慨其术不能见用于世，而反见嫉于人，遂加以研精，再变其战斗防身之秘法，而为主于御敌之秘诀，授术收徒，著述誊抄，公诸天下，其派遂大兴。"

由此可以看出，少林后期拳术已非佛门原本"汤水"，它是中国自古以来未经过哲学理论锻造的实用武术。这种历史悠久的实用武术是在技击对抗中依靠人的后天体质和思维优势来决定胜负的。这优势就是快制慢，强胜弱，有力打无力，千斤压四两，等等。与内家拳相比，一重外，一重内；一拙，一巧；一刚，一柔。所以，张三丰创内家拳是在"精于少林"的基础上，结合道家养生理论千锤百炼研究创造出来的。所以，后代学者能对张三丰的内家拳术精华"得其一二者，已足胜少林"。换句话说，学内家拳不得其门而入，或学之不精，未必就能胜少林。当然，说少林后期拳术是中国自古以来未经过哲学理论锻造的实用武术，其"实用"之"术"，是指它主要是一种经验的总结积累，也包括它后来对内家拳的某方面的借鉴。能流传到今天的某些少林早期拳术那就另当别论了。

第五节　以动物命名的拳种

以动物命名的拳种有以下几种：

一是龙拳，包括龙形拳、龙桩拳、龙化拳、行龙拳、飞龙拳、火龙拳、青龙拳、飞龙长拳、青龙出海拳等。

二是虎拳，包括虎形拳、黑虎拳、青虎拳、白虎拳、饿虎拳、猛虎拳、飞虎拳、伏虎拳、五虎拳、八虎拳、虎啸拳、回头虎拳、侧面虎拳、车马虎拳、隐山虎拳、五虎群羊拳、工字伏虎拳、虎豹拳、虎鹤双形拳等。

三是鹤拳，包括白鹤拳、宗鹤拳、鸣鹤拳、飞鹤拳、食鹤拳、饱鹤拳、饿鹤拳、五祖鹤阳拳、咏春白鹤拳、独脚飞鹤拳等。

四是狮拳，包括狮形拳、金狮拳、狮虎拳、二狮抱球拳等。

五是猴拳，包括猿功拳、猿形拳、猿糅伏地拳、白猿短臂拳、白猿偷桃拳等。

六是螳螂拳，包括硬螳螂拳、秘门螳螂拳、八步螳螂拳、梅花螳螂拳、七星螳螂拳、摔手螳螂拳、六合螳螂拳、光板螳螂拳、玉环螳螂拳等。

七是其他，包括蛇拳、豹拳、象拳、马拳、彪拳、狗拳、鸡拳、鸭拳、鹞子拳、燕形拳、大雁掌、蝴蝶掌、龟牛拳、螃蟹拳、灰狼拳、黄鸳架子、鸳鸯拳等。

下面对贵州黑虎拳进行详细的分析和研究。

贵州黑虎拳属于南派少林拳，在贵州已流传100多年。由于黑虎拳套路精干，长手矮桩，发力暴猛，架小势低，动作简单，实用性强，可快可慢，老少皆宜，以及能防身自卫、强身健体和对习练者的知识文化程度要求不高等，加上有独立的、成系统的和浅显易懂的拳论、拳理、拳谱、拳谚，在贵州很受欢迎，已成为人们喜爱的拳种。黑虎拳拳师们依照传统的传承方式，在师傅收徒、传授拳术和武术知识等方面有一套沿用的习俗。师傅在教拳时将习俗融入其中，循序渐进地授拳技，潜移默化地传内涵。传拳时，师傅一般不破坏习俗，自立一套；徒弟学拳时，谨遵师教循序渐进，很少有人提出违反习俗的要求。多年来，这种方式成功地培养了不少德艺出众的黑虎拳拳手。现根据自己多年习练和教授黑虎拳的体会，对传承内容及方式进行总结、议论、分析，供人们参考。

一、贵州黑虎拳

据榕江县武术协会已故的老拳师介绍，1900年，担任义和团武术教习的湖南省邵阳人刘把式因参加义和团运动失败后，被清廷追杀，躲藏在交通不便的湘西、黔东南、桂北三省交界的地带教拳。1901年春节后，驻在古州镇的"湖南会馆"邀请他到榕江县（古州）开堂（每堂49天）教授黑虎拳，从此，黑虎拳传入贵州。刘把式传的黑虎拳有较完整的拳理、拳论及套路，这些拳理、拳论和套路通过仔细分析后，看得出带有他担任义和团武术教习时曾经总结、改革过的痕迹。黑虎拳由于有"长手矮桩，发力暴猛，架小势低，动作简单，实用性强，可快可慢，老少皆宜"等特点和好记上口的拳谱，十分易被民众接受，20世纪20年代就已经在黔东南流行。据说当时拳友们聚会，相互间以背诵拳谱为乐，并演练一套叫"朵红"的开门拳和一套叫"四度门"的棍术进行交流。

100多年来，黑虎拳传播到全省各地，扎根于贵州民间，代代相传。据笔者2012年的调查，贵州黑虎拳的套路共36路，其中徒手8路，器械17路，对练11路，并流传着口口相传的拳谱、拳论、拳理及拳谚。在流传过程中，拳师们根据各自的领悟，对相关资料进行了补充、完善和修改，使其充满了贵州本土文化元素，套路演练也在历代拳师的共同努力下，形成了独有的风格。

二、贵州黑虎拳的传承

（一）授徒形式

黑虎拳传入贵州后不久，清朝灭亡，国内军阀混战，烽火不断，乡间亦匪患成灾，民不聊生。特别是 1949 年中华人民共和国成立以前，贵州各族人民为保家自卫，习武成风，形成了民间尚武、武师授徒的局面。这种局面造就和活跃了武术市场，吸引了不少贵州黑虎拳拳师出来教拳，他们主要采用以下几种形式授徒。

1. "家庭"式授徒

俗称"请师傅"，由一家或多家共同出资，聘请一位或数位功夫好、信誉高、有武德的黑虎拳拳师到家中传拳，其意为"家族健康强壮，习武免受欺辱"，目的是保家自卫，强身健体。"请师傅"之前，家庭中的长者要做三件事：一是挑选参加学拳的子孙，被选中的人不分男女，也不管是否真正喜爱武术，都必须无条件服从；二是与师傅签订文字或口头协议，就教拳学费，所授套路，教拳时间、地点及吃住等问题达成协议；三是要答应保守秘密和保证师傅安全。师傅接受徒弟们集体拜师后，在堂屋里关着门教拳。在此期间，师傅备受家长和徒弟尊敬，吃、住享受贵宾待遇。"请师傅"到期，家长要对子孙的武功、武德、武术知识进行验收，满意后师傅才能走。这种"请师傅"的授徒形式具有典型的农耕社会封闭、独立的特点，时至今日因贵州经济欠发达，在农村仍然十分流行。

2. "开堂"式授徒形式

这种形式随着历史变迁而变化，在 20 世纪 80 年代前流行。其内容是一位或数位黑虎拳拳师在乡村或人群集聚的地方招收徒弟"开堂"授拳。一般有六个特点：一是每"堂"时间为 49 天，徒弟必须天天到场学武 6 小时以上；二是教拳内容师傅定，教什么，学什么，徒弟不能做主；三是每位徒弟必须交纳学拳学费；四是师傅集体教，在"堂"外不对徒弟单独开小灶；五是每"堂"最少要教三套拳术或器械；六是拳师一般都不是本地人，授拳只是谋生手段。这种"开堂"式授徒形式在中华人民共和国成立前比较活跃、公开，"文化大革命"期间曾经隐蔽地出现过。20 世纪 80 年代后期，演变成为以本地拳师为主的，经相关部门批准的，不规定学拳时间和内容的拳馆、武校或培训班。

3. "拜师"式授徒形式

这种传统的授徒形式以本地著名拳师为主体，不设馆、不办学，只在家里教。徒弟们因佩服拳师的武功，由家长带领或单独或相约伙伴上门求教。其有八个特点：一是徒弟必须"拜师"，在有声望的武师主持下，按传统的礼仪行跪拜礼、献茶，入门之后成为正式"徒弟"；二是要有熟人介绍，师傅只收品行端正的人；三是徒弟要给师傅送礼，有的还要摆酒席庆贺，表示对师傅的孝敬；四是师傅与徒弟通过"拜师"后即结成亲密关系，如同父子、父女；五是师傅会自觉地尽心传授武艺，督促徒弟学好；六是一般不收学费，授拳是为了传承；七是学拳多在晚上或有空闲的时间；八是不必保密。

4. "开放"式授徒形式

20世纪90年代至今，全民健身运动形成高潮，公园等场所习练武术渐成民众喜爱的活动，于是出现了众多爱好者跟随黑虎拳师傅学拳的现象。这种授徒形式分两种：一种是不收费、不拜师，徒弟、师傅相互间无约束力，师傅愿意教，徒弟愿意学，完全以健身和推广为目的；另一种是收学费但不拜师，师傅要承担教学的责任，只要收了费，就得负责教。"开放"式授徒的产生与社会发展同步，是社会和谐的体现，是新派生出来的一种传承方式，一般在城市流行。

（二）潜移默化的文化传承

无论哪种授徒形式，师傅都会按照习俗向徒弟介绍有关黑虎拳的相关知识，这是在潜移默化地进行文化传承。师傅向徒弟介绍的相关知识包括以下内容：

（1）关于黑虎拳。师傅在授拳之前，要向徒弟介绍上辈传下来的有关黑虎拳的故事，其中包括刘把式参加义和团和把黑虎拳传入贵州的故事，黑虎拳徒手和器械的套路故事，有名的黑虎拳拳师的故事，黑虎拳实用招式战胜对手的故事，利用黑虎拳强身健体、防身自卫的故事等。同时，要重点介绍练习黑虎拳必须具备的心理准备、刻苦精神、武德要求、习武规矩等。师傅总是希望徒弟牢记在心，不忘本门祖宗，不怕困难，努力学习武技，争取练有成效。

（2）文化支撑下练武。师傅在教拳之初会向徒弟介绍基本功、开门拳、拆拳、散手、对打以及其他拳械套路的内容，告诉徒弟们先学什么，后学什么，怎样才能学得又快又好。许多师傅一边介绍一边做动作，口中吟拳谱或拳歌，让人感受到是在文化支撑下练武。有时，师傅还会带着徒弟们一起练习，用以调节习武的气氛。

（3）穿插介绍拳谱、拳理、拳谚及拳歌。贵州黑虎拳的拳谱、拳理、拳谚、拳歌紧扣套路、功法，好记上口，是表现黑虎拳文化内涵的重要方式，在缺乏影像传播手段的时代，师傅口授、徒弟心记是文化传承的主要形式。徒弟学完一些套路后，师傅穿插介绍相关的拳谱、拳理、拳谚及拳歌，并要求背诵记牢。徒弟在学到黑虎拳文化知识的同时，加深了对所学套路的理解。

（4）强化习武的常识。常识介绍贯穿于整个教学过程，从练基本功开始，师傅就将习武常识挂在嘴边，要求每人都记牢。特别是黑虎拳的"十练"，即"一练桩功，二练步法，三练招式，四练劲道，五练手、眼、身，六练对打，七练散招，八练礼仪，九练胆量，十练处事与为人"，每次必谈，有时还会要求大家集体背诵。

（5）武德的教育。这是最重要的教育内容。师傅要教育徒弟具备习武人的"精、气、神"。学会黑虎拳后，为人要谦逊、谨慎、和善，绝不能持技欺人。与此同时，会教育徒弟在碰上坏人时要敢于挺身而出，不畏强暴，保家卫国，战胜坏人，从而展现出黑虎拳人的素质和精神。

（6）"徒弟"的不同内涵。贵州黑虎拳拳师收"徒弟"的形式蕴含着不同的内涵。一是集体收徒，如"家庭"式与"开堂"式授拳，众多徒弟集体拜师，师傅教会承诺过的武术技能后，对其中有悟性且想学的徒弟继续授拳并不收学费。这些徒弟中有的会成为师傅的继承人。二是通过"拜师"收的徒弟，这些徒弟被称为"徒弟崽"，师傅倾其所有传授，不计报酬，学不好的徒弟甚至会挨打，师傅和徒弟都知道是为了培养继承人，"徒弟"出师时，要摆酒谢师，自立门户之后，师傅还会充当后台保护。三是"开放"式收的徒弟，基本属于推广和健身，只有少数用心学习的人才能真正领会和掌握黑虎拳，最终成为继承人。

（7）拜师的礼数。师傅收"徒弟"要经过布置香堂、师傅就座、司仪唱词、徒弟叩头、献茶送礼、宣布辈分等程序，也叫"礼数"。师傅端坐上首，背后上方挂"黑虎拳收徒仪式"横幅和祖师、师爷、师傅的名字，左右两侧点上香、烛，场面十分严肃。整个过程由司仪主持。这些"礼数"瞬间就加固了徒弟的门派意识、宗嗣意识、尊长意识、习武责任以及自豪感。

（8）"破堂"要忍让。"破堂"就是"踢场子"。出师时，师傅要教这方面的知识，如遭"破堂"，要说四句话：一是示和；二是示诚；三是示胆；四是示狠。最好以仁慈感动对方，不动手，如去"破堂"，对方态度诚恳亦应作罢。师傅会要求徒弟具备化事能力和与人为善。

三、贵州黑虎拳套路的传承

贵州黑虎拳有套路36套，其中单练套路25套，对练套路11套。多年来，套路动作和拳谱等都由师傅口口相传，少有文字记载。目前，除了开门拳"朵红"有文字、图示记载外，其他的套路仍然没有图、文记载，这就造成了因传承人不同，套路内容存在差异的现象。

（1）贵州黑虎拳无论徒手套路还是对打套路，同一套路的名称和内容都大致相同。例如，徒手套路以"拢手—大鹏展翅—敬礼"作为起势和收势，各地流传的都一样，拳手间一看就知道是同门。

（2）套路传承的顺序是按习俗定的。例如，徒手单练套路的一般顺序是朵红—者红—里红—大红—挂脚—抢手—猛虎下山—拆手。这与拳谱中说的"朵者大里为四红，两手一脚虎下山"的顺序有差异。器械套路也一样：棍—刀—剑—枪—其他。没有任何师傅会先教"猛虎下山"而不先教"朵红"。

（3）对于单练和对练套路，师傅按"择徒而授，因材施教"的理念教徒。教多少，教谁，全由师傅定。单练徒手套路中的"抢手""拆手""猛虎下山"、器械套路中的"锁喉枪""阴手棍""八招"只有师傅满意的人才能学到。对练套路中，"对拳""单刀对棍""棍对棍""枪对刀"比较流行，"棍对二人凳""铁链对枪"则少有人学会，这就形成了没有一个地方、一个人会练全部套路。假若徒弟想多学些，就必须选择性地跟多个师傅。

（4）"开放"式授徒兴起20多年来，黑虎拳"内外兼修，可快可慢，老少皆宜"的优势显现，一套拳正常的演练速度是1分钟，"慢"练需要3分钟多，公园里练的中老年人居多，大家一起练"慢拳"，是适应社会需求和人性化的又一种方式，这既能锻炼身体，激起学习热情，又能较好地服务社会和传承黑虎拳。

四、黑虎"功夫"的传承

黑虎拳论以"强身健体，自卫防身"作为练拳的目的。在这种理念下，徒弟不仅要会套路，还要有"功夫"，功夫好才武艺高。而要有好功夫，就必须刻苦训练。

（1）蹲马步。按标准，师傅要求初学的徒弟蹲2分钟以上才学拳，对于学了几趟拳的徒弟，则要求蹲出汗水，没出汗，就不准站起来。由于要求严格，许多黑虎拳弟子蹲5分钟马步轻而易举，练拳时桩子也很稳。

（2）走矮子步。学拳到中期，师傅会教徒弟走矮子步，"前脚大腿平，后脚脚掌蹬，两手随身摆，两腿用力分"是对矮子步的要求。黑虎拳师走10分钟、20分钟矮子步的大有人在，通过走矮子步，练出了腿劲，也练出了灵活、稳健的步伐。

（3）扯转锤。黑虎拳单招，要求"拳从中线出，力达拳面上，前手用力冲，后手使劲勾"。师傅对"扯转锤"很重视，每天要徒弟练数百拳。除了检查次数外，还经常测试徒弟的反应速度和冲拳力量。希望徒弟具备快速有力、准确冲拳的能力。

（4）踏锤。踏锤是黑虎拳特有的拳法，有点像形意拳的崩拳。以全身振动，气息通达而催体内之力达拳面为佳。"前脚踏，后脚刮。锤一伸，全身发"是对踏锤的描述。由于踏锤极具攻击性，击中对方后对对方伤害大，徒弟须先记住"踏锤有股风，聚力一拳中，若无真传授，到老仍不通"的拳论，师傅会选择徒弟传授，并反复示范，徒弟慢慢感受，用心去练，直至成功。

（5）竹筒、草墩。这是练劲，练力，练桩，练拳、掌硬度的传统方法，在农村中流行。练竹筒时，蹲马步桩，双手平举，以直径约 10 厘米、长约 1.5 米并装满沙子的竹筒在双臂上滚动，练习桩功和力量。练草墩时，拳、掌用力击打稻草编成的草墩，以增强手的硬度和打击力量。

（6）排打功。贵州黑虎排打功有"练就黑虎排打功，出手制敌很轻松"之说。排打功包括拍身、打身、踢身、撞身、锤身。徒弟站好马步桩，先用掌、拳自己拍身，后用器械打身，先自己打，后由别人打，在师傅的指导下循序渐进，最终达到有较强的抗打击能力的目的。

（7）腿功。从学拳开始，徒弟每天都要进行压腿、踢腿、下腰、跳跃、跌仆等基本功训练。对一些实用的腿法，如弹踢和旋风脚，师傅会要求徒弟单练。每天除空踢外，还要对着木桩、沙袋踢。师傅的标准很简单，他听到徒弟空踢时有风声就算过关。

（8）木桩功。以踢、靠、打为主，在武馆或农村中较为流行。徒弟运用学过的招式，如"夹靠手""螺旋手""旋风脚"等，以木桩为靶子，脚踢、手打、身体靠，熟练地使用招式，感悟技巧。

（9）药功。为了受伤后能自救，师傅会向徒弟传授治伤的"药功"。几乎每人都要认识十来种常用的草药，并知道如何采集、怎么使用。例如，救急用的草药"接骨草""小救驾"等。对于好学的徒弟，师傅愿意多教，而且他们出师后可能会成为当地民间的治伤高手。

（10）黑虎小武功。它是专用于练习手、眼、身、力的功法。练时在原地变换弓、马步，配合气息吐纳，缓慢地完成 10 个简单动作。许多人练后有浑身是劲、精神倍增的感觉。师傅只传授给有悟性的徒弟。

"功夫"是黑虎拳立门之本，所以师傅要求徒弟必须知道名称和练法。教"功夫"时，除"扯转锤"必练外，其他的因人施教，每人练一两种。这种选择性地教徒弟掌握"功夫"的做法，是"功夫无须全学够，一技上身就耍牛"的拳理和社会现实需要的反映。

第五章　新时期地方文化生态的保护与发展

第一节　地方民间文化生态的功能价值

一、地方民间艺术的生活形态

（一）生活方式与民间文化

传统的民间艺术创造深受传统生活方式的制约，历史上以农业为主的传统自然经济形式为民间艺术的造物活动提供了广阔的文化背景和基础。民间艺术及其文化创造与传统的农村社会生活方式具有较强的一致性，两者不仅是一定的物质生产基础上的产物，还是民众适应自然、征服自然、改造自然的手段和结果，深受传统自然生态环境的影响和制约，而且民间艺术创造与生活方式受一定物质生产方式的影响，并随着物质生产方式的变化而变化。我们考察传统民间艺术的发展不难发现，传统的民间生活方式与民间艺术的创造不但是密切联系的，而且民间艺术在某种程度上就是民间生活方式的直接转述。对民间艺术的研究不能脱离一定的生活方式，而一定自然生态环境下的生活方式及其文化模式对民间艺术的创造又具有较强的制约，随着中国传统生活方式的改变，民间艺术的存在形态也产生了一定的变化。

生活方式是不同社会成员、群体和个人在一定的社会条件制约和价值观念的引导下，在生活过程中形成的，为了满足自身生活需要，具有稳定的活动形式及行为特征的社会活动体系，这是社会学的规范表述。由于不同的社会制度、文化传统、自然生态、社会阶层等的差异，生活方式及其与社会的整体关系不相同，生活方式条件下的文化创造也是千差万别的。马克思、恩格斯在相关著作中阐述了生活方式的重要思想，同时提出了生活方式与生产方式两个概念。在马克思主义看来，人类生产方式与生活方式是密切联系的。一方面，生活方式取决于生产方式，社会有什么样的物质生活资料的生产方式，就有什么样的生活方式，生产方式规定了生活方式的本质特征。在生产力方式的统一结构中，生产力发展水平不仅最终决定了生活方式，还对某一生活方式的特定形式产生了直接影响。马克思在《〈政治经济学批判〉序言》中说："物质生活的生产方式制约着整个社会生活、政治生活和精神生活的过程。不是人们的意识决定人们的存在，相反，是人们的社会存在决定人们的意识。"可以看出，生产方式决定着人们的生活方式，生产方式和物质生活的条件是相统一和吻合的。另一方面，马克思主义认为，生产方式是人类活动方式的一个方面，因而生产方式也是生活方式的一个方面。马克思、恩格斯在《费尔巴哈》中指出："人们用以生产自己必需的生活资料的方式，首先取决于他们得到的现成的和需要再生产的生活资料本身的特性。这种生产方式不只应当从它是个人肉体存在的再生产这方面来考察，它在更大程度上是这些个人的一定的活动方式、表现他们生活的一定形式，他们的一定的生活方式。个人怎样表现自己的生活，他们自己也就怎样，因此，他们是什么样的，这同他们的生产是一致的，既和他们生产什么一致，又和他们怎样生产一致。因而，个人是什么样的，这取决于他们进行生产的物质条件。"生产方式在很大程度上被马克思主义认为是人的一定活动方式或生活的一定形式，生产方式就是一定的生活方式。可以看出，马克思主义生活方式的概念不仅指人类的日常生活，还包括生产活动在内的整个生活。马克思主义"生活方式"的概念为后人的研究奠定了基础，因而对生活方式概念的界定出现了广义与狭义的二分法。广义的"生活方式"概念认为，人们的生活领域涵盖劳动生活、政治生活、物质消费生活、精神文化生活等生活活动的一切领域；狭义的"生活方式"则主张把生活限定在日常生活领域，如物质消费、闲暇生活、精神文化生活、家庭生活，或简单地说，就是指衣、食、住、行、乐领域。从民间艺术与生活方式的关系来看，我们更强调两者的联系，这不仅源于艺术概念在当代从"美的艺术"走向设计艺术、造物艺术，如美国艺术史学家乔治·库布勒所说："艺术的观念可以扩大，直至包括所有的人造物。"更重要的是，对于民间艺术来说，物质生活与精神生活、艺术与生活并不是截然分开的，物质生产活动蕴含了人们的审美创造，精神文化的艺术创造在许多情况下并不是独立于人们的物质生产活动之外的，艺术创造有时就是物质生产活动本身。理解生活方式这一概念，有助于我们认识传统民间艺术生活艺术化、艺术生活化的混沌统一的形态，更便于我们认识民间艺术的性质，叙说民间艺术生活整体性的特征及其文化生态的特征。

生活方式是一定的社会成员在生活过程中所形成的相对稳定的活动形式的体系，是在一定社会条件下的生活样式和方法。当我们考察一定社会的生活方式（如人们的生产劳动、物质消费、精神文化生活等时，可以明显地看到特定社会条件下的民众生活方式与他们的文化创造活动是如此的一致，以至于有的社会学家也将文化说成生活方式或生活的样法。梁漱溟认为，文化就是"人类生活的样法"，人类生活的这种样法又分为精神生活、物质生活和社会生活三部分内容。虽然文化较生活方式的内容更为宽泛，但可以看出生活方式与文化创造是密切联系的，文化对一定社会及其成员的生活方式有重要的影响，生活方式又是文化活动的重要内容。

生活方式是一定的活动主体同一定的社会条件相互作用而生成的活动形式和行为特征的复杂的有机体，作为社会活动的生活方式，其构成要素一般分为三个组成部分，即活动主体、活动模式和活动条件。按照生活方式的这种结构分析，有的社会学者将生活方式进行如此表述：生活方式是主体凭借一定的社会条件把生命纳入一定的文化模式而呈现的稳定的活动。活动的内容则可以划分为四个方面，即劳动生活方式、物资消费生活方式、社会政治生活方式和文化娱乐生活方式。就生活方式的构成要素以及生活方式的内容来看，生活方式与文化创造活动的联系也是显而易见的。

作为生活方式的活动主体具有一定的层次性，如个体、家庭、小群体、社区、阶层、民族、社会等，在相同的社会条件下，不同层次的社会活动主体会产生不同的社会生活方式，这不仅是由于社会活动主体人的活动是能动的、带有创造性的，更重要的是由于不同的群体、层次的活动主体所处的社会背景、文化背景对活动主体的先在规约。一定社会群体共同的世界观、人生观、价值观不但决定了个体对生活方式的选择，而且一定的社会风俗、宗教信仰、文化传统等因素对人们的生活活动具有一定调节和引导作用。

对于社会生活方式来说，一方面，个体对社会和群体生活活动的维护和遵循使一定的生活方式具有更强的稳定性；另一方面，生活方式活动主体的层次性不仅是研究特定对象的生活方式的有用工具，对于民间文化和艺术来说，其特殊的文化分层也涉及了文化的创作主体。生活方式中特定活动主体的层次及其活动模式与民间文化创造主体的层次及其文化样式在某种意义上是相互重叠交织的。当我们谈论民间文化和民间艺术的时候，通常指的是由民间社会的文化创造主体所创造的。民间社会生活方式的活动主体与整个国家、社会生活方式的活动主体是有层次差别的，特别是对传统的民间文化艺术创造主体和民间社会生活方式的活动主体来讲，两者具有强烈的交叉重叠或鲜明的一致性。换句话说，民间社会生活方式的活动主体又是民间文化艺术的创造主体，生活方式活动主体的层次性与文化的分层研究中主体意识与层次划分，对于生活方式和民间文化的研究都是必要的和需要明确的。

一定生活方式的活动主体与一定的社会条件相互作用，产生了一定的生活活动模式，使生活方式呈现为一定的状态，并具有相对稳定性。社会学家指出："生活方式的活动模式由模素按照一定的文化规则组成。这种意义上的活动模式是符号，是文化模式。"模素是活动模式的组成单位，是活动模式的分解，一定的活动模式包含了一定的模素及细节，模素相当于活动模式中的不同过程。不同社会活动主体在特定的社会条件下形成的特有的生活模式通过一定的生活活动形式表现出来，是一种典型的、稳定的且开放的状态。一定的生活活动形式之所以成为生活模式，不仅在于结构的稳定性是在活动的过程中反复发生过的，还在于活动的结构被活动的主体认知为模式。社会学家指出"模式是已经完成的"，说明模式形成了稳定的结构；"模式又是重新开放的"，说明模式是可以重塑的。另外，生活模式还是人们生活过程中习惯传承的规律、合宜的生活程式，是个人的人格标志和群体的认同符号。这些都说明了生活模式的稳定性、开放性、传承性和集体认同性。将生活方式的活动模式描述为文化模式，就在于两者的构成方式及相对稳定的一致性特征。文化模式是在社会历史的发展过程中，不同的文化特质依据不同的构成方式形成了不同的文化系统或体系，并显示出稳定的特征。当然，文化模式并非是永恒不变的，随着社会历史的发展以及文化的传播和影响，文化模式也是可以重塑和发展变化的。生活方式属于文化创造，其活动模式和文化模式具有相对的稳定性，透过历史的分析可以看出，在中国几千年的历史发展过程中，随着不同社会形态的更替和经济形式的发展，民间传统的生活方式一直延续了下来。即使在当代，这种生活方式也并未发生彻底的改变，特别是在民间，这种固有的生活方式成为民族文化共同体的重要标志，这种生活模式与文化模式的传承使生活方式与文化方式表现出强烈的一致性。当然，两者的开放性随着社会条件的变迁也在发生改变，这种改变就是现当代历史上民族生活方式的现代化和传统文化的转型，也是生活方式和文化方式的特征在历史发展过程中的显现。

作为生活方式的活动条件不仅规定和影响了生活方式的发展和变化，还影响了文化的创造和文化的发展。生活方式的活动条件首先指的是不同社会群体和个人所处的地理环境、气候条件、动植物资源、能源等自然生态环境。自然生态环境的不同必然会影响一定社会生活活动主体的生活方式，这些环境又是物质文化生活样式的决定因素之一。当然，随着社会生活方式和物质文化的发展，这种自然生态环境不再具有决定性的作用，但仍然影响了人们的生存方式，这也正是生态环境问题的要素。其次，生产力发展水平、物质生产方式特别是现代科学技术的飞速发展是推动社会生活方式发展变革的巨大动力，它是生活方式主体选择生活方式的物质手段和现实条件，物质生产方式不但对生活方式具有决定性的作用，而且对某一特定的生活方式产生直接影响。对于民间文化来讲，物质生产方式也产生了重要的作用，尤其是现代科学技术的发展对传统生活方式和民间文化的影响是显而易见的。再者，一定的文化传统、社会组织形式、价值观念、社会心理、伦理道德、宗教信仰、风俗传统等社会因素也规定和影响了一定的社会生活方式和文化方式，这些方面的因素更显示出生活方式与文化现象的统一，使我们难以分清文化方式与生活方式的区别。这些因素既是历史的又是现实的，历史的传承和现实的变异使生活方式和文化方式既具有一定的稳定性，又具有一定的动态性和开放性。由此可以看出，生活方式的活动条件既包括自然的生态环境因素和条件，又包括物质的、社会的人文生态环境因素和条件，这些综合的因素和社会条件无论从客观上还是主观上都对生活方式和文化方式产生了重要的影响和指导作用，也使生活方式和文化方式表现出强烈的重叠和一致性。

通过以上的叙述和分析可以看出，生活方式与文化创造不但是密切联系的，而且许多情况下是一致的。文化方式与生活方式都是人类社会活动的手段和产物：两者既反映了人类与自然的关系，是对自然的认识、开发和利用，又受到社会物质生产方式和社会人文因素的影响和制约；两者既表现出相对的稳定性、传承性，又具有一定的动态性和开放性。生活方式的活动模式结构和特征与文化模式的结构和特征是相似的，生活方式与文化方式的活动条件及其对各自的影响也是相似的。当然，文化与生活方式并非完全一致，亦如社会学家所指出的，生活方式有明确具体的主体性，它依赖人的现实的活动，而文化的主体性是超越时空的，具有更大的宽泛性；生活方式作为人的社会活动主要是社会性的，但又残存着一定的生物属性，文化则只有社会学的性质，不存在生物学的性质；生活方式只涉及人们的一般社会生活领域，文化则宽泛得多，它涵盖了人类历史活动、生产活动及高智能的科学技术领域等更广泛的领域。这是文化与生活方式的区别。从生活方式与文化的本质、结构要素及特征来看，两者更多的是联系和相似性。一定生态环境下的文化是人们生活方式的创造和结果，而一定的文化创造和发展又影响了人们生活方式的活动模式，有什么样的生活方式就有什么样的文化创造，有什么样的文化创造也就有什么样的生活方式，一定的文化活动是生活方式的产物，生活方式又受文化创造的制约。文化一经创造出来就影响了生活方式的性质、内容和活动模式。从历史来看，文化的创造发展和传播对生活方式的影响是巨大的，生活方式的转型和社会的变迁更多的是受文化变迁的影响。

这里更多强调的是生活方式与文化方式的相似性或一致性。对于民间艺术来说，特定的生活方式、文化方式是民间艺术产生、发展和生存的背景，是民间艺术的文化生态环境基础，一定的生活方式和文化方式决定、影响了民间艺术的创造动机、样式和存在形态。传统、持久的民间生活方式和文化创造活动使民间艺术得以健康持久地延续、传承和发展，而现代生活方式和文化活动的变迁又使丰富多彩的民间艺术样式和创作形态产生了根本的变化，特别是物质生活方式的变迁和外来文化的影响对民间艺术的冲击是普遍而深刻的。笔者认为，对传统生活方式的考察和认识不仅有助于我们对文化的认识，还有助于我们对民间艺术的文化生态环境的认识和对民间艺术传统生存形态及样式的把握，有助于我们从基础和根本上理解民间艺术，并对民间艺术的现状和未来进行分析，从而证明民间艺术及其文化传统是中国社会现代化的重要资源和文化现代化的重要生态基础。

（二）民间艺术的生活形态

长期以来，在艺术领域，民间艺术的研究大多着眼于艺术的审美研究。在艺术领域的民间艺术审美研究是普遍的，也是成就卓著的，它是民间艺术研究中不可或缺的一种研究取向和重要方面。然而，由于民间艺术特殊的性质、文化特征以及与生活方式的关系，这种研究不但缺乏整体性，而且不利于深入认识民间艺术作为民间文化的特殊性和文化生态整体的特征。在民俗学研究中，民间艺术又大多充当的是民俗事象、文化事象的民俗载体或民俗符号。这不仅忽视了艺术的价值和内涵，对其在民俗活动过程中的艺术动态形式也重视不够。虽然民间艺术与民俗关系密切，但毕竟两者分属不同的学科，有着本质的差异。

张道一在论述民间文化和民间艺术时曾将物质与精神两者之间或综合性的双重形态的文化称为"本元文化"。无论是在原始社会时期，还是在文化的多元化发展以后，"本元文化"都是实际存在的。"本元文化"也可称为"本原文化"，它既是人类最初的文化形态，又是在物质文化与精神文化分化以后仍然在人们的生活中发挥作用并一直发展的文化形态。民间艺术可以说是本元文化发展的最好说明，它"是同广大人民的生活关系最密切的，就其主流来说，多带有实用性，既保持着本原文化的特点，又是本元的。虽然有一部分也带有'纯艺术'的特点，但仍距其实用性分离不远"。张道一不仅强调了民间艺术的实用特征和本元文化特点，还是指出了民间艺术与民众生活的关系，或者说民间艺术的生活形态，以及民间艺术与原始艺术的承传发展关系。

原始人类早期的物质活动与精神活动是相互交织、混沌统一的，两者之间没有明确的分界，而作为物质活动的产品与精神活动的产品也是物质与精神的统一，是一种本元文化的创造，这已被马克思主义观点所证实。思想、观念、意识的生产最初是直接与人的物质活动、与人的物质交往、与现实生活的语言交织在一起的。观念、思维、人们的精神交往在这里还是人们物质关系的直接产物。就原始艺术的早期创造来说，也包含了物质与精神混沌一体的生产形态。大量的艺术史研究表明，人类早期的艺术创造是从人类最早的造物活动——工具的制作加工开始的，几乎没有一部艺术史著的艺术起源不是从原始工具讲起。这不仅是因为原始工具的加工制作是人类与动物告别的标志，是人类造物的初始和艺术起源于劳动的佐证，还因为原始工具包含人类早期物质生产活动与精神生产活动混沌一体的本元文化特征，精神活动当然也孕育了艺术发生的最初要素，因而工具的诞生也就意味着艺术的诞生。莫·卡冈在论述原始艺术的混合性时指出，不仅"自古以来，人类活动的艺术的和非艺术的（生活实践的、交际的、宗教的等）领域的界限十分不确定，不明显"，而且"我们也看不到任何确定的清楚的体裁—种类—样式结构"。尽管如此，但是不管原始艺术中这种非审美的因素有多大，并不影响人们将它看作艺术。艺术因素还有机地交织在各种实用物品——武器、劳动工具和日常用具制作的过程中。虽然在原始人看来，这类人类活动是具有生活的实用功能或其他功利意义的，并非纯粹的艺术创造，是生产活动、宗教仪式、巫术神话等实践活动或精神活动的表现形式，但其中仍然包含了重要的、实质性的艺术因素。这种艺术因素最重要的就是人类的审美意识，不管这种审美意识是如何的原始、简单，但它终究是人类特有或固有的一种自我意识，是人类艺术活动的动力。审美意识的诞生与艺术的起源相联系，无论是马克思主义的艺术起源于劳动说，还是文化人类学家爱德华·泰勒、弗雷泽等人的艺术源于巫术说，还有模仿说、游戏说等，都是在此基础上的认识。虽然艺术的起源与人类的心理活动是密切联系的，但艺术的诞生总是以一定的物质形态体现出来，在这种物质化的形式和媒介中，人类的思想和意识、物质活动与精神活动便不再是单一的，审美意识和艺术因素就是有机地纠结在其中的。实际上，人们承认艺术起源于原始物质生产活动或精神生产活动，就意味着确定了原始艺术与原始人类生活的关系，那些被现代人看作艺术创造活动或艺术作品的东西也是人们的物质生产活动或精神生产活动的产物。在这里，原始艺术的本元文化特征体现得十分明确，这就说明，原始艺术与原始人类生活是未加区分的，生活创造了艺术，艺术又是生活，艺术与生活是一体的。

民间艺术最大限度地秉承了原始艺术的性质和特征，即原始艺术的本元文化特征。这正如苏联艺术理论家 B. E. 古谢夫在论述民间创作时所说："民间创作同时既是艺术，又不是艺术。其中，认识功能、审美功能和日常生活功能构成了一个不可分割的整体，而这种统一包含在形象、艺术的形式中。"古谢夫的观点说明，民间艺术创作处在艺术与非艺术的边缘，其审美功能并未从生活功能等其他功能中分离出来，它不属于纯粹意义上的艺术审美创造，是一种生活化的艺术。换句话说，民间艺术自然地保持了原始艺术的混合性，或如卡冈所说的"原始艺术的复功用性"，即原始艺术的审美因素与非审美因素的交织统一。民间艺术的创造在很大程度上只是一种不自觉的艺术加工，同原始艺术一样，其实用性的功能或功利性因素常常是主要的。如果说原始先民的石器、陶器、骨器是实用与审美的艺术创造，那么民间的各种餐饮厨炊用具、日常起居用品、生产工具等各种繁杂的用具用品不但与原始造物并无质的区别，而且具有突出的审美因素。例如，山东胶东的鱼盘，或厚重，或轻巧，或粗陶，或细瓷，具有不同的质地、造型和风格，还有变化不一的鱼纹装饰，更有意思的是，那些被人们看来帅气潇洒的青花大鱼，据说有的是艺人来不及刻画，找来扫马路的街道工拿扫帚毛画上去的，民众并不曾赋予它多少审美的内涵，但又确确实实地被我们视为艺术。也许这种审美的因素或功能是不自觉的，却是客观存在的。民间艺术继承了原始艺术那种"实用—审美"的或者说"功利—艺术"的"复功用"性质。这是从历史的发展来看，民间艺术与原始艺术一样，具有艺术的混合性，是审美功能与日常生活功能的统一，或者说，在人们的实践创造中，渗透了审美创造。

当然，这种生活形态的艺术创造并不仅仅体现在以物质实用功能为主的造物活动中，还体现在民众的精神活动中。民间的各种游艺、社火、秧歌、傩舞表演，无论其娱玩表演的形式还是表演的道具，都不妨碍人们将其称为艺术，而在民众看来，或者从历史的起源来看，是人们祈福禳灾、酬神娱神，与天地自然和神灵沟通的形式和桥梁。这些表演是民众生活中不可或缺的一部分。例如，人们熟知的陕北转九曲，其阵势可谓严谨、复杂、壮观。转九曲的顺序、方位、布局以及摸高杆祈福、偷灯祈子等规矩是严肃的。转九曲是艺术的展示，又是精神的寄托，是节日生活的内容。艺术与生活交织在一起，艺术统一在生活中。这正如 M.巴赫京对西方中世纪狂欢节的分析："它处在艺术和生活的交界处。实质上，这是生活本身，不过被赋予一种特殊的游戏的形式。……人们不是观看狂欢节，而是生活在其中，而且所有的人都在其中，因为按其观念它是全民的。在狂欢节进行期间，对于所有的人来说，除了狂欢节的生活以外没有其他生活。"

从共时性的民间艺术发展来看，民间艺术具有与现实生活重合的性质，张道一先生称其为"原发性"。民间艺术的原发性不仅在于民间艺术的产生是自发的，更重要的是它显示了广大民众对生活的直接需要，而不是一种纯粹的艺术审美创造活动。民众日常生活中的纺线织布、衣饰美化、室内装点、婚丧礼仪、节日活动都适应了生活的需要，表现了人们的理想和心愿，是一种真诚、质朴、实际的生活创造。民间艺术与现实生活紧密相关，最大限度地贴近人们的生活，甚至就是现实生活本身，而与以精神性审美功能为主的艺术创造有着较大的不同。民间艺术和原始艺术虽然在性质上有相同之处，但是毕竟两者是不同的社会背景和社会条件下的创造，艺术创造主体在认识、思维等观念、意识上的差异及心理上的差异是十分明显的。民间艺术虽然同样包含了艺术因素与非审美因素、物质生产活动与精神生产活动相统一的性质，但主体的认识却不像原始艺术一样是混沌的。判定一件作品是否为艺术，困难不是在作品本身，而是在创造这件作品的主体以及鉴赏作品的主体。或者更精确地说困难在于鉴赏主体无法辨明创造主体在创造作品时是否出现过审美态度，在什么地方出现了审美态度。审美创造心理是判定艺术创造活动的标准之一。实际上，在原始艺术创造中不仅有实用与审美统一的创造，也有以审美为主的艺术创造，这已是不争的事实。对于民间艺术来说，在实用的创造中结合了审美的艺术创造是情理之中的。要指出的是，民间艺术生活的原发性不在于生活中是否存在艺术，而在于艺术的创造是为了满足现实生活的需求。民间艺术是生产者的艺术，而不像纯粹艺术那样，以精神性的审美功能为目的，它不是为艺术而艺术，许多情况下是为生活而艺术，具有艺术的多种功能。

当然，大量的民间艺术创造首要满足的是民众生活的实际需要，因而将人的生活与民间艺术创造活动联系起来。民间的房屋宅舍、家具陈设、日用器具、生产工具、运输工具以及服饰穿戴等所隐含的艺术审美创造是毋庸置疑的。人类生活需要的丰富性、多层次性使民间艺术的创造更为丰富、全面和广泛，即使是物质生活实用产品的创造，也使产品的样式、形制、功能等变得更为丰富并不断拓展。例如，一个简单的枕头不仅有石、陶瓷、皮革、竹、藤、布帛等材质，造型还有箱形、元宝形、凳形、条案形、孩童形、虎形、猫形、蛙形等，还有雕刻、编扎、缝制、拼接、填充、绘画等。那些可供把玩、陈设的刻花蝈蝈葫芦、泥人耍货、荷包等其实是实用功能向审美功能的转化或艺术的雅化。人的需要的丰富性是造物实用功能的多样化和实用功能向审美功能转化的动力。

民间艺术与民俗关系密切，静态的以审美造型为主的民间艺术常常是民俗活动的媒介和道具，表现为文化的符号、图式，又是可视、可触、可感的静止的艺术形象或形态。然而，那些被我们看来是优秀民间艺术创造的形态和样式，在民众看来却是生活的内容和形式，是生活的组成部分。这些艺术化的形态和样式伴随着民众生产生活的时候，体现为动态的、活动的过程，因为生活是动态的。民俗活动过程中的民间艺术样式是民俗活动的内容、民俗的物化形式，是动态的、流动的、连续的。因而民间艺术无论是在日常的生产生活中，还是在规范化、模式化的民俗生活中，所体现的形态特征以及艺术审美等精神文化内涵和功能等不是单一的，而是动态的、变化的，也是丰富的，那么对它的研究就应该是全方位的、多侧面的。例如，一件泥叫虎可以用来陈设、欣赏或用作烛台，儿童在推拉玩耍的过程中是活动的，还发出不同的叫声。五颜六色的挖补门笺的造型、色彩引人入胜，张贴在门前窗下，衬托着白墙黑瓦，给人别样的感受。此外，还有剪纸、皮影、傩面具、风筝等。诸如此类的民间艺术品类和样式具有丰富的文化内涵，是民众生活的一部分。民间艺术是民众生活形态的内容和展示。就民俗而言，尽管生活不只是民俗的，但生活又离不开民俗，民俗是生活的规范、文化的模式，如美国民俗学家威廉·格拉汉·萨姆纳所说："民俗是为一时一地的所有生活需求而设。"传统民间艺术如民俗一样，并不完全是生活的内容，但民众生活又的确难以脱离民间艺术。

如今，民间艺术的现代发展体现了民间艺术品类的缺失和创作的冷清，这是否意味着民间艺术的现代衰落？原因是综合的、多方面的，其中民间艺术与民众生活的关系越来越远是重要原因之一，民间艺术的创作主体和接受主体随着生活的改变也在改变。民间文化生态和生活是民间艺术生存的重要条件。

（三）民间艺术造物的科技理性与人文精神

民间艺术造物活动对自然生态的认识、开发和利用蕴含了大量的理性内容，无论是对自然规律的认识，还是对自然物材料、质地、性能、结构等的认识，都具有相当成分的科技理性。民众只有在对自然生态环境及自然运行规律正确认识的前提下，才能遵循并依据自然生态规律，与自然生态相协调、适应，以获得更多的生存机会。但是这种认识在一定的社会历史阶段不可避免地具有一定的局限性。恩格斯在论述从猿转变到人的过程中劳动所起的作用时曾指出："动物仅仅利用外部自然界，单纯地以自己的存在来使自然界改变；而人则通过其所做出的改变来使自然界为自己的目的服务，支配自然界。""但是人离开动物愈远，他们对自然界的作用就愈带有经过思考的、有计划的、向着一定的和事先知道的目标前进的特征。"人类在对自然界认识的基础上，通过一定的物质手段和有目的的社会实践活动，可以使自然界为人类服务，其中物质技术手段的中介作用和科技理性精神起着至关重要的作用。

农耕文明、手工业技术状态下的物质技术成就表现在许多方面，虽然传统造物技术的理性发现并不曾导致科学技术理论体系的完整建立，但历史上遗留下来的诸如《考工记》《天工开物》《农书》《齐民要术》等工艺技术文献记载了丰富的工艺造物思想。

宋应星的《天工开物》中对传统手工业技术的记述距今已有 300 余年。例如对漕舫、海舟、杂舟和各类车辆的记载显示了较高的技术性。各地的各类杂船，如长江、汉水的"课船"，三吴的浪船，浙江的西安船，福建的清流、梢篷船，四川的八橹船，广东的黑楼船、盐船，陕西韩城的摆子船，结构、功能、运行水域各不相同。关于各类车辆中的两轮骡车的记载："其大车中毂（俗名车脑），长一尺五寸，所谓外受辐、中贯轴者。辐计三十片，其内插毂，其外接辅。车轮之中，内集轮（辐），外接辋，圆转一圈者，是曰辅也。辋际尽头，则曰轮辕也。凡大车脱时则诸物星散收藏。驾则先上两轴，然后以次间架。凡轼、衡、轸、轭，皆从轴上受基也。"

民间传统的土木营造、车船加工、纺织印染、冶炼铸造、造纸印刷以及农具、陶瓷、乐器、食具等，无一不是科学技术理性的产物，这些产品在功能、样式、形制、结构、选材等方面所显示的成就不仅符合科技规律，富有技术内涵，还是变化无穷、丰富多彩的。

中南地区流行的简单的蒸饭、喝汤用的陶钵子，内壁与一般的瓷碗并无两样，外形上部呈圆柱形口沿，下部则从圆柱切进去，上大下小，与内壁一致，钵底平整。圆柱与内壁分施釉，钵底及切入的部分则为陶质无釉。这体现了设计制作者的智慧。施釉部分光滑明净，既便于饮食，又便于涮洗，卫生、方便；无釉的陶质钵底涩而不滑，方便端取，当几个、十几个钵子套叠罗列起来，钵子的口沿圆柱部分正好又组成一个完整无隙的圆柱形，放置、搬运十分牢稳。平整的陶质钵底又可增加摩擦力，而不像圈底的碗钵罗列起来留有空隙，不稳固，搬动起来叮当作响。这种陶钵与人们使用的杯杯相扣的一次性纸杯不但原理相同，而且更为巧妙。民间的陶瓷中药罐也是千变万化的，单把的、双耳的、敞口的、带流的、砂陶的、粗瓷的，造型不同、设计不一。南方常见的单把硬陶中药罐，把与流约呈 45° 角，流细把粗，既把握牢固，倾倒时因角度的原因，轻转手臂药汤便轻易流出，细流又将药渣阻挡，无须过滤。而且这类陶罐、瓷碗许多都有饱满的造型、质朴的质地、含蓄沉重的色彩或生动的装饰。对于这类俯拾皆是的生活用品，也许艺人们说不出其中所蕴含的原理，只是经验或流传，但不能否认隐含其中的技术理性。至于舟船车轿、土木营造所蕴含的技术内涵，即使借助现代科学技术，现代人有时也难以企及，土楼围屋、吊脚楼、木塔、石拱桥、风雨楼、侗族鼓楼，都是技术理性的产物。

科技理性只能解释人类社会活动的一方面，而广义的文化创造涵盖了科学技术及其他内容，并使人类的生活变得丰富多彩。社会发展不仅需要科技理性，又需要高度的人文关怀，或者说科技理性与人类情感意志的结合与统一。

在中国先秦诸子的思想言论中就有对造物人文精神的关注。特别是儒家在历史上的突出位置，不能不说对后世造物艺术有所影响。孔子说："质胜文则野，文胜质则史；文质彬彬，然后君子。""质"可理解为质朴、本质，"文"可理解为文采、外表，虽指的是人的道德修养，又可解释为工艺造物中的文质相结合，或者推演为功能与审美的协调统一。关于此说，先秦诸子多有论述。《国语·郑语》："夫和实生物，同则不继。以他平他之谓和，故能丰长而物归之。若以同裨同，尽乃弃矣。故先王以土与金木水火杂，以成百物。"其中蕴含了工艺造物的和谐观念。《易·系辞下》："古者庖牺氏之王天下也，仰则观象于天，俯则观法于地，观鸟兽之文与地之宜。近取诸身，远取诸物，于是始作八卦，以通神明之德，以类万物之情。"这说明了八卦的产生与自然有关，同时造物也具有与"神明之德""万物之情"相通相类的人文色彩。《庄子·养生主》："庖丁为文惠君解牛，手之所触，肩之所倚，足之所履，膝之所踦，砉然响然，奏刀騞然，莫不中音。合于桑林之舞，乃中经首之会。"这不仅说明了庖丁熟练的技巧，更重要的是庖丁解牛的动作合乎音乐和舞蹈的节奏和韵律美，这就自然而然地将技术与艺术结合起来，在技术中融入了艺术，也就是技术与人文的结合与统一。先秦诸子百家的言论中许多虽然论及社会问题，但常以工艺造物设喻，谈到了工艺造物中技术与人文观念的关系，其他历史文献中亦有许多片段对此有所涉及，此不赘述。

在传统的民间造物活动中，技术理性是其中重要的一方面，否则就难以有社会生产力的发展，然而更重要的、与技术理性相伴随的还有民众的审美观念、伦理观念、情感因素、价值取向等多方面的人文情感因素。技术理性与人文情感的协调平衡、整体统一是民间艺术造物活动的总体特征。无论是造物活动，还是用物过程，技术理性与人文观念是相互交融、密不可分的。

民间艺术造物活动中对自然生态的开发与利用在许多方面显示了技术理性与生态、伦理、价值观念的完美结合。尊重自然和生命是生态伦理学的基本原则，实际也是伦理道德向自然的拓展。民间艺术造物活动与自然的协调、平衡，对自然的尊重，也是物质技术理性与自然伦理关系的统一。

技术是人类社会实践活动的手段和媒介，是理性的。造物的过程不仅使技术得以实现，也使主体的情感意志得以表现，使技术人性化。然而在高科技的科学理性下要追寻人文情感关怀是多么不容易，传统民间艺术造物活动中物质技术实践与人文情感的结合或许能为我们提供某些启示，传统劳动过程中的技术与艺术、理性与感性的结合是那么的自然与融洽。

通过对传统民间艺术造物过程中技术理性与人文内涵的考察和分析，我们可以看出，民间工艺造物既注重技术的价值和意义，又强调人文情感因素，两者完美地统一在一起。前者作为手段和媒介使造物的功能得以顺利实现，可以视为物质的；后者则使造物活动更为丰富，使人的本质和天性得以充分发挥，可以视为精神的。两者的结合使精神和物质、人类和自然达到了完美的和谐。与现代科学技术高度发展的工具理性相比，民间这种传统的造物与人文相统一的观念也许更有现实意义。美国科学史家萨顿说："我们必须使科学人文主义化，最好是说明科学与人类其他活动的多种关系——科学与我们人类本性的关系。"这不是贬低科学，相反，科学仍然是人类进化的中心及其最高目标；使科学人文主义不是使它不重要，而是使它更有意义、更为亲切。

二、地方民间艺术与民俗文化

"民俗"一词在我国被作为学术概念提出和使用是现代的事，它是在五四运动前后由国外传入的。而对民俗的重视在我国却是古已有之，既有"民俗"二字，又常以"风俗"称之。《管子·正世》："料事务，察民俗。"《礼记·缁衣》："故君民者，章好以示民俗。"《史记·孙叔敖传》："楚民俗，好痹车。"《汉书·董仲舒传》载："变民风，化民俗。"《诗经》成书即将采风问俗定为制度。孔子在论礼时曰："移风易俗，莫善于乐；安上治民，莫善于礼。"《汉书》将风俗释为"上之所化为风，下之所化为俗"、魏晋时阮籍《乐论》中将风俗释为"造始之教谓之风，习而行之谓之俗"。这些解释已将民俗的基本含义概括出来，即民俗主要是由下层民众创造的，人人传习、自我教化的习俗。历代所涉及的民俗文字资料浩如烟海，从事民俗资料搜集的也大有其人。五四运动前后，北京大学《歌谣》周刊的创办可以看作我国民俗学研究的起点，20世纪20年代中山大学第一个民俗学会和《民俗周刊》更是将民俗研究提到一个新的历史高度。但早期的民俗学研究大多拘泥于文学的角度。直到20世纪70年代末，北京的几位教授、学者又重新倡议发起对民俗学的研究和民俗研究机构的建设，民俗学研究从此进入一个全新的历史阶段。西方"民俗"这一学术用语，是由英国民俗学会创始人之一威廉·约翰·汤姆斯提出来的。在此之前，也有许多对古老风习的研究，但既无统一的名称，也无统一的研究范围和研究对象。19世纪70年代末，英国"民俗学会"的成立使这一学科获得了国际认可，随后其他国家也将民俗学的研究纳入科学领域，并出现了不同的民俗学研究学派，对民俗进行不同层面和不同角度的研究。1979年，在联合国教科文组织召开的亚洲口头传统文化研究会议上提出了民俗的分类，包括四个大的门类，其中物质文化的传统包括艺术品、工具、建筑、手工艺品、服饰、食物等。这四个门类的划分不仅注重语言传承、习惯行为、信仰传承和音乐、舞蹈、戏剧传承，物质文化传承也是一个重要的方面。从民俗学研究的范围和体系来看，对物质文化传统的研究与对民间艺术内容的研究已有重叠。

目前，民俗学的研究已成为一门国际性的学科，但对民俗学的概念、范畴、研究对象以及学术研究取向，无论是国内还是国外还有不同的认识。不过无论哪种观点，都认为民俗是具有普遍模式的生活文化，它既是社会的、集体的，又是模式的、传承的社会文化现象。对于民俗是一种文化形态和文化现象，人们已经形成了共识。钟敬文先生曾主张以"民间文化学"代替民俗学，并"从整个民族文化的角度来考察并谈论民间各种文化事象（如民间工艺、民间艺术、民间科学技术和民间组织等）"，并说"几十年来，世界学界民俗学的范围在不断扩大，以至于将使它包括民间文化全部事象在内了"。在这里，民俗不但具有文化意义，而且范围广大，是文化的具体表现或组成部分。人们通过分析民俗，可以透视文化现象，窥见某些难以再现的民间文化传统。民俗学对民俗文化形态已经予以充分重视，五四运动以来的中国民俗学也是把民俗作为文化来研究的，将民俗作为一种文化现象来看待，对民俗文化形态的重视突出体现了民俗作为历史文化传承的重要性。

民俗学自诞生之日起就与其他多种人文学科建立了联系，与人类学、考古学、民族学、历史学、心理学、美学等有关。民俗学与文学艺术更是水乳交融、难以割舍。从以往的民俗学研究历史上我们也可以看到，文学艺术曾经是民俗学研究的主体。然而从广义的文学艺术来看，民俗学与艺术学的研究还是薄弱环节。民间艺术作为艺术学的一部分，与民俗学具有密切的关系。民俗学的研究对象是一个国家或民族中广大人民所创造、享用和传承的生活文化。同民俗一样，民间艺术也是民间文化的形象载体。在以往的研究中曾将民间艺术作为民俗学研究的一部分，称为"民俗艺术"或"民间艺术"，虽然民间艺术与民俗艺术各自有着不同的形态、特征和表现形式，但由此也可以看出民间艺术与民俗之间的关系。

早在 20 世纪二三十年代，我国一批前辈学者在研究民俗的同时就已经开始对民间艺术有所重视，并从理论上加以概括、归纳。钟敬文先生在 20 世纪 30 年代，较早而确切地提出了民间艺术的概念和含义，他还很有见地地论述了民间艺术的某些特征。他指出，艺术史和艺术学的研究如果舍弃了民间艺术，将不利于我们研究的问题的解决。钟敬文先生所说的民间艺术是一个大概念，它不仅是指民间美术，还包含民间文学、音乐等。20 世纪 30 年代的一些其他学者大都将民间艺术作为广义的艺术概念，将民间艺术的品类归入民俗艺术，并采用了民间艺术或民俗艺术的称谓。苗子（署名苗子，疑为黄苗子）对民俗艺术的划分虽不是民间艺术的全部种类，却列举了民间艺术的形式，而不包括音乐、文学、舞蹈等形式。他列举了三种民俗艺术的形式：①宗教用品，如神像；②日用品，如绣鞋的样子及一种陶器的图案；③玩具，如泥人、纸牌。此外，他还指出了民俗艺术对艺术创作者的直接作用，"其实在民间作品中，不少包含着美妙的线条、色彩和构图，是供一般艺术家参考和赏鉴的"。民俗学家荆有麟先生在论述民间艺术时也将它视为一个大的概念，并指出民间艺术有两方面的存在意义：一是出自民间的；二是存在民间的。出自民间的艺术是民众以自己的思想、行动创造出来的艺术。存在民间的艺术是一般士大夫阶级将自己的作品有意或无意地介绍到民间，便慢慢流传，成了民间艺术。他还指出，民间艺术重要的特征是随着时代的发展而发展。他还对民间艺术做了大的分类，"大别之，可分为声音的表现、物品的表现、行为的表现、声音兼动作的表现等。其中物品的表现相当于今天民间艺术的品类，如壁画、谷雨贴、门神画、春宫画、衣帽鞋袜的绣花、木器的制造、竹器的制造、陶器的制造、房屋的建筑、木石金属的雕刻、布匹纸张的剪裁等"。其中也注重民间艺术的实用品类。

另外，郑重、赵循伯等几位学者也对民间艺术的性质、特征、审美进行了总结，但大都将民间艺术视作广义的艺术概念，包括音乐、舞蹈、戏曲、文学等内容。郑重将民间画图、民间雕刻以及剪纸等作为与民间诗歌、民间故事、民间戏剧、民间音乐并列的品类列举出来，还对民间画图、民间雕刻进行了细致的分类，并指出"这些研究起来，固然可以看出民间的风俗，同时在艺术上也是很有价值的"。从 20 世纪 30 年代这些学者的观点来看，民间艺术指的是广义的艺术概念，而不仅是指造型艺术。民间艺术的研究是建立在民俗研究的基础上的，民间艺术与民俗艺术的概念似乎可以互换。而且他们呼吁人们重视民间文化，重视那些民间创造的艺术，主张艺术家可以从中汲取营养。另外，值得注意的是，除了民间绘画之类具有精神性的文化价值、审美价值的作品作为民间艺术或民俗艺术的内容值得研究和引起重视外，工具、器具、游艺品之类具有实用功能的生产、生活用品及工艺也都是民间艺术研究的内容。民族学家岑家梧先生在 20 世纪 40 年代中期论述中国民俗艺术时，以"艺术民俗学"作为"民俗学"的子概念，将"文明民族之民间艺术"作为艺术民俗学的研究对象。他列举了 1928 年国际联盟学术合作委员会召开民间艺术国际大会时所作的民间艺术两大部分的规定，其中的第一部分是民间的各种造型艺术，如家具、装饰、工具、武器等，第二部分则属于时间艺术。

后来，钟敬文先生在论述民间文化、民俗学以及民间艺术时，将民间艺术与民俗学联系起来，不仅把民间艺术当作民俗现象的组成部分，与其他民俗现象密切联系，还指出，民间艺术在生活中有着不可替代的作用，大都具有实用意义，不仅是民族艺术文化的重要组成部分，也是构成我们整个民族文化的基石。忽视民间艺术，就不可能真正了解民族文化及其基本精神。不将民间艺术当作民俗现象来考察，不研究它与其他民俗活动的联系，也就使民间艺术失去了依托，不可能对民间艺术有深层的了解。民俗学家张紫晨先生在论述民俗与民间艺术时指出，民间艺术是民俗活动的直接需要，"它来源于民俗，是民俗的组成部分，它的内容和形式大多是受民俗活动或民俗心理制约的。民间艺术是民俗观念的载体"。他还指出，民间艺术同民俗一样，是民间文化的重要表现形式，"民间美术是一种有形的文化，也是一种有形的、实体性的民俗"。从民俗学者的观点来看，民间艺术是民俗多功能、多方面发挥作用的具体体现，民间艺术包含了强烈的民俗观念，而且是民俗活动重要的组成部分。这些观点强调了民俗对民间艺术的制约，民间艺术是以民俗活动为主体的表现形式。

民间艺术与民俗的关系是相互依存、互为表里、交织在一起的，两者的关系是由民间艺术特殊的性质和形态特征决定的。正如张紫晨先生所说："民俗与民间艺术是民间文化的重要表现。"民间艺术是民间文化的一种表现形式，与民俗紧密联系。另外，由于民间艺术与民众生活的联系，民众对民间艺术实用功能和精神功利性的要求也使民间艺术与民俗活动密切相关。民俗活动无论是作为一种社会文化的结构和形态还是呈现为生活的样式，民间艺术都与它具有内在结构和表象的联系。研究民俗不可能脱离民间艺术，研究民间艺术也必须把它当作一种民俗现象来考察，不研究它与其他民俗活动的联系，也就使民间艺术失去了依托，不可能对民间艺术有深层的了解。民间艺术虽然不是民俗艺术，但认识民间艺术与民俗的关系必将有助于我们深入了解民间艺术。

民间艺术不但具有民间文化的性质，而且是民间文化重要的表现形式。而民俗事象作为民间文化的历史积累和民间文化传统的具体表现，也生动地反映了民间文化的特征。因而民间文化观念同时规约了民俗和民间艺术的性质，民俗和民间艺术也都是民间文化观念的符号或图式。

民俗和民间艺术同属于传统民间文化，民间文化的特征在民俗和民间艺术中都得以形象地体现。民间文化较之于上层文化更有稳定性、传承性，而民俗和民间艺术鲜明的延续性、传承性、模式化、集体性、地域性正是这种传统文化的体现，而且民间文化的传承方式不同于上层文化主要依靠文字，而是以物承、口承为主。民间文化的传承性、模式化决定了民间文化具有稳定的一面，但又不是僵化不变的，民俗和民间艺术受社会和生活的影响，也是动态发展的，民俗和民间艺术的发展变化也是民间文化发展的体现。

民间艺术与民俗具有相同的文化性质，而且是交叉的。民间艺术与民俗的具体存在状态更直接地体现了这种关系。民间艺术是社会习俗的物化形式之一，民俗是民间艺术生成、发展的文化源泉。中国的远古习俗，如生产习俗、信仰习俗、饮食习俗、岁时习俗等，深深地影响了原始艺术，或者说某些原始艺术的发生正是这些远古民俗的产物。如果说原始生产工具、生活器具以及其他巫术用品等是原始艺术的起源并与远古民俗密切相关，民间艺术就是在原始艺术起源时产生的，那么原始民俗成为原始艺术诞生的基础之一。如果我们难以确切证实和考察这一史实，众多民间艺术品类的形成、存在与发展为我们提供了显见的事实。例如，风筝、年画、剪纸、面具等已逐渐脱离原初的目的和意义，成为审美愉悦、游戏娱玩的用品，但大都是起源于祈福禳灾、驱邪避凶的民俗活动，风筝释放晦气，门神镇宅辟邪，面具娱神驱邪，泥娃娃是由祈子的拴娃娃求生习俗演变而来的。许多民间服饰、器具、宅居等也大都与民间服饰习俗、生产生活习俗、居住习俗等密切相关，诸如此类，不胜枚举。这些都说明民间艺术创作大多以民间习俗为基础，民间习俗是它的创作源泉之一，如果缺少了民俗活动，民间艺术就不会呈现出如此多姿多彩的景象。

民俗活动是民间艺术的创作基础，因而"它的内容和形式大多受民俗活动和民俗心理的制约。民间艺术是民俗观念的载体。民俗心理和民俗观念是一种内在的、隐性的民俗结构，而民俗事象是外在的、显性的活动内容。民间艺术作为民俗活动的内容之一体现了民俗的观念，呈现为民俗事象。春节的年画、元宵的彩灯、婚礼的喜字、祝寿的礼馍、定情的荷包，这一切不仅表现为民间艺术的精彩创造，也是富有表征意义的民俗事象在特定民俗活动中的具体展现，而且体现了不同民俗活动中的民俗心理、民俗观念。即使是民间艺术作品的形式构成，也深刻体现了各种不同的民俗心理、民俗观念，频频出现的程式化、富有吉祥寓意的纹样，鲜明的色彩，完整和谐的结构等在很大程度上受到民俗心理、观念的制约，如福、禄、寿、喜的内容，谐音、寓意、象征的手法体现了这一切大都是民俗观念。正是民俗观念与民间艺术的这种关联，才使民间艺术自然而然地成为民俗活动内容的一部分和民俗观念的物化形式。民间艺术受民俗观念、民俗心理的支配和规范，承载了艺术图式以外的种种含义，具有艺术以外的种种功能和价值。当然，也有许多民间艺术已脱离民俗的制约而具有较大的自由，但民俗的影子却往往时隐时现地存在，如民间年画、剪纸的题材、内容越来越广泛，形式也日趋多样，功能也在日渐拓展，但某些传统的影响依然存在，而且某些新的形式也处在民间与非民间的边缘，需要人们做出新的审视。

民俗活动包含大量的民间艺术，为民间艺术的创造提供了大量的素材和原动力，同时民俗活动和民俗观念又规约了民间艺术的创造，使民间艺术呈现出民俗倾向。另外，民间艺术又丰富、充实了民俗活动的内容和活动情境，使民俗活动更多姿多彩，也反映了一定的民俗事象。

在众多的民俗活动中，民间艺术以其形象、直观、生动的形式强化了民俗的活动情境，增添了民俗活动的兴味，使民俗活动整体过程更具有动态性。在这种活动情境中，民间艺术首先被视为动态的民俗事象，而不仅仅是一种静态的艺术形式。例如，新年的年画、窗花、门笺，元宵的彩灯，儿童生日的礼馍、虎头鞋、虎头帽，婚礼上的喜字，住宅上的砖雕、石雕、木雕等，诸如此类，无论是岁时节日民俗、人生礼俗、居住习俗、服饰习俗，还是饮食、信仰、游艺、竞技民俗，民间艺术都丰富、强化了民俗活动的气氛，使民俗活动得到更生动的展示。从这种意义上来讲，民间艺术不仅是民俗的重要组成部分，是民俗活动的重要内容，也使我们看到民间艺术的民俗价值、文化意义及其生活内涵。也就是说，民间艺术贯穿于民俗活动中，是一种有形化、具体化的民俗，不仅具有作为艺术所具有的一般功能，还具有充分发挥民俗功能的社会意义和文化价值。

民俗是民间文化的一种存在形态，是一种文化现象。针对民俗作为文化现象的研究的局限性，高丙中提出了全面、整体的民俗研究思路。民俗呈现为两种存在形态，一种是文化的，另一种是生活的，也就是呈现为民俗文化和民俗生活。民俗文化是人的活动结果，又被用于新的活动中，是人群所积累的生活范围的文化，是包含着活动模式的文化现象。民俗生活是人的活动过程，是主体与民俗模式相互契合所构成的文化生活。民俗的这两种存在不仅表明了民俗学的对象是充分的、完整的，也说明民俗是连续的、发展的，而不仅仅是传统的、凝固的。历史的发展是一根连续、完整的链条，文化的创造不仅不能脱离一定的文化主体和生活方式，也是不断发展的。民俗的这两种存在决定了民俗研究的两种学术取向：一种以文化为取向，把民俗主体和发生情境悬置起来，把民俗事件抽象为民俗事象，把实际很复杂的语言、行为、物质等方面的民俗简化为文本、图式进行研究；另一种以生活为取向，把民俗主体、发生情境和文化模式置于整合的过程中，把民俗当作事件来研究。我们分别称之为民俗事象研究、民俗整体研究。从逻辑上说，这两种研究应该并驾齐驱。我们认为，由于民间艺术与民俗文化的密切关系、民间艺术与民众生活的关系，民间艺术许多情况下既是民间文化的创造，又是民众生活的内容或载体，是民众生活的重要组成部分，而非纯粹审美的艺术创造，因而民间艺术与民俗一样，既是艺术的形态，又是生活自身。民间艺术的研究也应该是全面的、整合的、动态的研究，脱离了民间文化背景和生活环境的民间艺术是单薄的、偏执的，甚至是扭曲的。只有将民间艺术落脚于广阔的民间文化背景并与民众的生活相联系，才能更好地解释民间艺术的形态、样式以及艺术的发展。这不仅是民间艺术文化生态整体、动态、协调的结果，也是民俗研究给我们的重要启示。

不难看出，民间艺术与民俗有着密切的联系，民间艺术以民俗活动为基础，民俗活动以民间艺术为表现形式。当然，民间艺术也有远离民俗而独立存在的，特别是随着社会的发展，两者的关系也不是一成不变的，许多民间艺术品类走向相对独立的发展。民俗也并非对所有的民间艺术产生影响。无论怎样，民间艺术与民俗是紧密联系的，特别是传统的民俗与民间艺术的关系尤为密切。

三、地方民间艺术的精神文化形态

（一）民间信仰与民间艺术创造

随着中国社会现代化进程的推进，大量的传统文化正在转型或日渐消失，然而无论是社会人类学者的研究，还是民俗文化、民间艺术传承与发展的现实景象都表明，传统文化在现代化进程中出现了某种程度的复兴。传统与现代之间既不存在不可逾越的鸿沟，又呈现出文脉的时断时续、时隐时现，把现代化理论的尴尬和传统文化的历史局限有机串联起来。许多情况下，民间传统信仰与民间艺术结合，或以民间艺术为载体，鲜活生动地记录了民众的心路历程和生存状态。然而毋庸讳言，民间信仰中也有落后的因素，这必然要求人们全面细致地对民间信仰客观准确地进行分析，以保障民间文化生态的健全、完整，以利于民众的生活，从而更好地传承民间文化与民间艺术。正如乌丙安先生指出的，对民间信仰的研究，"不能等闲视之的是，这古老信仰的遗存，根深蒂固，即使像某些人把它看作'沉渣'，也应当看到正是这厚重的沉渣铺垫着整个中国民间文化史，影响深远。只要认真、全面地考察并研究中国民众的信仰观念，就会看到中国的普通大众是怎样采取超人间力量的形式在支配他们的日常生活的"。

中国的民间信仰更多的是以口承的形式流传，同时借艺术形象的手段传承，因而民间造型艺术不仅与民间信仰紧密联系，深刻地揭示了民间信仰观念，还成为民间信仰习俗传播的形式和媒介。民间信仰与民间艺术相联系，因而使大量的民间艺术创造负载了民间信仰的内容，而不再是一种纯粹的艺术创造。通过对民间艺术的分析，可以看出中国普通民众的信仰观念，以及信仰与艺术创造、民众生活的关系。

民间信仰的包容性与宽泛性使民间艺术丰富多样。民间信仰又是功利性的，这种功利性不仅表现在信仰对象的宽泛性、包容性，还表现在民间信仰的组织、仪式活动中，如节日祭祀、庙会、家祭及其他祭祀信仰活动，在这些信仰活动、仪式中同样创造了丰富多彩的艺术形式。例如，河南淮阳太昊伏羲陵的人祖庙会至今盛况空前，人祖庙会上的人祖"泥泥狗"是祖先信仰活动的典型产物，它所承载的功利性目的和文化内涵远远超出了它的艺术形象。山东惠民火把李的庙会上出售的泥娃娃是祈子信仰的替代物。此外，流行于大江南北的社火表演、傩戏表演大多与祭祀、娱神、酬神等信仰活动有关。

由于民众信仰功利性的一面，也使民间信仰观念变得十分达观和开明，当然这种认识也是历史长期发展的结果。随着人们思想观念和认识水平的不断提高，人们对客观事物和思想意识有着更真实和切近本质的理解，因而信仰也就变得较为理性。

民间信仰观念是民间艺术的文化生态的重要组成部分，在民间信仰观念的指导下创造了丰富多样的艺术样式和内容。另外，民间艺术作为民间信仰观念的物化形式和载体，对探讨传统信仰观念具有不可替代的作用。

（二）民间艺术的伦理观念、情感与吉祥观念

1. 道德伦理观念与情感

伦理学是关于道德的科学，传统伦理学是对人类社会人与人之间伦理关系或道德关系的研究。道德伦理作为人类社会特有的意识形态，渗透于人类的精神意识，并影响了人类生活的各个方面。协调人类社会关系的道德伦理规范在不同的领域既具有不同的伦理内容，表现出若干具体的特点，又体现了不同的伦理关系。在民间艺术创造活动及其物化形式中，折射出民间艺术的道德伦理追求，体现了民众的价值观念、情感意识、审美观念，体现了丰富的文化内涵。

在中国传统社会里，道德伦理观念不但深刻影响、制约了民众的价值观念和行为方式，而且是规范社会和人伦关系的准则和尺度。中国传统文化蕴含了深刻的道德伦理内涵，并渗透在民众的观念、行为、信仰、思维方式、情感思想等各个方面。对于民间艺术来说，这种道德伦理及情感观念与民间艺术的审美观念一起对民众的精神意识产生重要的影响。传统道德伦理规范中所倡导的德行操守、忠孝仁义等一系列的道德伦理标准是中国民众向往和追求的理想和目标，成为人们宣扬和自觉奉行的行为规范，而且在民间艺术创造和文化传播过程中具有广泛和形象具体的体现。它不仅表现在各种天地神祇、圣贤祖宗、历史故事、神话传说、祥禽瑞兽、仙花芝草、吉祥图案等丰富繁杂的艺术题材中，还体现在民间艺术的创作观念、工艺技巧、样式风格等各个方面。就题材而言，二十四孝、义士烈女、麒麟送子、梅兰竹菊、瓜瓞绵绵、鸳鸯凤凰、太狮少狮、绶带鸾鸟、文武财神、牛郎织女、三娘教子、劈山救母、打金枝、福禄寿喜等数不清的吉利祥瑞

题材，无不或隐或显地体现了传统的道德伦理观念。特别是那些看似具有精神审美意义的民间艺术品类和样式，如年画、剪纸、面具、脸谱、皮影、刺绣、挑花、印染等民间艺术形式，这些装饰和审美题材所蕴含的道德伦理及情感观念，都通过那些民众耳熟能详、普遍认可的艺术形象展现出来。从表面来看，民众选择了这些有道德教化和伦理情感意义的艺术题材和样式，作为宣扬道德伦理的手段和媒介，实际上是道德伦理及情感观念赋予了这些题材内容内涵和象征意义，使这些题材和内容承载了艺术形象审美价值以外的文化意义，并为其注入了永恒、旺盛的艺术生命力。换句话说，民众普遍的道德伦理及情感要求创造、选择了这些形象化的题材和内容，使其成为道德教化的工具和伦理、情感的符号。民间艺术健康、质朴、圆满、完美的艺术风格也常常遵循和追求美与善的统一，体现了民众的情感观念和道德伦理要求。工艺制作技巧也透露出民众的道德伦理和情感追求。例如，年画印制中为了防止纸张铺踏在木板上使色彩影响画面，要在大面积的空白处刻上若干小的吉祥符号作为"画垫子"，而不是随意填空；民间年画的配色要体现节日喜庆红火的气氛。面具脸谱的配色要符合人们的价值追求，因此出现了"红色忠勇白为奸，黑为刚直灰勇敢"等既体现人物性格，又与人的价值判断和审美要求一致的表现手法。无论是民间艺术的创作观念，还是题材内容、形式技巧、风格特征，都体现了民众的道德伦理观念及情感追求。

实际上，文艺与道德伦理自古以来就是联系在一起的，"文以载道""言志明道"都强调了艺术的道德伦理教化功能。当然，这里的"道"并非仅指道德，而具有更为宽泛的伦理、道德以外的精神内涵。晋代陆机说"宣物莫大于言，存形莫善于画"；唐代张彦远说"夫画者，成教化，助人伦，穷神变，测幽微"。对于普通民众来说，民间艺术作为一种文化交流的工具，是一种具有综合功能的媒介，老百姓通过民间艺术找到了一种无须用文字表达的视觉表达方式以及民俗文化交流方式，这种交流依靠形象化、艺术化的民间艺术形式，其所承载的精神文化内涵和文化功能是丰富多样的，其中道德伦理观念的传达就是通过形象化的民间艺术形式的认知、教化功能来实现的。大量的民间艺术以其艺术化、审美性的形象和方式来宣传道德伦理观念，其认知、教化功能和审美功能是交织在一起的，特别是在那些看似审美性较强的民间艺术品类中，这类题材和功能显得尤为突出。

无论是直接明了还是间接含蓄的伦理教化，在审美或实用性的民间艺术形式中都能得到明显的体现。民众通过民间艺术这种形式来认识、宣扬人与人、人与社会之间的道德伦理关系，在人与人之间的社会活动中来规范人的价值观、道德观，建立人与人之间和谐的道德伦理关系。不容忽视的是，在民间艺术的创造、传播及传承过程中，这种道德伦理关系又加以延伸和拓展，使人与物、人与自然之间也建立了一种道德伦理关系。

民间艺术造物一经产生，在人与物的关系中，物并非远离人的客观存在，而是有生命的、人性化的，物性与人性之间是亲近、和谐的。在民众看来，物既是人类目的的产物，又是实现其他目的的工具，具有工具价值。同时，物又不仅仅是目的性的，而是具有自身的内在价值，即独立于人的目的与工具理性之外的价值，这种内在价值在民众看来就是物品的内在属性。正是民间艺术造物的这种内在价值属性决定了民众对物的认识和态度，并形成了民众主体与物之间的道德伦理关系。例如，上下两头用来既锄地又耧地的简单农具，农民称其为"两头忙"，一个"忙"字不仅生动，还是拟人化和人性化的表述；镟木艺人在自己的镟床上贴"一家之主"之类的对联，不仅说明镟床是一家人生活的依靠和来源，也可见镟床被认为是家中的一员，甚至具有主人的地位。这类例子不胜枚举，都是将物与人平等对待。以农业、手工业为主的各行各业普遍敬奉的祖师神，不管其来历如何，其中仍然可见民众对手艺或造物的感激和尊重，这种感激充分展现了人与物之间平等、和谐的伦理关系和道德观念。也许是造物对民众的生存来说有着十分重要和切实的意义，民众对造物心存感激并爱物惜物，这种人与物的亲和是人与物之间内在灵性的交流，体现了一种道德伦理关系。特别在现代科技理性的催动下，物性、惟理性、功利主义被一再强调，人性、情感、伦理被逐渐抽离。在这种现实状况下，民间艺术所蕴含的伦理关系、道德观念可以使我们得到启示，应该加以弘扬。

另外，民间艺术造物、传播过程中的情感因素也是民间艺术道德伦理观念的重要内容。

情感因素是艺术创作与传播的重要因素，艺术创作源自一定的情感因素的驱使。艺术家将自己的情感倾注在艺术创作过程及艺术作品中，而艺术作品诞生以后作为一种感性形式的存在，在传达给受众的过程中，在作用于人的精神世界时，又影响了人的情感和理性认识活动，必然地对人的情感与认识产生作用。当然，情感并不是一切艺术作品的主体性内容，但能够解释大量的艺术创作。民间艺术同样具有这种情感与认识作用，而且表现得更为突出。情感是许多民间艺术创作的源泉，特别在民间女红艺术中，寄托了妇女最真挚的爱。母亲给子女的绣花鞋、虎头帽、兜肚、围嘴、织花布凝聚了对子女的期望和祝福；子女为老人祝寿的剪纸、刺绣寿字寄托了对老人的美好祝愿；姑娘送给小伙的荷包、鞋垫、服装，小伙送给姑娘的信物表达了彼此的爱慕和牵挂。这种情感正是这些艺术产生的根源。通过这些物品，人们彼此之间实现了心灵的沟通和情感的共鸣，与其说其是艺术，倒不如说是情感交流的媒介，工艺的精细、吉祥的题材也无不是这种情感的表露和寄托。民间广为传唱的小调《绣荷包》就是这种情感的表达。这也许是民间艺术在现代社会和人际关系条件下具有现代魅力的重要原因之一，也是民间艺术道德伦理观念的体现。

2. 吉祥观念与民间艺术创造

祈福禳灾、趋吉避祸是人类社会特定历史阶段的精神需求，以禳灾纳吉为主题的吉祥艺术创造源于民众无力征服却又渴望能够抗拒自然灾害和人为祸患的心理，这种精神要求广泛而深刻地渗透到民众的日常生活中，成为慰藉精神、改善命运、向往美好的重要途径。"吉祥"与凶兆、邪恶、灾祸、晦气相对，对婚丧嫁娶、生子继嗣、延年益寿、升官发财、风调雨顺、五谷丰登等的极度重视显示出民众对以生存为核心的生活要求的肯定和希望，这些符合民众切身利益、希望和理想的要求始终能够唤起人们生命深处的纳吉意识，人们通过民间艺术形式主动而酣畅地表达他们对生活的热爱以及对生命的颂扬。承载祈福禳灾要求的吉祥艺术形式多为民众熟悉的珍禽瑞兽、祥花瑞草、吉利器物、文字符号等。

吉祥艺术是一种观念性强的民间艺术创作形式，它的创作主题与作品所传达的含义相当明确。在普通民众心目中，成双成对、生死相守的鸳鸯恰似情恋婚嫁中的男女，威严的钟馗是人们镇邪降鬼、驱邪禳灾的保护神，幽香的兰草是友谊与真情的写照。

吉祥题材丰富，是民间文化、信仰、风俗的表征，更是民众生活态度的真实写照。

吉祥艺术题材内容分为祥禽瑞兽、花卉果木、人物神祇与故事、文字符号等，其基本内涵反映了传统的吉祥如意观念。祥禽瑞兽包括龙、凤凰、鸾鸟、狮子、麒麟、仙鹤、鹿、象、十二生肖、孔雀、绶带鸟、大雁、鸳鸯、蝙蝠、鱼、蝴蝶、龟、蜜蜂、蟾蜍等。花卉果木包括牡丹、莲花、梅花、兰花、菊花、松树、竹、桃花、芙蓉、玉兰、海棠、金橘、水仙、灵芝、桂圆、石榴、桃子、佛手、柿子、葡萄、葫芦、山茶、月季、灵芝、万年青、常春藤、绣球花、萱草、蔓草、芭蕉以及宝相花等。人物神祇包括神人、童子、寿叟等。文字符号包括福字、禄字、寿字、喜字、回纹、万字等。在这些吉祥纹样中，有图腾崇拜的遗存，如龙纹、蟾蜍纹、鱼纹、凤纹等，也包含大量生殖崇拜的内容，如连生贵子、瓜瓞绵绵、麒麟送子、石榴多子等。这类题材从早期不同的文化内涵逐渐演化为共同的吉利祥瑞的寓意，有些甚至演化为近乎纯粹的以审美价值为主的装饰。

民间吉祥艺术是一种典型的象征性艺术，吉祥题材作为一种客观事物，承载了某种吉祥的寓意或内涵。民众将它作为一种特定的吉祥观念符号将自己的思想情感灌注其中，并诉诸视觉表现形式。吉祥图形造型的题材、图案纹样以及色彩都与人们的吉祥观念相联系，正如王朝闻先生所言："当人们一定的善恶观念、是非观念、美丑观念和人们对它的某些特殊的感受相联系，它的某些特征在感受中才具备表现特定的思想感情的作用。"吉祥艺术的题材、图案纹样、色彩等成为吉祥观念的象征性寓意符号，运用象征寓意来寄托人们的生活理想与愿望。这种缘物寄情的表现内容是多方面的，表现手法也是多种多样的，从作品的创作观念到形象构成以及创作技巧，都寄托了民众的理想和祝愿。张道一先生将这种缘物寄情的寓意内容概括为十个字："福、禄、寿、喜、财、吉、和、安、养、全。"张道一先生将吉祥艺术常用的表现手法分为象征、寓意、谐音、表号、文字等。所谓象征是以感性事物本身所显现的形态、色彩或生态习性，联想到某种与感性事物相似或相近的抽象含义，从而附加了许多人格化的意愿。例如，莲花，宋代周敦颐在《爱莲说》中描写了莲的品质，莲具有"花之君子"的品性。又如，鸳鸯雌雄偶居，形影相随，从不分离，因此被称为"爱情之鸟"，成为世人表现忠贞不渝爱情的写照。

寓意是由事象深入事理的结果，它所表征的除了事象的外部特征，还包括诸如民间神话、故事、传说、典故、戏文等在内的事象内部的事理。比如，"喜从天降"，人们并不是先想到蜘蛛才得到"喜"，而是先欲表达"喜庆"这个抽象理念，结合关于蜘蛛的传说才形成具象事物。本来蜘蛛是一种普通的虫子，和喜事没有关联，但正是由于古代的传说和记载，才有了喜蛛拉丝脱巢而下的"喜从天降"的吉祥图形。此外，还有松鹤长春、指日高升、连中三元、龟鹤齐龄、八仙过海、麻姑献寿、刘海戏蟾等，图形寓意指向方式亦如此。

中国汉字的形、音、义相互依赖，形成独特的文化逻辑，对艺术思维及创作产生了深刻影响。吉祥艺术中谐音的表现手法主要是以生活原型事物的语音去谐音类比被表现事物的语音，进而达到从意义上表现事物的目的。谐音类比有同音和近音两种，同音谐音，如"三羊"谐音"三阳"而构成"三阳开泰"，"枫"谐音"封"，"猴"谐音"侯"而构成"封侯挂印"。近音谐音，如"大"与"太"音相近，"小"与"少"音相近而构成"太师少师"；"鹿"与"六"近音，"鹤"与"合"同音而构成的"六合同春"。

用文字表现吉祥内容，一种是单纯用文字与文字组合成图案，另一种是由文字与符合这种文字含义的图形结合成图案。前者如百福图、百寿图、双百寿图、福禄寿图、双喜图等。后者较为普遍，如河北省武强的木刻版画"竹梅四喜"，整体为一"囍"相连指称夫妻，竹喻夫、梅喻妻，梅竹相连多祝贺新婚。另外，四只喜鹊栖于枝头，喜鹊为喜鸟，指代新婚之喜。

需要说明的是，上述方法并不是孤立地运用，它们经常综合使用，极大地丰富了吉祥艺术的表现手段。例如，"莲花"按照象征手法，代表纯洁与高尚，组成"一品清廉"；按照寓意手法，它又表征多子，可组成"莲里生子"，又有"连（莲）生贵子""一路连（莲）科""连（莲）年有余"等。又如，将表号的"如意"符号、谐音的"蝠（福）"及文字的"寿"搭配，组成"福寿如意"图形。这种自由组合搭配的表现手法极大地拓宽了民间艺术创作的思路，丰富了作品的内涵。

民间吉祥艺术的创作观念源自民众普遍而持久的求吉心理，民众永恒的生存要求及祈福禳灾意愿使吉祥艺术在艺术形态上呈现出丰富的特征。丰富的艺术形态具体表现为吉祥艺术样式的多样性、题材内容的多样性、生活实践的多样性以及材料技艺的多样性。但由于吉祥艺术观念性强的特点和象征性，它的创作直接来源于民众生活，所以在婚丧嫁娶、岁时节令、人生礼仪等生活情境以及生产活动中，成为动态的文化过程。

中国历史上的诸多传统吉祥装饰形式以及流传于民间的吉祥如意内容及样式大都来源于现实或精神的功利要求及民俗活动。随着历史的发展，吉祥装饰的审美意义越来越重要并独立出来，并展现在绘画、刺绣、剪纸、陶瓷、风筝、木雕、石刻、砖雕、刺绣、皮影、印染、塑作等民间艺术形式中。

3. 真、善、美一体的创造

（1）民间艺术的审美观念。民间艺术渗透了强烈的文化观念和民间审美观念，从而使民间艺术审美创造具有鲜明的特征，这种特征是在民间艺术文化生态背景的基础上形成的，与中国传统文化和审美意识一脉相承。

中国传统的美学思想认为，"美"的含义最早是与善、祥、大相联系的。许慎《说文解字》释"美"曰："美，甘也。从羊从大。羊在六畜，主给膳也。美与善同意。"又释"甘"曰："甘，美也。"徐铉作注说："羊大则美，故从大。"清代段玉裁作注说："甘者，五味之一。而五味之美皆曰甘，引申之凡好皆谓之美。从羊大。羊大则肥美。"虽然这里还是字面上的训诂，但解释了古代美的起源。"美"首先是与吉祥、和善联系在一起的。在中国人的传统审美观念中，美与好、祥、善是分不开的。也就是说，中国传统对美的认识最初是人们在日常生活中体验到的某种事物和善如意，使人产生愉悦的美好感受。中国古代"羊"与"祥"相通，"羊大为美"，羊与美相联系，也将"祥"与"美"联系起来。《国语·楚语》："夫美也者，上下、内外、大小、远近，皆无害焉，故曰美。"也就是说，一切与人相关的事物，只要无害就是美的，无害也就是吉祥、和善。在人类早期的意识中，"美"与"甘""祥""善"是混沌未分的，在先秦典籍中，"美"与"善"两字在不少情况下是同义词。善还承载了社会伦理道德的意义，美与善是统一的，善是更根本的东西，并对后世有着重要的影响。成复旺先生曾就中国传统审美意识中天人合一美学思想的合规律性与合目的性相统一的认识提出了自己的看法，他认为，合规律性与合目的性的统一不是美的基本规律，"功利先于审美，审美源于功利。审美的超功利在于它是实现了的功利。人通过改造客观世界的实践实现了自己的功利目的，就会在合于自己功利目的的对象上产生超功利的精神快感，即美感。……因此，审美所关注的主要是目的的实现，是合目的性，而不是合规律性与合目的性的统一。至于实现了的目的自然包含着或多或少的合规律性，但那完全可以是美感以外的事情"。

对于民间艺术审美观念而言，审美是合目的性的、功利性的。吕品田先生对此也有论述，他说："在民间文化观念中，善的观念也就是美的观念，合目的性的事物也就是美的对象。审美意识与功利意识是交织融合、混沌统一的。"

无论从历史的传承还是审美发展的规律来看，民间艺术的审美观念并不曾脱离功利意识去做超功利的审美判断。

另外，民间艺术在实现了实用生活功能的基础上，也在以民间固有的审美尺度，按照美的规律进行造物活动。

在民间艺术的创造活动中，审美创造心态和审美因素大部分是与其他功能、目的结合在一起的，但对造物实用功能和目的的关注并不是绝对和纯粹意义上的。无论这种关注的程度有多大，常常受到审美创造心态和审美因素的影响和制约。可见，民间艺术的审美创造不但实际存在，而且共存于民间艺术的其他功能目的中，有时更是一种主要的创造心态和创造目的，使审美功能从其他功能中独立出来。庶民百姓在致力实用功能实现的创造过程中或以外的时间里，获得了某种闲暇和心绪，从而使他们能够进行与实用目的若即若离或完全分离的审美创造活动。许多建筑木雕、石雕、砖雕及大量服装饰品是人们将主体的审美情感灌注其中，并不断扩充的结果，它使某些造物的实用意义在特定的情境中转化为审美功能或审美形式。而且，在这种审美心态不断强化的过程中，审美因素和审美意识也在不断地丰富和加强，如民众对形式规律的把握、技巧的总结运用、审美经验的传播等，这一切都使民间艺术审美化的倾向越来越明显，民间艺术的审美功能也日渐突出。

另外，民间艺术中有许多具有精神性、功利意义的创造，而随着社会的进步和文化的发展，精神性的功利意义逐渐转化为以审美功能为目的，创造心态也开始以审美心理为主。春节张贴的年画，最初是以祭祀祈禳的巫术性功利意义为目的，最早的门神画——神荼、郁垒是驱邪避凶的保护神，后来又演化出文门神、武门神、父子门神、夫妻门神等多种形式，以及象征吉祥如意、风调雨顺、五谷丰登、多子多福和愉悦性的各种体裁。剪纸也有招魂、扶运、祝寿、祭祀、扫天婆等形式。至于面塑礼花、面具、神像、玩具等原先大都具有某种巫术性的功利意义，后来又有所改变，有的直接转化为以审美功能为主的创造。特别是年画、剪纸等，有的仍然以表达民众对向往美好生活的祈愿和理想为目的，这种精神上的追求恰恰是通过带有审美色彩的装饰环境和烘托节日气氛来实现的。也就是说，民间艺术的精神性功用常常是通过审美功能来实现的。

（2）真善美一体的审美创造。以实用为目的的原始工具和后来以审美为目的的艺术创造虽然有着质的差别，但它孕育了人类从幼年到成年发展所具有的最初因素，体现了物质生产与精神生产的关系，这是为大家所熟知的。王朝闻在论述原始艺术时曾说："即使是最简陋的石器的制造，也顾及到了用起来方便、省力，以引起主体的快感。这种属于善的快感，伴随着或相应地引起了美的快感。石斧或石铲在造型方面均衡、对称和尽可能光洁的特点，同时具备了被当作视觉艺术来观赏的审美性质。它已经在产生实用价值的同时，具备了一定程度的审美价值，已经具备了一定意义的视觉艺术的艺术美。"当艺术作用于人的意识之后，必然对人的精神产生影响。艺术对人的精神产生的功能具有整体性，它全面作用于人的精神的各个方面，包括感觉、知觉、想象、情感、认识以及意志等，并促使人的精神活动的各方面协调发展。它既能提高人的感性知觉能力，又能发展人的知性理解能力，增强人的意志能力。艺术的这些精神作用主要是以感性审美的形式出现的，艺术的审美功能是它的主要功用，但又不是唯一的功用，其他精神功用伴随着审美活动的展开同时进行。由于民间艺术特定的文化生态背景以及民间审美观念的特性，民间艺术的审美功能更多地受到其他精神功能的影响，从而使民间艺术的审美功能既整体一致，又十分多样，这种整体性和多样性可以视作以审美为主的真善美的统一。

艺术创作是一种形象思维的过程，它先以感性形象的方式来把握世界，与客观自然和人类发生关系，也就是说，艺术作品带有感性直观的特征。民间艺术的审美功能也具有审美直觉性的特点。民间艺术作为一种感知审美对象，对人们审美感觉的形成和发展起了一定的作用，在人们创造和欣赏艺术品的过程中，从感官到全身会产生一种审美愉悦感，从而使人的审美感觉变得丰富敏锐。民间艺术的形式特征既是这种感性直观特征的表现，又是实现审美愉悦感的反映。虽然民间艺术的形式特征不是纯粹形式主义，它服从于特定的审美趣味和审美理想，但它仍然体现了民众对审美感知的关注。一架普通的民间纺车，结构的对比均衡与和谐具有强烈的形式美感，其上还雕刻了不同的纹样；苗族的竹编背篓，造型或饱满有力，或纤巧优雅，还编织了各种美丽的图案；南北方不同的民居屋檐，除了适应不同的环境、气候，屋脊划出的线条或舒畅潇洒，或敦实严整，颇具美感，更不消说附着其上具有寓意象征的脊兽及砖雕、石雕、木雕装饰；剪纸、年画、皮影、玩具等以悦目的视觉美感形式幻化出一个审美的世界；供奉的纸扎、面塑、神像画虽然意在表达人们的心理，却仍然以缤纷绚丽的艺术形式传达了不同的审美感受。民间各种技艺口诀，除了艺人对选材、加工技艺等的总结，以审美为内容的记录也是人们对视觉形式规律的感性把握。"文人一根钉，武夫势如弓"，丫鬟则"眉高眼媚，笑容可掬，咬指弄巾，掠鬓整衣"，贵妇人"眼正神怡，气静眉舒，行止徐缓，坐如山立"，这是塑造人物的规则；设色规律有"白间黑，分明极；红间绿，花簇簇；粉笼黄，胜增光；青间紫，不如死""青紫不并列，黄白不随肩"。这些视觉形式规律都表达了人们对审美愉悦感的追求。

民间艺术的"真"还表现在它作用于人的感觉、知觉和情感的同时，包含了一定的思想理性内容。人们能从中认知并把握与此相关的内容，获得理性的认识，这种认识是理念和情感统一的认识，是通过艺术的感性形象展现出来的。民间艺术的认知功能是一种带有审美特点的认知，在民间艺术创造中具有重要的意义。在实用性的工艺造物中，认知功能是与造物的功能机制、材料选择、加工技艺，以及造物的心理因素、视觉感受、触觉感受等密切相关的。从原始造物伊始，人们对自然的认识与选择、对加工制作经验与技巧的积累及对其他相关因素的理解与认识就已经存在了。民间艺术造物中所反映出来的对自然的认识、对材料的选择、对经验的积累以及造物功能的不断完善都是认知不断提高的结果。如果说这还是一种较为理性的认知的话，那么大量的民间年画、剪纸、玩具、刺绣等，常常以生动直观的艺术形式来实现人们的审美情感认知。比如，年画中的九九消寒图，大量的戏曲、神话、历史故事、帝王将相图、珍禽异兽图等，将某些历史、自然、人生等内容诉诸感性的形象清晰明了地表现出来，进而帮助人们完善了自身的智力情感。这种认知活动与科学理性的思维不同，它是一种带有审美情感的认知。只有那些反映了客观事物的本质、规律以及情感真实的民间艺术才是一种"真"，只有这种"真"才会具备"美"和"善"的特征，因而这也是一种审美的形态。从民间艺术来看，民间书本文化教育和知识传播不够普及，民众的情感认知功能在民间社会中是一种最为重要的认知教育方式，并具有不可替代的作用，因而这种真诚同时是善的、美的，富有道德伦理价值和审美价值。

另外，民间艺术除了对大量静态作品的理性认识与把握，获得了一定的概念知识，还有许多益智启蒙的具有动态特征的认知教育方式，这也是一种善的表现，特别表现在民间艺术大量的娱乐游艺活动中，如皮影、木偶、风筝、叶子牌、九连环、泥叫虎、燕车、竹节蛇、升仙图以及其他众多的玩具，都是将一定的娱乐玩耍机制原理、智力运算和筹划组织融于其中，在获得审美愉悦的过程中起到益智启蒙的教育作用的。儿童玩具的燕车、风车、提线鼠、皮老虎、猴爬杆、竹节蛇等，都是依据一定的物理原理而设置，是融益智开发于审美愉悦的最好形式。这种认知教育具有比其他形式更为形象、活泼、生动的形式和魅力，是一种更为真诚、生动的艺术认知作用。它不仅是审美愉悦的艺术形式，还是形象生动的教科书，因而既是美的，又是真的、善的。

艺术对人类的意志、价值观、思想倾向以及行为方式等都会产生各种影响，从而具有某种教育意义，这正是艺术的"善"。这种教育意义与法律、道德、政治教育方式是不同的，它以艺术形象的形式诉诸人的感性知觉、情感理智，将理性的社会内容灌注于艺术作品中，使欣赏主体在艺术欣赏中以平和的心态主动地接纳其中的某些内容，并自然而然地影响自己的价值观和行为导向，因而它是一种真、善、美的统一。民间艺术所具有的这种艺术的教化作用有着更为坦率的表现，特别表现在年画、剪纸、皮影、刺绣以及许多游艺和祭祀供奉活动中，内容多种多样。其中有历史人物故事、神话传说、戏曲小说、时事内容等，形式也不拘一格。如年画中的"二十四孝图""谎言无益""打金枝""男女平等""日德青岛交战图""齐桓公举火爵宁戚""水浒故事""三国演义"等；剪纸中的"岳母刺字""二甲传胪""秉烛夜读""张良纳履"等都以此来劝诫教育世人去恶向善、尊老爱幼、知书达理、发奋图强、维新自救。张道一曾就此询问农村不识字的剪纸老太太，问她们为什么要剪花，她们说："剪花、描花，为的是心里开花，人不能从早到晚一门心思苦生活，也得讨点乐子。"民间艺术这种教化功能的实现也是在主体与客体的审美交流中，使主体与艺术作品在精神上交融为一体，并体会到一种生命的亲切感，从而在交融中审美地把握了某种普遍的社会内容，具有善的本质。当这种教化作用一旦影响人们的实践，就会形成一定的社会行为准则和行为方式，成为一种真善美的标准，具有普遍的社会意义。艺术的这种认知、教化功能无论在历史上还是现代，都具有不可忽视的作用，这正是真善美相互交融的体现。

四、地方民间艺术的功能价值

民间艺术既是意识形态的产物，具有精神文化性，又是物态的、客观实在的，具有物质文化的特性，因此其对民众所产生的文化价值和文化功能也是综合的，而不像其他的精神和意识为主的文化和艺术。考察民间艺术的文化价值和艺术功能时，我们既要重视它的精神文化功能，又要强调它的物质文化功能，不应做精神领域的孤立考察，也不能拘围于艺术作品与读者之间主客体关系的描述，而应将民间艺术作为一种文化形态和造物艺术，从文化学的角度对它的功能展开分析。

陈池瑜在《现代艺术学导论》一书中对艺术的功能进行分析时指出，只有发现艺术对社会、自然和人产生的带有普遍性的功能，并揭示这些功能之间的内在关系和形式，才能获得艺术功能的系统观念。他指出，艺术对世界的文化参与主要包括对自然的参与、对社会的参与和对意识的参与三个方面，这种参与世界的方式是以文化的形式进行的，它是从艺术与周围世界的横向关系来考虑的，而不同于作品—观众这种纵向关系的把握。考察艺术对世界的参与，先要从艺术作为一个文化整体、一件具体存在的实物这一角度入手，然后考察艺术作用于人的意识的问题。我们认为，艺术是以文化形态的形式参与到自然、社会和人的意识中，较之于艺术功能的罗列或强调艺术审美功能的认识，对全面考察艺术的功能，揭示艺术功能的本质特征和艺术功能的结构模式具有重要的理论意义和现实意义，对理解艺术的文化整体特征也有重要帮助。

实际上，民间艺术作为一种特殊的艺术形态或样式较之于以审美为主的所谓纯艺术，无论艺术的功能或文化的价值都要宽泛得多，这主要是由民间艺术的创造及存在方式和文化属性所决定的。如前所述，民间艺术像其他阶层或形态的艺术一样，表现为人化的物态、实体性的文化产品，反映了民众的思想意识和文化观念。作为实体的产品，民间艺术对民众的思想意识、生存世界以及自然环境产生了重要的影响。一方面，民间艺术有着丰富的品类和样式，无论是年画、剪纸、面花、皮影、纸扎、神像，还是民居建筑、生产工具、生活器具、家具陈设，都反映了民众的价值观念、信仰观念、审美趣味、情感理想等意识形态的精神思想，并影响了人们的精神意识；另一方面，它对人类生存的自然环境、社会环境也产生了重要影响，如春节张贴的年画、春联、剪纸不仅满足了民众节日民俗心理的审美需求，还对营造节日环境、烘托节日气氛起到了重要的作用。实际上，无论剪纸、年画，还是砖木石雕及民居布局样式，首先是一种文化的创造产品或文化的形态，民间艺术以这种文化的形式来参与自然、改造世界，也正是民间艺术的这种文化形态使人类生存的客观世界和自然环境发生了改变。其次，民间艺术创造不仅是静止的艺术产品，还是民众生存方式、生活内容的动态过程，因而民间艺术还以动态的、活动的文化存在方式与民众生活相联系，并成为民众生活的一部分。民间艺术是民众的文化创造和审美创造，而在民众看来，民间艺术既是艺术又不是艺术，造型多样、色彩花哨、风格各异的面花礼馍无疑是面塑彩绘的艺术创造，而在民众看来，却是祭祀、供奉、祝寿、贺喜的民俗用品，其艺术审美价值并不重要，重要的是它构成了民俗文化活动中不可或缺的内容。山东烟台地区盖房上梁要供大圣虫、扬饽饽，结婚要送鸳鸯、富贵，七月七要磕巧饽饽，八月十五要供饽饽，节日祭祀要供大饽饽，祝寿要送花饽饽，可以说，面花是生老病死、婚丧嫁娶、节日庆典、馈赠酬谢等民俗生活不可缺少的文化用品。综合来看，各种民间艺术品类并非都有深沉的内涵和沉重的寄托，其中也有娱乐玩耍、装饰审美的艺术功用，但这些形式又常常是文化演变的结果，是调节生活、放松精神的文化方式。

民间艺术以一种文化的形态，而非纯粹的艺术审美形态参与到自然和民间社会当中，渗透到民众生活的每一个角落，具有重要的文化意义和文化功能。这种文化意义和作用既表现在生活的实用价值方面，以一种物态化的生活文化内容构成了人们的衣、食、住、行、用等生存生活环境，还以一种精神化的形式，潜移默化地造就、影响了人们的价值观念、认知方式、伦理道德、行为准则以及审美观念。民间年画各种丰富的题材内容和造型样式，诸如神仙信仰、忠孝仁义、男耕女织、夫妻恩爱、知书达礼、渔樵耕读、传宗接代以及其他历史故事、世俗生活、幽默诙谐、吉庆祥瑞、神话传说等内容，对民众的认知、教化、启蒙、娱乐、审美等思想意识和精神活动产生了重要影响。仅就年画、剪纸、春联、枣山、家堂、牌位、花糕、饽饽、饺子、鞭炮等营造的喜庆、吉祥的节日气氛而言，它们共同影响了民众对年文化的思想情感认识和心理意识。各种家具样式及严谨的陈设格局对塑造人的心理情感不无作用，各种生产工具、生活器具除了使用的功能，对教人处理人与物、人与自然的关系也有一定的意义。可以说，庶民百姓已经被五彩缤纷的民间文化形态所包围，这种文化形态和文化环境形成的文化生态影响并塑造了人们的经验和行为，并再生出新的文化和文化环境，甚至使人成为这种文化生态环境的新的"造物"。因此，民间艺术的文化形态不仅具体、实在地组成了生活内容的物质文化世界，还构成了人文习俗的文化基础，成为风俗习惯的具体内容，从物质方面和精神方面对民众产生着影响。

民间艺术既是精神领域的产物，又是物质的文化形态。西方文化功能学派的代表马林诺夫斯基不但将文化划分为物质文化和精神文化，而且指出物质文化和精神文化是相匹配的，如果没有这种相互匹配，文化是没有用的。更重要的是，他尤其强调文化必然要满足人类的需求，并实现某种功能。马林诺夫斯基在论述精神文化时详细指出："只有在人类的精神改变了物质，使人们依他们的理智及道德的见解去应用时，物质才有用处。另外，物质文化是模塑或控制下一代人的生活习惯的历程中所不能缺少的工具。"文化对某一个人、群体、民族的成长产生重要的作用，这种作用既体现在物质文化的实用价值方面，又体现在精神文化的渗透和影响方面。对于民间艺术来说，其不仅有着丰富繁杂的品类和样式，还渗透到民众生活的方方面面，并具有综合的文化功能。民间艺术丰富的文化创造既是人化的自然，又是精神的产品，构成了民众生存的文化生态环境。正如马林诺夫斯基所说，人类不是"自然人"，而是接受了民间艺术文化的模塑，民间艺术的文化生态环境成为名副其实的"实验室"，使人"文而化之"。因此，倘若将民间艺术视作闲暇的、无功利的审美创造，以纯艺术的视角来观察，甚至抱着猎奇的心态，显然抹杀了民间艺术与生活的关系，曲解了民间艺术深沉丰厚的文化内涵和生活底蕴。

总之，文化的价值和意义对人类的深远影响是显而易见的，它使人类脱离了自然的状态，成为文化的产物。对于民间艺术来说，它既是一种意识形态的精神性的文化样式，又是一种物质形态的文化样式；既是一种隐性的心态文化式样，又是一种显性的物态文化式样。因此，我们要同时强调民间艺术意识形态的文化功能和物质形态的文化功能。

第二节　地方民间文化艺术的生态保护

一、国际社会对民族文化的保护

从人类社会的发展来看，人类的自然遗产与文化遗产、自然生态保护与文化生态保护具有同等重要的意义。自然遗产与文化遗产、自然生态与文化生态对人类的健康生存都起着重要的作用，它体现了人类物质文明与精神文明的协调统一与共生共荣。世界各国，特别是发达国家在经历了科技与经济的迅猛发展后，不仅对自然生态和自然遗产的价值和意义早已觉醒，还对文化遗产和文化生态的价值有深刻的认识，因而众多的有识之士和专家学者在关注人类共同的自然遗产的同时，呼吁关注文化遗产的抢救与保护。1972 年 11 月，联合国教科文组织第 17 届大会在法国巴黎总部召开，会议通过了《保护世界文化和自然遗产公约》（下称《世界遗产公约》）。《世界遗产公约》不仅对"世界文化和自然遗产"的定义和内容做了规定，更重要的是将文化遗产和自然遗产放在同等重要的位置并加以保护，指出列入"世界文化和自然遗产"名录的任何一项遗产不仅是属于本国的，更是世界的，是全人类的共同财富和遗产。《世界遗产公约》的发布不仅体现了人类对文化的重视，还说明了传统文化在人类社会进程中所面临的严峻形势及其对人类的价值。文化遗产、文化生态和自然遗产、自然生态一样是人类生存的重要基础，都是应当保护的对象。《世界遗产公约》的签署是第一次世界性的文化生态保护的人类共同守则。《世界遗产公约》对世界自然遗产和文化遗产分别做了界定，并颁布了各自的操作标准。世界文化遗产包括文物、建筑群落以及历史遗址等，这些内容不仅包括建筑、绘画、雕刻及洞穴、铭文、人造工程等个体及群体的文化产品，还包含文化个体与环境、景观及遗址区域的整体内容，特别是操作准则中都有更为明确的规定，从中可以窥见文化遗产在人类文化史上所产生的整体文化价值和意义。

对传统民族文化的保护与传承，体现了人类对传统文化遗产的日益重视及其在人类社会进程中的作用。然而，就文化的传统来看，对文化的保护除了历史文物、传统的精英文化和有形的文化遗产以外，对各国、各民族的民间文化及无形的、口头的非物质文化遗产的保护也是人类文化保护的重要内容。精英文化与民间文化、有形文化与无形文化，都是人类要抢救和保护的整体文化。如此一来，对无形文化遗产的保护与自然遗产和有形文化遗产的保护是同等重要的。对于无形文化来说，其传承、传播方式除了某些物化的、形象的媒介之外，大多是口传心授、言传身教、心领神会的非物质形态，如口头文学、音乐、舞蹈、游艺、祭祀、礼仪等。这类文化形式既有别于物态的、静止的、有形的文化形态，又不像上层文化或精英文化以文献典籍的形式被记录传承下来，其传承形态主要依存于人这一特定的文化创造主体，因而无形文化较之于有形文化更容易消失，也就更需要抢救、挖掘和保护。无形文化大多生存于民间社会，并伴随着社会的发展而自生自灭，面对民间文化的存在形态以及现代社会的飞速发展，保护传统的民间文化显得尤为重要，特别是20世纪80年代以来，保护传统民间文化已成为文化遗产保护的重要内容。1989年11月，联合国教科文组织第25届成员国大会通过了《保护民间创作建议案》，各成员国对保护传统和民间文化达成了共识，并制定了传统文化保护的指导原则。其中包括民间创作（或传统民间文化）的定义，民间创作的鉴别、保存、保护、传播、维护及国际合作等有关内容。《保护民间创作建议案》对民间创作的界定为"民间创作（或传统的民间文化）是指来自某一文化社区的合作创作，这些创作以传统为依据，由某一群体或某一些个体所表达并被认为是符合社区期望的作为其文化和社会特性的表达形式；其准则和价值通过模仿或其他方式口头相传。它的形式包括语言、文学、音乐、舞蹈、游戏、神话、礼仪、习惯、手工艺、建筑术及其他艺术"。对保存涉及民间文化资料的内容，"在不加使用或发展这些传统的情况下，保存的目的是使传统的研究者和传播者能够使用有助于他们了解传说演变过程的资料。如果说生动的民间创作由于它不断发展的特点不能始终受到直接保护，那么固定的民间创作则应该得到有效的保护"。各国、各民族的民间文化是人类文化的共同遗产，是增强民族凝聚力的重要手段和确认民族文化特性的标志。人们逐渐意识到民间文化在社会、经济、政治、文化中的重要意义，及其在民族历史文化与现代文化传承中的作用，因而有必要强调传统民间文化的重要性。人们"承认民间创作之传统形式的极端不稳定性，特别是口头传说之诸方面的不稳定性，以及这些方面有可能消失的危险，强调必须承认民间创作在各国所起的作用及其面对多种因素的危险，认为各国政府在保护民间创作方面应起决定性作用，并应尽快采取行动"，这正是《保护民间创作建议案》的缘起和初衷。

实际上，对"人类口头和非物质遗产"，或者说传统民间文化、民间艺术的保护并不是最近的事情，只是经由联合国教科文组织使其更为国际化、规范化，也更具有可操作性和实施标准。发达国家像日本、英国、法国等，对传统民间文化的保护不仅早有具体的措施，还为我们提供了大量的经验。

在日本，民间艺术的研究、保护与传承是十分成熟的。早在20世纪二三十年代，日本的民艺运动就已经蓬勃开展。

其具体的实践工作主要由四个方面构成："第一，日本民艺馆的设立与对外开放是目前日本唯一的一座此类设施。第二，关于日本的地方传统工艺的现状调查和实物收集。至今虽然只是对全部的初步涉及和尝试，但已是绝无仅有。第三，对现存的地方民艺的振兴与发展的援助，以及个人作家与艺人的协作。这些都是在生产中进行的活动。第四，在言论方面，通过机关刊物和单行本来阐述这个运动的意义，并努力将这些小册子、书籍作为工艺品提供给读者。"柳宗悦、富本宪吉、河井宽次郎与滨田庄司等人为日本民艺的收集、调查及研究工作做出了重要贡献。虽然正式创立于1936年的日本民艺馆为民办性质，研究与保护工作也并非十分普遍，但70余年的历史不仅积累了丰富的经验，还为民艺资料的留存与民艺理论研究奠定了一定的基础。

日本对有形文化资产的保存正式起始于1871年太政官公布的"古器旧物保存方法"，随后又数次修订，但无形文化资产及民俗文化的保存尚未列入保护范围。在战后，特别是20世纪60—70年代，日本开始将民间艺术，特别是舞台艺术的保护列入其中，70年代后期至80年代末，对民间艺术的保护达到最高峰。20世纪80年代，日本文化政策从艺术扩展至生活文化的领域，将历史的集落、村镇的规划列入整体保护范围。另外，对传统民间文化的研究，除了记录、整理以及资料的收集，还要定期举办讲座、国际研讨会等，公布相关的研究成果。近年来，以文化为基础的"地方重建""乡村振兴"，结合学校、家庭、社会资源，也对传统艺术的传承发挥了重要作用。特别是"艺道教育"这种终身制、"家元师范"的教育方式，它不仅属于社会教育的内容，还极重祖传，这种家族式的传承在某种意义上对传统艺术的教育与传承发挥了重要作用。

英国的文化政策对传统艺术的保存与传承也起了重要的推动作用。英国的文化政策从开始的"没有政策是好政策"的自由状态，到政府集权制，又从 20 世纪 70 年代中期以后的集权制走向私人化，借助私人及企业赞助，逐渐走向了合理的轨道。其"都市再生""文化产业""观光业推动"对英国传统文化资源的保护与传承起到积极的推动作用。作为具有丰富文化遗产的国家，英国对传统文化资源的保护与传承主要依靠"英国艺术委员会"。另外，英国的城市再造结合传统文化与经济政策配合也产生了良好的作用。这也是许多先进国家利用文化政策推动文化与经济共同繁荣的成功经验。英国的文化政策以对"传统文化资产的保存""文化艺术水准的提升""普及文化艺术的欣赏""促进公私立机构的合作"为己任，对传统文化的保护、传承、教育共同促进，可谓一举多得。

韩国政府于 1962 年制定并颁布了《文化财产保护法》，将"文化财产"的保存分为"有形文化财产""无形文化财产""纪念物""民俗资料"四项，其中"无形文化财产"又称"人间文化财产"，主要指长期从事重要的民间艺术工作、具有卓越技艺者，相当于中国台湾的"民族艺师"、日本的"人间国宝"制度。工艺部分重要的无形文化财产内容包括陶瓷、皮毛、金属、骨角、螺钿漆器、制纸、木工艺、建筑、织物、纸艺、染色、玉石、刺绣、编结、服饰、乐器、文具、竹工艺等。截至 1997 年，韩国共指定了 39 个项目。韩国的无形文化财产保护既有相应的具体政策与制度，又有相应的管理及非营利机构，并贯彻实施于教育教学内容及措施。

此外，许多其他发达国家莫不以传统文化保护为重要文化政策，并注重传统文化与现代文化、现代社会生活方式的继承与融合，以及政府、企业与个人的指导与参与，传统艺术教育的推行，现代科技手段的运用，传统文化的研究，相关法规的制定等文化战略的推行。20 世纪 60 年代，时任法国文化部部长的马尔乐夫主持的"文化普查"，将法国"大到教堂，小到羹勺"的传统文化进行了彻底的普查与登记，此后还将每年 6 月的最后一个星期天定为法国"文化遗产日"。无论是国际社会对人类传统民族民间文化或无形文化保护的共同约定与守则，还是发达国家对传统民族文化保护的成功经验，都是我们应当遵守、吸取和借鉴的。作为一个具有丰厚传统民间文化资源的国家，及时抢救、保护和传承祖先的优秀文化是现时期的历史要求。

二、中国对传统民间文化的保护

随着社会的发展，特别是科技和经济的突飞猛进，中国传统民间文化所遭遇的现实境遇是大家有目共睹的。虽然当代对民族民间文化的研究一刻也没有松懈，但学术研究与传统民间文化的迅速消失和蜕变相比又是那么不协调。无论是外来文化的渗透，还是传统民族民间文化的自然消失，都要求我们对传统民间文化的抢救、对民间文化生态的保护与文化研究同步进行。世界科技、经济的一体化与文化本土化、多元化、个性化的现实，以及世界各国对传统文化的重视，都要求我们对民间文化、民间艺术及其文化生态采取积极的行动，因而，包括民间艺术在内的民间文化抢救和民间文化生态保护，既是民间文化和艺术研究的理论要求，又具有重要的现实意义。

撇开远去的历史，自20世纪中期以来，中国文化遗产的抢救和保护走过了一条不断合理、完善而又不平凡的道路。特别是1984年，国务院下发通知，提出设立"历史文化保护区"，将其作为对历史文化名城的补充，从而将传统的建筑群、村落、城镇、街区纳入文化保护的范围，使文化保护更为宽泛。据有关资料显示，目前列入全国保护范围的不可移动文物有40余万处，全国重点文物保护单位有1 200多家，各级文物保护单位7万多家，各类博物馆2 000余座，馆藏文物1 000余万件，国家历史文化名城100余座。1985年，我国加入《保护世界文化和自然遗产公约》，目前已有28项文化与自然遗产列入世界遗产名录，在联合国教科文组织颁布的721项文化与自然遗产名目中名列第三位，仅次于法国和西班牙。目前，仍有几十项文化与自然遗产正在积极申报中。这既说明了中国政府对传统文化的高度重视，又说明了中国传统文化的丰厚，它不仅对普及和提高国民对传统民族文化的重视和保护具有重要意义，还对文化开发和经济发展具有促进作用。

尽管国家对传统文化的抢救、保护、整理和研究付出了大量的人力、物力和财力，也取得了巨大的成就，但与我国丰厚的文化资源相比还有一定距离，特别是对传统民间文化的挖掘与保护还显得较为薄弱。中华人民共和国成立以来，国家设立了许多研究机构，并组织力量对民间文化进行搜集、整理，如20世纪50年代初成立了中国民间文艺研究会（后改称"中国民间文艺家协会"），对民间口头文学的记录和抢救做出了贡献，如以藏族《格萨尔》、蒙古族《江格尔》、柯尔克孜族《玛纳斯》为代表的三大史诗；1984年5月28日，与文化部、国家民委联合开展的民间文学三套集成（《中国民间故事集成》《中国歌谣集成》《中国谚语集成》，共计90卷）的搜集与编辑工作，有200万文化工作者参与了普查采录，已搜集民间故事184万篇，歌诵302万首，谚语748万条，总字数逾40亿字，各地编选县、地、市卷本约300余种。另外，对民间戏曲、音乐、舞蹈等也进行了收集与研究，但总体来看，对民间文化的抢救与保护仍然缺乏系统性和普遍性，普查及保护对象多局限于民间文学、民俗等内容，难以全面、整体地把握民间文化的总体面貌。

第三节　地方民间文化艺术的传承

传统民间艺术的传承方式前文已提及，大多是一种师徒制的传授形式，如言传身教、口传心授、心领神会、艺诀流传等。除了较普遍的技艺，许多祖传的技艺大都在家庭或行业内流传，是一种家庭式的。一般情况下，成熟的技艺秘不外传，并遵循传子不传女或传媳不传女的祖训。民间俗语"宁帮十吊钱，不把手艺传"是民间技艺传承传播的真实写照，也是特定社会条件下的结果。与现代教育方式相比，不管传统的民间艺术传承方式如何封闭落后，都具有一定的合理性。传统的民间艺术传授不是科班式的速成教育，而是一种耳濡目染的综合素质教育。在教授传承的过程中，不仅要靠心领神会的感悟，与技艺相关的待人接物、信仰禁忌、情感伦理等都需要全方位的学习。例如，行为规矩、为人处世、祖师崇拜、仪式禁忌、师徒情感、吉凶祸福、善待工具、信仰传说等，都是技艺以外的综合传授，因而"一日为师，终身为父"的古训是现代教育方式中不易体会的，它体现了传统技艺传授中伦理性的一面。

现在看来，不在于这种艺术传授方式是否合理，关键在于民间艺术并不乐观的生存现状使民间艺术在民间的传承性难以再续。相关的例子并不少见，山东惠民一位泥塑老艺人，面对自己钟爱的手艺舍不得丢弃，而儿子却因为这种传统的"要饭"手艺给自己丢脸，砸碎了老人的泥模、泥人和工具，这不仅砸碎了老人的心，还断绝了传承的血脉。河南朱仙镇年画艺人张廷旭维持着祖传的"天成德"年画堂号，也以年画养家糊口，然而年轻的儿女因为刻印年画没有多大的出息和丰厚的收入，也因为坐不住而不愿传承。但是，当年画有了供不应求的文化市场和艺术市场后，儿女又欣然继承父业。这些例子说明，民间艺术的命运决定了民间艺术传承的现状。然而，文化的发展又不能仅以民间艺术的自生自灭来决定民间艺术的传承，无论是政府、社会、学校还是家庭，都要积极地做出应对，使民间艺术传承下来，留下文化的火种。据说，杨家埠年画艺人杨洛书收了一位日本儿童做徒弟；河北邯郸地区的一种地方民间戏曲自元代以来一直在一个村庄稳定地流传，原因之一在于戏曲角色在固定的家庭中的传承，以及人们对家庭传承的尊重，这也许可以对我们有所启示。能否使民间艺术在民间积极有效地传承不是一个简单的问题。这里要说的是，传统的家庭传承方式不但有利于民间文化的延续，而且是一种合理的、全方位的民间艺术教育形式。

作为富有民族特色、地方特色的民间艺术，由于不同时代、不同民族、不同文化背景下的民众，其思维方式、价值观念、审美情感、艺术观念，乃至整个社会的风尚、习俗、气质等都有或多或少的差异，所产生的艺术也必将表现出各自的特质。但作为艺术的整体、文化的组成部分，将民间艺术纳入人文素质教育中，不仅使艺术更为宽泛，还对弘扬传统优秀文化、传承传播民族文化、树立民族形象以及培养爱家乡、爱本土的爱国主义思想具有潜移默化、实实在在的价值。如何使民间艺术落实到正常的人文艺术教育内容中，使生于斯、长于斯的民众都能熟悉、了解并珍爱自己的传统民间艺术，进而热爱自己的祖国；如何发掘、整理、保护、学习并去芜存菁，整理出除了艺术专业人士之外，普通学生也乐于接受的民间艺术教材；如何探索出一套切实可行的教授、学习民间艺术的方法及手段；如何转变重洋轻土的艺术教育制度和观念，并培养民间艺术师资，以担负起传承、传播民族民间艺术的重任，这一切应该是我们加强人文素质教育，乃至专业艺术教育应该思考的问题。

"素质教育"这一提法仍有可商榷之处，不管这一提法是否确切，人们还是能够理解其含义。素质教育可以理解为综合素质和能力的培养，其目的在于培养完善的人，它的内容是多方面的，其实也就是教育的根本目的。

面对传统文化、民间艺术的境遇，许多人从本质上缺乏对民间艺术的深刻认识。我们反对盲目的民族虚无主义，也反对片面的妄自尊大，世界各民族的文化都具有各自的优秀之处，文化的交流既是一种文化共享，又有利于在比较中真正认识本民族文化艺术的可贵之处。基于这种认识，我们倡导弘扬、发掘传统民族文化艺术，并在艺术教育中倡导传统民间艺术和文化素质的教育。

作为人文素质教育的一部分，民间艺术教育的实施，除了宏观的文化意识导向和整体策略外，就学校教育来讲，师资是教育的重要部分。除了各艺术院校、设计艺术院校有关民间艺术的课程薄弱，师范院校民间艺术相关内容的课程也存在明显不足。艺术史及艺术理论教育涉及的民间艺术内容较少且十分浅显，很难使学生对民间艺术有深刻的认识和深入的了解，加之重洋轻土的观念，民间艺术不易被人所重视，有些看似热闹的背后又往往流于猎奇或表面化的认识。如果能将民间艺术列为必选或必修课，使每一位未来的艺术教师或艺术工作者接受完整的民间艺术教育，或许对受教育者本人以及各层次艺术教育会有所帮助。另外，对在职教师的再教育也是师资培训的重要形式，这种教育方式不必局限在课堂，参观、讲演、教学、田野考察、研讨都可促进民间艺术教育。时间可长可短，既可分期又可集中。总之，形式不拘一格，但切忌走马观花，或急功近利。若能使在职教师有更多的机会充分认识民间艺术，必将使学生受到教育。如果有条件，编写理想的民间艺术教材，将民间艺术纳入课堂则更能推进教育的开展。虽然现今某些艺术教材设有民间艺术内容，但多局限于对民间戏曲、剪纸、年画等艺术内容和样式的肤浅了解，更深的认识并不多见，特别是对民间艺术的本质、特征、功能、材料、技艺等的记述和分析，仍需进一步挖掘。民间艺术教学除了相关知识的传授，还可以采用考察、调研、记录、整理、挖掘等多种方式。

民间艺术经过筛选整理，去芜存菁之后挑选出适合学习的内容，才能符合人文素质教育的要求。当然，整理或教学的过程必须有专业研究人员、教师及民间艺人共同参与、相互配合，否则容易歪曲或误解民间艺术的内涵。

从世界政治、经济、文化的发展趋势来看，文化艺术的多元化和交流互渗是共存的。在人文素质教育中，如何处理经济一体化与文化多元化、本土文化与多元文化的关系是当代社会转型期一个不容忽视的问题。对本土文化艺术的学习与教育是对本土文化的继承和弘扬，也是放眼世界，参与国际文化艺术活动，并与世界各民族文化艺术平等交流做准备。作为人文素质教育中的艺术教育，民间艺术的价值并不亚于西洋艺术和中国传统的精英艺术，并且有着更大的普遍性和适应性。在艺术人文素质教育中，如果放弃或轻视自己的传统，一味地追随别人，即使学得再多再好，最终也会迷失自己，其教育的意义难以真正实现。

第四节　地方民间文化艺术的发展

由于民众价值观念、信仰观念、思维方式、审美观念以及传统生活方式、文化与自然生态之间关系等的改变，或者说传统民间文化生态环境的改变，民间艺术的生存延续受到了很大的影响和冲击。我们没有理由为了保护民居而让老百姓依然生活在阴暗潮湿的小房子里，也没有理由为了保护年画让人们在新式楼房里贴满大红大绿的神像，更不能为了保护传统农具、交通工具而让农民面朝黄土背朝天，在泥泞的道路上行驶着老牛拉破车，然而，倘若我们难以固守传统民间文化、民间艺术的最后一道防线，那么我们必然成为历史的罪人。虽然对民间文化艺术的记录、收集和抢救是一种被动的保护，但也是急迫、有效、势在必行的。如果能为民间艺术培育一个良好的文化生态环境，对民间艺术进行合理、有效的开发利用，仍不失是对民间艺术积极、主动的有效保护。本书仅从以下几个方面进行总结和思考。

旅游业是当今仅次于石油、汽车工业的第三大产业，是新兴的、可持续发展的产业，因而又被称为"无烟工业"。旅游业已成为许多国家国民经济发展的重要支柱，但旅游业并不仅具有经济价值，还具有突出的文化性，更重要的是，文化性与经济性是密切相连的。旅游的过程是物质与精神双重消费的过程，因而旅游的文化内涵是旅游活动中主要的精神内容。对于旅游资源来说，除了特定的自然资源，还有人文资源。自然资源是静态的、固定的，文化资源则是动态的、丰富的，也更具有个性特征，从而具有更强的吸引力。我国旅游业的发展十分迅速，特别是近几年来取得了较大的突破。据有关资料显示，1978 年我国旅游业居世界第 41 位，1998 年已跃居世界第 7 位，业内人士预测，中国将成为世界最大的旅游目的国和第四大客源国。面对这种形势，如何使民间文化、民间艺术介入旅游产业，既是对旅游业的丰富和开发，又是对民间文化、民间艺术的一种保护。因而，在旅游活动中，如何合理利用自然资源，开发传统民间文化资源，促进自然生态保护与文化生态保护同步发展，旅游产业开发与文化产业开发合理并存，是发展旅游与文化保护开发共同研究的课题。尽管在旅游发展的实践中对民间文化艺术的开发有不当之处，对原生态的民间文化艺术难免有歪曲或损伤，但关键并不在两者本身，而在于开发的方式与手段。虽然民间艺术、民间文化并非为旅游而存在，但民间文化艺术的现实境遇与旅游业的共同开发毕竟可达到双赢的效果，因此借助经济发展传统文化仍是一条现实的途径。

旅游开发与传统民间文化、艺术保护的合理发展，在国外及国内都为我们提供了许多成功的经验。例如，法国的民俗村在保持原有村落、街道、居宅、室内陈设、生活方式的前提下，由政府与居民共同管理，既可以开设家庭旅馆，又可供人参观，从而使旅游与文化保护共同发展。在日本，为旅游而设的民俗村既有供人参观游览的原生态的整体村落，又有异地重建的乡村再造，还有仿古式的新建村落，不同的方式又有所区别，但无论是哪种方式都保持了原有村落的传统形态。韩国也有类似的形式，注重旅游与文化生态保护、开发有机结合，共同发展。在我国，除了像深圳"中华民俗村"微缩景观式的纯粹参观、游览的民俗村，也有像平遥古城、纳西古城、江苏周庄、安徽西递之类的城镇村落，以及贵州雷山上郎德民族村寨、六枝梭嘎生态博物馆之类的自然与文化生态共同开发保护的原生态样式。虽然这些样式难免有失民间文化的原貌，但现在来看，还是一种较为理想的旅游开发与文化保护的合理形式，而其中的偏差之处重要的是管理、运作及理念导向的问题。如果能在旅游开发中注重人文内涵，保持原有的民间文化和特有的民间艺术因素，使旅游者能够参与当地的民俗活动，体验原有的生活方式，参与有代表性的民间手工艺制作和艺术审美活动，增强旅游的人文含量和文化品位，对民间文化艺术的保护无疑将具有促进作用。因而，原生态的民间生产方式、生活方式和文化方式也是旅游开发持续发展的有力支撑。

另外，在旅游资源开发中合理利用民间艺术资源，开发具有鲜明地方特色和文化特色的旅游产品，对民间艺术的传承发展也具有支持和补充作用。但从目前来看，旅游业对民间艺术的开发与利用虽然有所重视，挖掘的深度、广度以及设计制作、销售等方面仍然存在许多问题，如地域特色、艺术特色不鲜明，开发数量少，品种单一，加工粗糙，质量低劣，商品化倾向明显，技艺保护不利、后继乏人，等等。这既对旅游市场有所影响，又对民间艺术保护不利。在旅游商品及纪念品的开发过程中，突出地方特色和传统文化特色是十分重要的，同时相关的设计、包装、营销、管理等要配套，具体的产品要视不同的情况合理开发。

当然，对民间文化艺术的有益传承和合理开发是一个重要的理论难题，文化的多样性同自然生态的多样性同等重要，但生物的灭绝与文化的灭绝并非出自同样的原因。物种的灭绝并非源自生物界自身，而是由于人类对自然界的过分开发和掠夺，文化的灭绝却出自人类的自我选择。自然界的生存是天地造化的结果，自然与人类具有同等重要的位置，并非人类生存发展的唯一条件，也并非为人类所设。但文化是人类创造的，人是文化形式的唯一载体，如果文化形态失去了，人类也将面临精神的失落。文化是人类有意识的创造，文化生态保护同样应该是有意识的选择。我们既要保护文化遗产、文化模式和某些文化元素，又要保护和培育优良适宜的文化生态。

第六章　新时期民间武术与文化传承

第一节　民间武术的生存状态与当代价值

一、民间武术的生存状态

民间武术是产生于农耕时代、具有传统特质的民间技艺。随着经济全球化趋势和现代化进程的加快，文化生态发生了巨大的变化，中国民间武术生存环境受到了严重的威胁。冯骥才曾说："我们正处在一个由农耕文明向工业文明转化的时期。在这样一个特殊的时期，我们的文化没有载体了，这是一个很大的问题。人们对外来东西觉得新鲜，把原来的东西都扔掉了。"对于民间武术来说，越是在经济发达的地方，其生存空间越小。

民间武术的发展受到了竞技武术的巨大冲击。竞技武术是脱胎于民间武术的体育化项目。以竞赛为特征的竞技武术是武术的主流传播项目，由于其属于官方传播，在短短的几十年获得了快速发展。各种国内外武术比赛、各类专业体育院校以及遍布全国的武术学校中，竞技武术基本上都处于中心地位，即使是农运会上的武术比赛项目也是竞技武术，如此一来，拥有数千种技术套路的民间武术越来越边缘化。竞技武术是量化的体育项目，而民间武术是不可量化的文化项目，尽管同属武术，但本质不同、传播主体不同。跆拳道、空手道的社会习练群体众多，尤其是城市青少年。我们只要看一看媒体对跆拳道、空手道、民间武术的关注程度，就会发现民间武术的价值与作用从来没有被真正认识，更谈不上进入主流媒体的视野。"竞技武术"已经发展成为社会认知的"武术"的代名词，个别"民间武术"项目也以"传统武术"的名义进入了武术赛事，只有具有非竞技武术特质的、代表广大拳种流派的"民间武术"在民间艰难支撑。

民间武术边缘化的另一个表现是其习练群体的边缘化。由于民间武术的生存环境是以农村为主的民间，其习练群体便以民间社会人士为主，这极大地限制了武术向主流社会的传播。而进入学校教育途径的缺乏和传播方式的落后也使民间武术的习练群体越来越边缘化，更不用说去学练了。

民间武术进入学校教育的唯一途径是受过民间武术熏陶又通过竞技武术考核进入体育专业院校的教师或者学生。值得欣喜的是，北京体育大学等个别院校已经开始特招习练部分传统武术拳种的学生，希望能为传统武术的传承带来新的出路，但从日渐消亡的大部分拳种流派的继承来看，这样的工作还只是刚刚起步。

与民间武术的边缘化相对应，民间武术的科学研究其实也已经被边缘化了。目前，高等院校关于武术方面的科学研究主要围绕竞技武术进入奥运会与科学化训练等方面，关于民间拳种流派的研究则越来越少。一些对民间传统武术情有独钟的学者尽管多年来致力此研究，但势单力薄，并不能改变竞技武术一枝独秀的现状。竞技武术是"时尚"的标识，研究"时尚化"的竞技武术能够获得学术期刊的关注，获得短效的利益，但对武术的长远发展意义不大。试想，如果真正的武术消失了，再多的验证又有什么意义呢？

二、民间武术的当代价值

具有数千年历史的民间武术是中华武术文化真正的根基，远离根基的武术传承与传播将会随着时间的流逝造成武术文化传播的断裂。一旦发生文化断裂，中国武术在世界艺术、体育中的地位将彻底消失。

在很长一段时间，民间武术的地位与价值一直没有得到正确的认识。传统武术的封建性与不科学性充斥着武术界尤其是竞技武术界。尽管民间传统武认为竞技武术是"中国式体操"，但也没有阻挡武术继续体育化、商业化乃至奥运之路。反之，民间武术的绝大部分项目一直没有进入主流传播渠道，只有部分传统项目挤入了竞技武术的行列，但已经发生了明显的变异。现在看来，与反思五四运动的反传统一样，在竞技武术无缘奥运的今天，传统武术的当代价值需要我们重新反思与认识。

值得欣喜的是，国家政策已经开始重视文化项目的发展。2006 年 9 月 13 日，国务院发布了"十一五"文化发展纲要，2005 年 9 月 14 日，"中国非物质文化遗产保护中心暨揭牌仪式"在中国艺术研究院举行，这些都体现了国家对传统文化的关注。与之相对应，社会上的文化自觉活动也空前繁荣。以最近几年"国学运动"的兴起为例，以幼儿和中小学生为主体的读经运动以及传统经典的出版都异常繁荣。经典教育先是民族文化的熏陶和教育，然后是民族文化的学习和积累。

经典是民族文化的精华，对于培育和提升一个人的心灵和精神境界有着巨大的影响。文化经典对于一个国家的价值与意义不言而喻。"国学热"显示我们现在的文化观已彻底摆脱了过去的文化自卑和文化自虐；在文化价值判断上，对过去遭到否定的传统文化也给予了充分的肯定。"国学热"同时给本土文化的发展创造了历史契机：不仅在客观上推进了传统文化的研究，还唤起了全社会的文化热情。

以整个社会的文化自觉与自信为背景，武术的教育价值也得到了国家有关部门的认可。2004 年，中宣部、教育部在《中小学开展弘扬和培育民族精神教育实施纲要》中明确提出："体育课中应适量增加武术等内容。"

赵启正曾说："民族的振兴需要文化的振兴。"历史和现实也证明，任何民族文化的断裂，必然导致这个民族的衰退，而民族的振兴，始于文化的复兴。只有在世界文化中占有一定的份额，才能成为文化大国。也只有文化大国，才能成为世界强国。

第二节　民间武术的现代化与文化传承

一、民间武术的现代化与文化传承

现代的中国武术穿行于文化激进与文化保守的旋涡之中，知识的激增、观念的激变、情绪的激荡、传统的误读与误解，最后做成了一锅历史的"夹生饭"，这其中不得不提到"武术的现代化"。回首看，武术现代化有它的历史背景，从民国时期的"中华新武术"，到中华人民共和国成立以后的"竞技武术"，以及围绕武术进入奥运会的一系列研究，无不是为了使武术进行现代化转型。但是，从学术的角度看，武术的现代化本身就是一个悖论。武术在数千年的发展过程中逐渐形成了现在的武术形态，它与以前的武术有所不同、有所发展，怎样现代化？所以，这是个悖论。因为如果以西方体育的标准，那武术就不是西方体育，如果以中国传统文化的角度来看，武术已经是现代化了。

中国武术历史悠久，素以博大精深而著称于世。然而，近代以来，随着西方文化、西方体育的强势传入，作为中华民族文化、艺术、体育代表项目的武术受到了前所未有的冲击，武术文化的整体形态也遭受了严重的误读与误解。如何应对西方文化的进入，继承并发扬武术文化的优秀传统，成为当代中国武术面临的巨大挑战。有学者指出，中国武术正处于"尴尬的境遇"，即在追求国际化、奥林匹克化的世界之旅中，进入了一个两难的境地，是在竞争中保持独立，还是在竞争中泯灭个性？其实，自近代以来，尤其是中华人民共和国成立以来，中国武术一直在传统与西化的争论中艰难前行。

随着武术的西方化、体育化进程的不断加速，在现代社会，纯正的中国武术实际上已经退出了重要的历史舞台，按照现在的发展路径，它不可能再在这个舞台上占有重要的一席之地了。何振梁在接受《文汇报》记者采访时指出，武术发展的重要问题是武术进入奥运会要舍哪些、取哪些，不进奥运会的那些部分怎么继续发扬，不能因为要发展进入奥运会的那几个武术项目而置其余更多的项目于不顾。他进一步指出，武术在农村、在中西部受欢迎的程度高于东部城市。为什么城市里的青少年及其家长愿意学跆拳道而不主动去学武术？其间的原因值得深思。武术是我们的国粹，希望搞武术的人好好研究一下，使武术在国际上发扬光大。

武术传播的扩大化，尤其是一味地追求竞技化、商业化，甚至娱乐化，必然会产生"文化空巢"现象。文化空巢原是指物质文化空余外壳的意思。冯骥才指出，在我们为那些不知不觉就会被推土机推去的古村落与历史街区心怀忧患之时，是否知道它们已经出现了可怕的"文化空巢"？这些历史形态犹存的村落与街区，如果串门入户就会发现，历史只是在它的躯壳上，并不在其中。里面的家具物什早就面目全非，看不到任何地域特色和文化细节。其实，这种空洞是普遍存在的。有人将其归结为国人缺乏历史情怀与文化眼光，有人则将其归咎为岁月漫长的穷困和一次次对历史文化人为的粗暴的扬弃。武术也在往"文化空巢"的方向快速移动。在武术体育化的过程中，博大精深的武术逐渐剩下了一些体操式的竞技武术，文化大量流失，徒留空巢。

许嘉璐对中国文化的这种断裂现象甚是忧虑，他认为，现在世界各国都急切地向中国伸出手，让我们给他们介绍中华文化，而我们只能拿出京剧、高跷、剪纸、泥人等，这些都只是文化形态，既不是文化的整体，又不是文化的精髓与核心。只有中国人，越来越多的中国人对中华文化自觉，我们才能把自己的文化贡献给世界。许嘉璐引用一位留美中国学者的说法：没有文化的经济，再发达也是建立在沙滩上的高楼大厦，一旦局面有临时的变动，就像脚底下的沙一样流走，最后什么都不剩。武术竞技化的终极走向是奥林匹克武术，一旦出现传播失败而重新回归传统时，恐怕传统的资源已所剩无几，真的只余"空巢"了。

武术传播的核心是文化传承，脱离文化传承的武术传播是无源之水、无本之木。联合国教科文组织策划了"世界文化发展十年"（1988—1997）活动，并于1992 年成立了世界文化与发展委员会。1995 年，该委员会推出研究报告，认为脱离人或文化背景的发展是一种没有灵魂的发展。1998 年，联合国教科文组织又在斯德哥尔摩召开了"文化政策促进发展"政府间会议,提出了《文化政策促进发展行动计划》。该计划指出,"发展可以最终以文化概念来定义,文化的繁荣是发展的最高目标"。

针对中国文化的发展,季羡林提出"三十年河东,三十年河西"的著名论断,体现了本土家园意识和人类资源共享意识。王岳川提出"发现东方"的新思想,强调"发现"是探索和重新解释,是对历史尘埃的拂去,是对被遮蔽的形象的重新清理,是对歪曲的文化身份的重新恢复。中国武术作为历经数千年仍具有生命力的文化形态,经过欧风美雨的冲击后出现了新的文化形态。体育化、竞技化的武术已经不是中国武术的精粹代表,过分的西化使竞技武术完全按照体操的模式发展。从"文化传承"角度看,定量化的竞技武术根本就不存在传承的问题。只有历史延续的、固有的武术传统才需要传承、需要生存,才能为中国文化的发展与交流提供可资借鉴的素材。

二、武术与非物质文化遗产

非物质文化遗产是人类口传心授、世代相传的无形的、活态流变的文化遗产,区别于物质的、有形的文化遗产。1972 年 11 月 16 日,联合国教科文组织在巴黎通过了《保护世界文化和自然遗产公约》,同时颁布了《关于国家一级保护文化和自然遗产建议案》。这两个法案使"世界遗产""文化遗产"和"自然遗产"这些概念在国际上流行开来。1989 年 11 月,联合国教科文组织在第 25 届巴黎大会上通过了关于保护"民间传统文化"的建议书——《保护民间创作》建议案。1997 年 11 月,该组织在第 29 届全体会议上通过了《宣布人类口头和非物质遗产代表作申报书编写指南》,界定了"人类口头和非物质遗产"的含义,基本上沿用了前面"民间传统文化"的定义。2003 年 10 月 17 日,联合国教科文组织第 32 届大会通过了《保护非物质文化遗产公约》。该公约详细界定了"非物质文化遗产"的概念及其所包括的范围,指出口头和非物质遗产作为确定文化特性、激发创造力,以及保护文化多样性的根本因素,已为世界所公认,但是在世界全球化的今天,此种文化遗产的诸多形式受到文化单一化、工业化、农业人口外流等威胁,正面临消失的危险。

2004 年 8 月 28 日,第十届全国人大常委会第十一次会议表决通过了关于中国政府正式加入联合国教科文组织《保护非物质文化遗产公约》的决议。2005 年 3 月 26 日,国务院办公厅颁发了《关于加强我国非物质文化遗产保护工作的意见》,明确提出了非物质文化遗产保护工作的重要意义、工作目标和指导方针,要求建立国家级和省、市、县级非物质文化遗产代表作名录体系,逐步建立起比较完备的、有中国特色的非物质文化遗产保护制度。2006 年 5 月 20 日，国务院公布了第一批国家级非物质文化遗产名录，共计 518 项。

在首批公布的国家非物质文化遗产名录体系中，6 种（类）武术项目位列其中，处于名录体系的第 6 类——杂技与竞技类，分别是少林功夫、武当武术、回族重刀武术、沧州武术、太极拳（杨氏太极拳、陈氏太极拳）、邢台梅花拳。武术被列入非物质文化遗产，是武术界的一件大事，具有里程碑意义，将会载入史册。其实，国家体委公布的 129 个拳种中，绝大部分都应列入保护项目，如果按照流派计算，其数目可超过首批非物质文化遗产项目的总数。

事实上，竞技武术的传播对民间传统武术的影响已无处不在，所以即使进入非物质文化遗产名录中的传统武术也被划为"杂技与竞技类"。武术的文化、艺术属性应在其体育属性之前，这使武术并不完全包含于竞技。在竞技武术传播到 100 多个国家和地区的同时，流传于民间的许多武术的拳种流派正逐渐消失。王文章指出，一些依靠口传身授方式加以传承的文化遗产正在不断消失，许多传统技艺濒临消亡。他表示，非物质文化遗产不像文物能够独立存在，其无形性使人类要使其传承延续有一定困难。而非物质文化遗产也是逐渐演变的，由于人类活动的介入，一些非物质文化遗产因为我们的不当保护而中断了自然演变的进程。因此，我们的保护手段应当是多样化的，但前提是保持其原生态，不要人为中断其按自身规律进行的演变。

三、民间传统武术与文化传承

民间传统武术是指流传于民间的、传承有序的中国武术拳种流派。民间传统武术是中国武术文化整体结构中的主体部分。与目前体育领域中的竞技武术相比，民间传统武术才是中国武术的代表。我们不能完全抹杀竞技武术对武术体育化传播的贡献，但必须承认，竞技武术的传播对传统武术传播影响颇大。从"文化结构三层次说"的角度看，民间传统武术可以简单地划分为拳种套路、器械、功法的外显层，训练传承、礼仪规范的中间层，以及价值观念、审美情趣的内隐层三方面。具有整体文化特征的民间传统武术才是武术文化的主体内容，浩如烟海的拳种流派才是武术文化的精华，舍此便不能完全代表中国武术。

大规模民间传统武术的保护始于 20 世纪 80 年代，由国家体委组织，历时三年。由于对武术文化整体传承的认识不足，结果对民间传统武术保护仍然流于表层。经过挖掘整理，初步查明"源流有序、拳理明晰、风格独特、自成体系"的拳种 129 个；编写各拳种的典籍《拳械录》等 651 万字；录制 70 岁以上老拳师拳艺 394 小时。但由于武术是以"口传身授""师徒传承"为特征的，必须"活态"

传播，以上措施并未阻止民间武术的继续消亡。该活动还组织了"献拳经拳谱、献兵械实物、献功法技艺"的"三献"活动，收集了有关文献资料482本、古兵械392件、实物29件，但把"非物质"的武术"物质化"保存，同样违反了文化"活态"传承的规律，对武术的保护仍然是边缘性的。

形意拳师李仲轩说得好："武术是身体动作，必须有人教，学会以后可以自修，是无法直接自学的，不管公布了多少秘密，光有书本，也还不够。"在谈到师傅尚云翔授徒时说："虽然尚师名声在外，但没有一个明确的拳路示人，因为学形意拳是要师傅带徒弟一个对一个地带出来的，就算写成文字全部公布，要没有实际练拳的体会，也难以明白，而且在教拳时有时做一个表情、一个动作，就能让徒弟搞懂，而转化成文字则难度太大。"在重师承、重悟道的传统武术中，武术即生活，生活即武术，武术中的"道"融入了生活，生活中的认识又在武术中体现。传统武术讲求"口传、身传、心授、心悟"，但自民国开武馆以来，往往是"教拳的多，传功的少，讲招的多，传理的少"。中国武术博大精深，重要的一点就是对人生哲学的体悟。诚如形意拳师李仲轩所说："形意拳进入高级功夫，必定慈眉善目。什么是慈悲？这个人感知了天命，思维和常人拉开了距离。什么是悟性？悟性就是感天感地，把天地间的东西贯通在自己身上。"这便是武术传承对生命的意义所在。

在竞技武术主享武术资源的今天，民间传统武术在体育中的传播，仅仅留下了抱拳礼和几个演练套路。在没有师承与人生哲学体悟过程的传习中，中国武术的传承已经到了非常危险的境地。民间传统武术需要研究、需要传承，使之为新世纪的人们提供身心健康的支持。

在西方文化、西方体育的冲击下，中国武术的传播出现了分化，体育化的竞技武术成了中国武术的主流，但从文化传承的角度上又属于浅层传播的范畴。由于文化的缺失，武术在中国青少年中也失去了市场。民间传统武术作为中国武术的代表，正处于边缘化的传播境地，逐渐成为"逝去的武林"。具有精粹性与经典性的武术如何传承，成为武术传播中的主要问题。武术是传统的，是历史形成的，"武术现代化"的提法是一个明显的悖论，过度的所谓现代化只能使武术的文化传承流于表面。中国武术的传承需要学术介入——唯有正确的理念才能使武术这一民族文化的瑰宝源远流长，并最终造福人类。

第三节　民间武术传播的文化要论与理论要论

一、民间武术传播的文化要论

（一）武术文化的基本属性

长期以来，人们在使用"文化"这一概念时，其内涵、外延差异甚大，故文化有广义与狭义之分。广义的"文化"着眼于人类与一般动物、人类社会与自然界的本质区别，着眼于人类卓立于自然的独特的生存方式，其涵盖面非常广泛，所以又被称作"大文化"。梁启超在《什么是文化》中称："文化者，人类心能所开释出来之有价值的共业也"，这"共业"包括众多领域，如认识的（语言、哲学、科学、教育）、规范的（道德、法律、信仰）、艺术的（文学、美术）、社会的（制度、组织、风俗习惯）等。

与广义文化相对的是狭义的文化。狭义的"文化"排除了人类社会历史生活中关于物质的创造活动及其结果的部分，专注于精神创造活动及其结果，所以又被称为"小文化"。

从广义与狭义文化的角度出发，武术文化属于狭义文化的范畴。武术划入狭义文化的范畴源自武术本身的艺术特征。在文化的分类中，中国武术与建筑、饮食、绘画等归为"专题文化"的研究范畴。此外，还有地域文化的分类，如中原文化、齐鲁文化、关中文化、燕赵文化、吴越文化、荆楚文化、巴蜀文化、岭南文化、晋文化等。武术与地域文化的融合研究派生出中原武术文化、巴蜀武术文化、燕赵武术文化等。

1. 文化的武术

武术是中国文化的全息影像，中国哲学、医学、伦理、兵学、文学、绘画、书法、音乐、舞蹈、戏剧均在武术文化中有所体现。从这个意义上说，中国武术被称为"中国传统文化中的一颗明珠"一点也不为过。也正因为武术的文化价值、文化属性，武术才成为一种文化。

中国传统文化与武术的融合成就了博大精深的武术文化。武术融入了中国传统哲学的理论，古代武术拳家主动从传统哲学中汲取营养，自觉地以哲学说拳理，指导拳技理法，促进了武术理论的哲理化，使哲学融入了拳理中。例如，太极拳以传统哲学中的太极之理说拳理，八卦掌以传统哲学中的八卦之理说拳理，形意拳以传统哲学中的五行之理说拳理。陈鑫《陈氏太极拳图说》云："以阴阳开合运转周身者，教子孙以消化饮食之法，理根太极，故名太极拳。"孙禄堂《八卦拳学》云："是编为修身而作，取象于数理，立体于卦形，命名于拳术，谓之游身八卦连环掌。"以上说明了拳术与传统哲学的结合过程是"集成拳术，复安易理。定八卦，合五行，加添招术，代代传流"。根据康戈武教授的研究，武术哲学的基本内容包括拳家无极说、拳家太极说、拳家两仪说、拳家阴阳说、拳家刚柔说、拳家四象说、拳家五行说、拳家八卦说、拳家天人合一说、拳家体用说、拳家自然说等，充分说明了武术蕴含的中国传统哲学理论。

武术技理中引入了中医的基本理论，两者虽属不同学科，但都以认识人体生命活动规律、认识自然环境、药物作用、物理刺激、导引肢体对人体的影响等作为基础。中医依此探索施治之术，武术依此研制练武、用武的方法。例如，跌打损伤疗法属中医骨伤科，武术中也有骨伤科方面的理论与技术，而且有自己的独特治法。《少林寺伤科秘方》就是武术伤科理论。武术与中医结合的典范是著名的"点穴"法。其"穴位"有的就是中医的针灸穴位。当前在公安、军队中普遍适用的擒拿法也是武术技击中利用"拿筋"与"拿穴"的原理创编出来的。武术界有人使用"健身武术"这一概念，也是因为武术结合医学健身理论形成了武术健身术，"详推用意终何在，延年益寿不老春"便是武术健身的真实写照。

武术与军事的融合多体现在战术的融合与相通之上。例如，"知彼知己"是《孙子兵法》战术指导的总纲。武术技击也要求"知彼知己"。太极拳强调"人不知我，我独知人""以己黏人，必须知人"。郭云深论形意拳技击时说，应"心存谨慎，要知己知彼"。"致人而不至于人"是《孙子兵法》战术指导的立足点。明代武术家俞大猷的《剑经》中论述了许多棍法的实战技术，他总结说："千言万语，不外乎'致人而不至于人'一句。"峨眉拳创造出一套"不接手"的技击法，主张在与敌交手中，以不接手为上策，认为防守容易被动，容易为人所制，因而"你打你的，我打我的"。做到不招不架，不格不拦，不注意对方出什么手脚；只注重对方身体的移动和变化，以攻代守，保持主动。"兵者诡道""示形于敌"是孙子制胜的主要手段。他认为要"能而示之不能，用而示之不用，近而示之远，远而示其近，利而诱之，乱而取之，实而备之，强而避之，怒而挠之，卑而骄之，佚而劳之，亲而离之"，只有这样，才能"出其不意，攻其不备"，赢得战争的胜利。八卦掌在对敌中，常常"或指下而用之上，或指左而用之右，或指此而打彼"。形意拳主张"站左进右，站右进左，看正似斜，看斜似正"，以及太极拳"舍己从人""引进落空"无不体现了"示形于敌""兵者诡道"的战术思想。正如"越女论剑"所说的"内实精神，外示安逸，见之似好妇，夺之似惧虎"。"兵贵胜，不贵久"是孙子战术指导的基本要求，主张速战速决，反对打持久战，这与传统武术中"上打咽喉下打阴，遇敌先摘两盏灯"的"一招制敌"思想如出一辙。孙子提出了两个措施：一是"兵之情主速，乘人之不及，由不虞之道，攻其所不戒也"，达到"动如脱兔，敌不及拒"的最佳效果；二是"以迂为直……后人发，先人至"。武术技击也如此，通过快速进攻取胜。洪洞通背拳拳谚"出手不见手，见手不算手"，要求出手的速度快到对手看不见的程度。可见许多拳种流派都主张以快制胜。武谚曰："千有千来解，万有万来解，一快则无解。""避实击虚"是孙子战术指导的突出环节。孙子认为"兵形象水，水之形，避高而趋下，兵之形，避实而击虚"。要做到避实击虚，要求"出其所不趋，趋其所不意，攻其所不守"。清代张孔昭在《拳经拳法备要》中云："与人对敌之时，总要攻击空处。空处何？两肋、胸、腰与腋，并腿心腿腕是也。能攻处则敌人无所用力，自能百发百中，则所谓避实击虚之法也。"这段话也提出了避实击虚的战术原则。

此外，武术与伦理的融合体现在"师徒传承"及"武德"要求上，如"尊师重道""尚武崇德""见义勇为"等。武术与戏剧、书法、宗教等传统文化都有不可分割的关系。所以，武术是中国传统文化的浓缩体，是中国传统文化发展的活的见证。从这个角度可知，武术具有文化属性，武术是中国传统文化的典型代表。

武术的文化性还体现在，武术已经融入了中国人的生活，成为中国人生活中的一部分。大多数中国人都有剪不断的"武术情结"。武术是中国文化整体发展的结果，并跟中国文化整体具有某种同源同构"全息映照"关系。正如生物体任何一个细胞都包含有生物体的全部遗传信息一样，武术也包含有中国文化的全部"文化基因"。中国人在武术上的种种考虑，同样可见于中国的政治、经济、军事、教育、医疗、艺术等领域。从阮纪正先生对中国传统武术与西方拳击的比较分析中，可以窥见武术的中国传统文化属性。以技术特点和文化特色的比较为例。

第一，技术特点。中国传统武术：上虚、下实、中间灵，突出下盘功夫，就势借力，防守体系严密，注意"适度、合理、可行"，属技巧表现型，反映中国"巧的追求"。西方拳击：拳重、手快、步灵，强调手上力量，依托本体，进攻方式凌厉，争取"更高、更快、更强"，属力量对抗型，反映西方人"力的崇拜"。

第二，总体文化特色。中国传统武术：围绕生命活动的维持展开，崇德尚礼、厚生利用，舍己从人、反求诸己，对待互根、相济互补。其象征符号为太极图，用以表明中国人在以技见道、德艺合一的过程中，讲究阴阳互补、转化升华的自我完善，具有泛道德主义倾向。西方拳击：沿着超越现实的方向发展、求知推理、拼搏竞争，以我为主、外向拓展，二律背反、对立统一，斗争冲突、扬弃否定。其象征符号为十字架，用以表明西方在精神与物质、此岸与彼岸的两极对立中，追求极限和超越，具有泛科学主义倾向。

以上通过比较阐述了中国传统武术的文化特征。武术具有文化属性，是中国、中国人的特征之一，在国际文化交流中也不断得到事实印证。2004年3月14日下午，温家宝在十届全国人大二次会议闭幕后的中外记者招待会上透露，前不久，他收到一封来自美国堪萨斯州托尼科市30多名中学生写给他的信。在信中，美国中学生向他提了54个问题，其中有人问："温总理，你会不会武术？"这个提问反映了西方青少年对中国文化、中国人、中国武术的普遍性认知。正如前面所论证的，中国武术就是中国、中国人的象征。武术属于文化，武术所具有的文化属性不言而喻。

2. 艺术的武术

武术是一种艺术文化，包含于其中的是中国的审美文化。武术的艺术性主要体现在武术套路的"舞"的特征上。艺术作为一种文化的发生，远远早于其作为审美的对象。但无论审美的对象还是文化的发生，艺术都是人类实践的产物，并且伴随着人类实践的不断深入而发展。在文化发生的意义上，可以肯定地说，舞蹈是人类实践活动带来的第一种艺术形式。这是因为，劳动在使人直立的同时，使人类有了手舞足蹈的可能，运动的人体更是集聚了人类生存环境、生产方式和生活习俗等特征，使人类的舞蹈有了最初的范式。邱丕相教授认为："武术套路从其本质上来讲，可以说是艺术的另类表现形式。"武术套路的艺术性具有历史渊源。原始人在狩猎之后，欢庆、祭祀时，手舞足蹈，抒发情怀。《诗经·毛诗序》中有"言之不足，故嗟叹之，嗟叹之不足，故咏歌之，咏歌之不足，不知手之舞之足之蹈之"，说明"武舞"动作来源于生活实践。"舞"与"武"在古汉语上相通，也有"舞练"之意。著名舞蹈家吴晓邦说："中国的舞蹈一般是武术，我学习武术已50多年。"艺术的核心内容是审美，武术套路的演练过程让人震撼、使人陶醉，给人一种美的体验。武术套路表演所展现的"意境"美是武术美的核心。武术具有显著的艺术特性，所以以武术为主体的表演节目才能够频频出现在舞台上。中国武术协会曾经推出舞台剧《武颂》，经常活跃在舞台上的少林武僧表演团也是武术艺术论的鲜活实例。据《文汇报》报道，第四届全国歌剧、舞剧、音乐剧优秀剧目展于2006年11月5日至30日在上海举行，上海的10台大型舞剧是近年来各地舞剧创作的一次盛大检阅，分别为《红楼梦》《风中少林》《红河谷》《城》《聂耳》《花样年华》《一把酸枣》《天边的红云》《黄道婆》等。其中，舞剧《风中少林》以少林寺武僧们一天的日常起居和习武生活为线索，立体而形象地展示了少林功夫的阳刚和神奇，是一部舞蹈与武术结合很好的舞剧佳作。武术是一种艺术，艺术是现实再现。武术的艺术性使其通过舞台表演充分展现了武术的艺术之美。武术艺术属性的延伸更多地体现在风靡全球的各类武术影视中。具有中国特色的武术影视，其主要元素都是古装与武术的结合。正是武术所具有的艺术性使其在刀戈剑戟的厮杀中展现了一种武术的美、艺术的美。

3. 体育的武术

此外，武术文化还具有体育属性，目前已传播到世界100多个国家和地区的"竞技武术"就是武术体育化的典型代表。武术具有体育属性，但武术并非体育项目。对武术属性的认识误区往往导致对武术整体文化的破坏。以电视节目《武林大会》为例，由于该节目注重传播武术的格斗对抗功能，强化了武术的体育性，并加入了娱乐元素，忽视了武术的艺术表演性，致使受众所看到的武术表现形态发生了错位，对武术的文化传播造成了不利影响。

总之，武术文化的多元化特性使其在当代社会中以文化的武术、艺术的武术、体育的武术形态存在并广为传播。

（二）武术文化的整体构成

流行于西方的结构主义和结构功能主义注重对文化的总体性研究，结构学派尤其注重文化系统的结构分析，这对我国理论界有明显的影响。影响较大的文化结构三层次说是庞朴于1986年提出的。他认为，广义文化的结构包括物质、心理和心物结合三个层面。显露在外面的是物质文化层，其物质不是未经人力作用的自然物，而是对象化了的劳动；中间层是心物结合部分，包括隐藏在外层物质里的人的感情意识和那些未曾或不需要体现为外层物质的精神产品，以及各种制度和政治组织；心理层面居于文化结构的里层或深层，包括价值观念、思维方式、审美趣味、道德情操、宗教情绪、民族性格等。庞朴认为："文化的物质层是最活跃的因素，它变动不居，交流方便；而理论、制度层是最权威的因素，它规定着文化整体性质；心理层次则最保守，它是文化成为类型的灵魂。"文化结构的三层次说普遍为理论界所接受。

武术文化也可以按照文化三层次说分析其整体构成。按照康戈武教授的分类，武术结构的表层是武术运动的形式，包括武术功法、套路、格斗三种运动形式；武术结构的中间层是武术动作，即构成运动形式的基本单位——徒手和握持兵械的动作；武术结构的深层是武术的价值观念、思维方式等指导动作和运动形式的武术意识的总和。外层和中层可以合并为技术层。体育院校的教材按照文化三层次说，把武术文化形态的结构分为"物器技术层""制度习俗层""心理价值层"三个层面："物器技术层"包括武术技术、武术器械、武术练功器具、场地、服装等，表现为一种人物关系；"制度习俗层"主要包括武术组织方式、武术传承方式、武术教授方式、武术礼仪规范、武德内容、武术比赛方式等；"心理价值层"主要包括武术文化体现的民族性格、民族心理、民族情感等。这三个层面可简洁表示为，技与术是外显层，礼与艺是中间层，道与理是核心层。此种分类虽加入了竞技体育的成分，如场地、比赛方式等，但关于内层文化的阐述较能体现武术的文化价值。周伟良教授把传统武术分为展现拳种套路、器械功法的外显层，训练传承、礼仪规范的中间层，以及诸如价值观念、审美情趣等的内隐层三方面。这种分类更加简洁明了，但关于内层文化的阐述不够全面。

从武术的实际出发，武术文化的整体结构应该包括武术（技术）、武学（技理与传统文化）、武道（哲学与人生）三个递进层次。武术的师徒传承构成了武术的文化空间。

对武术文化整体结构的认识对武术传播与文化传承研究非常重要。多年来武术政策的制定与实施，竞技武术与民间传统武术的论争，以及目前武术学者对学校武术教育的过度评价等都与对武术文化整体结构认识有重要关系。事实上，中国武术的整体结构不用说国外，即使在国内也从未被真正认识，甚至体育高等院校的武术专业学生也认为所学的几个武术套路或者竞技武术散打就是武术。对武术整体结构的认识对武术的长远发展、武术文化的传承至关重要。部分传承武术的结果只会是武术文化逐渐流失而完全归入西方体育的范畴。武术是一种独特的文化现象，有一个整体的文化形态与文化空间，这是对武术文化认知的关键。

（三）武术文化的传播价值

武术文化是中国传统文化中的瑰宝，它内涵丰富，博大精深，融合了中国哲学、医学、伦理、兵学、文学、绘画、书法、音乐、舞蹈、戏剧等诸多文化的精髓，成为中国文化的全息缩影。由于武术文化内涵具有多元性，武术的价值功能也出现了多元化，具有防身、健身、修身、娱乐等多种价值表现。在数千年的社会变迁中，武术的多元价值得到了充分展现，由防身自卫到强国强民，武术在每个时代都发挥着特有的作用。

随着社会的发展与时代的进步，武术的价值也发生了巨大变化。武术由军队、民间逐渐走进了体育和教育的领域，武术的社会形态也由此发生了改变。"体育的武术""教育的武术""文化的武术"成为当今武术社会价值的主体。在武术的多元价值中，文化价值应成为首要价值。对武术文化价值的准确认知与定位是武术发展的基础。正如顾颉刚所言：历史的传统不能一天中断，如果中断了就会前后衔接不起来。文化的蜡炬在无论怎样艰苦的环境中总得点着，好让孑遗的人们或其子孙来接受这传统。因此，武术文化在当今社会被认同是武术得以持续发展的基础。

（1）武术承继了中国数千年传统文化的精髓，其国际传播有助于提升我国的"软实力"。武术的首要属性是文化属性，因此武术文化的传播价值先是文化价值。武术文化价值认知有利于加深对武术传播的价值与意义的理解。

20世纪五六十年代，西方世界对文化的推崇已日见其深。在经历了重商帝国主义的经济霸权时代和军事帝国主义的政治霸权时代之后，文化已日益成为影响未来的世界性力量。20世纪50年代，西方社会学家帕森斯以结构功能主义的方式研究社会，宣称自己是一个"文化决定论者"。他将社会分为四个相互渗透的行为体系——文化行动体系、社会行动体系、人格行动体系和行为有机体系。在帕森斯看来，文化体系是最高层次，也是最主要的决定力量。自20世纪60年代以来，更多的学者对文化在当代社会中的重要地位予以极大关注。美国新保守主义代表人物丹尼尔·贝尔在其名著《资本主义文化矛盾》中提出，在西方，如今的文化确已变得至高无上了：首先，文化已成为西方文明中最具活力的成分，其能量已超过技术本身；其次，这种文化冲动力已经获得合法地位。1993年，美国哈佛大学教授亨廷顿在美国《外交事务》上发表《文明的冲突》的长文，立论惊人，语震四海。亨廷顿认为，"新世界的冲突的根源，将不再侧重于意识形态或经济，而文化将是截然分隔人类和引起冲突的主要根源"。尽管其观点不完全正确，但昭示了21世纪文化将发挥重要的作用。

文化的价值也得到国际社会的重视。联合国教科文组织策划了"世界文化发展十年"（1988—1997）活动，并于1992年成立了世界文化与发展委员会。1995年，该委员会推出研究报告，认为脱离人或文化背景的发展是一种没有灵魂的发展。1998年，联合国教科文组织又在斯德哥尔摩召开了"文化政策促进发展"政府间会议，提出了《文化政策促进发展行动计划》。该计划指出："发展可以最终以文化概念来定义，文化的繁荣是发展的最高目标。"

2006年，中共中央办公厅、国务院办公厅印发了中华人民共和国成立以来第一个专门部署文化建设的中长期规划《国家"十一五"时期文化发展规划纲要》，这是我国文化发展战略的重要里程碑，表明我国自觉地加入当今世界文化战略和文化生产力的国际竞争的积极姿态，开辟了我国建设文化中国的国际形象，踏上了中华民族伟大复兴的新征程。

文化的复兴是以文化的传播为基础的。中国武术作为中国传统文化的"全息影像"，其国际传播有助于提升我国的"软实力"。1990年年初，美国哈佛大学肯尼迪政府学院院长约瑟夫·S.奈教授最早提出"软实力"这个概念。"软实力"

是指国家通过自己的文化吸引力来实现发展目标。软实力不是表示国家实力的软弱，而是国家实力的一种表现形式。一个国家的文化、价值体系有吸引力，那么其他国家就会追随。据研究，美国的"软实力"主要体现在：美国几乎吸引了6倍于德国的全球移民，居世界第一，德国为世界第二大移民国家；美国是世界上第二大电视、电影节目出口国；在全球160万留学生中，在美国留学的外国学生占到28%，英国以14%居第二；2002年有86 000名外国学者在美国的教育机构工作；美国的出版物居世界首位；美国的音乐制品是日本的两倍，后者居世界第二位；美国的电子网址是日本的13倍，后者居世界第二位；美国的物理、化学、经济学诺贝尔奖居世界首位；文学诺贝尔奖居法国之后，居世界第二位；在《科学》杂志上发表的文章是日本的4倍，后者居世界第二位。

2006年12月，美国哈佛大学奈教授在接受新华社记者采访时对软实力有新的表述。他说，正确的理解是，一个国家的软实力主要存在于三种资源中：第一，它的文化，即对其他国家和人民具有吸引力的文化；第二，它的政治价值观，特别是当这个国家在国内外努力实践这些价值观时；第三，它的外交政策，但这些外交政策需被认为合法且具有道德权威。奈教授承认，"软实力"这个概念只是对希腊和中国古老智慧的新的表述方式。奈教授引用了老子的一句话："太上，下知有之，其次亲誉之，其次畏之，其下侮之。"由此可知，"软实力"这个概念有着古老的历史。

综上所述，中国传统武术是民族文化的重要组成部分，具有历史性与现代性，在世界文化的交流中，具有不可替代的作用，是民族文化和艺术的形象大使。武术的国际传播就是中国文化的国际传播，有助于增强中国的"软实力"。

（2）中国武术蕴含了丰富的传统和谐理念，其国内传播有助于我国构建和谐社会。春秋战国时期，中国古代的经典已经提出了"和"的问题。和是社会政治的理念，也是哲学与审美的范畴，是哲学与审美的一种境界。《国语》中有八九十处提到"和"字，如惠和、慈和、协和辑睦、声和而有七律、和五味等。《礼记》中有80处提到"和"字，如讲乐者天地之和气也。《礼记》还提出了政和、和气、和天地、和四时的概念，并提出致中和。《论语》中提出和为贵、和而不同。《孟子》中提出天时不如地利，地利不如人和。"和"是一种社会理想。季羡林先生认为，一个人活在世上，必须处理好三个关系：第一，人与大自然的关系；第二，人与人的关系，包括家庭关系在内；第三，个人心中思想及感情矛盾与平衡的关系。

中国传统武术完全体现了"和谐"理念。首先是"天人合一"。张岱年先生说，中国哲学的一个基本观点就是"天人合一"。武术重要的养练观就是"天人合一"。《拳艺述真》中说：人为一小天地，无不与天地之理相结合。《陈氏太极拳图书》云：拳为小道，而太极大道存焉。武术练习中择时辰、择方向都是顺应天人合一的规律的表现。《八卦拳学》指出，练功时须择天时、地利、气候、方向而练之。《少林拳法大要》说，每日早起练拳法之先，必面向东方。流行于广东的少林八卦五行功根据不同的季节和人体内五脏的变化，分别进行卧功、坐功、站功、走功的各种练习，秋季主练脾胃功，使之有助于肝；冬季练肺功，使之有助于肾；春季主练肝功，使之有助于心；夏季主练心功，使之有助于脾胃。五行拳要求练功时，春、夏、长夏、秋、冬等季节来配合五行，拳行东、西、南、北、中方位也与五行相配。武术的天人合一还体现在野外练拳时能展示一种意境，达到庄子所言"天地与我共生，万物与我为一"的和谐追求。

其次，武术的和谐还体现在人与人之间的和谐。例如，武术谚语"未曾学艺先学礼、未曾习武先习德""学拳以德行为先、以涵养为本""善修其身、善正其心、善慎其行、善守其德"。《武术汇宗》云："凡我门内者，务期循规蹈矩，爱众亲仁。"少林派《戒约》规定："须和顺温良，诚信勿欺。"孙禄堂指出："夫武术以和为用，和之中，智勇备焉。"武术中的师傅、徒弟及师兄、师弟、师姐、师妹之间的脉脉人伦，足见人与人之间的和谐追求。

最后，武术之和谐还体现在人自身的和谐。武术练习讲求"内外合一、形神兼备"，就是指人体自身的协调统一。长拳有"手眼身法步，精神气力功"；太极拳讲究"以身行气，以气运身"；苌家拳要求"内外功用""以其外而达于内""形以寓气，气以催形，形合者气利"；南拳"以形为拳，以意为神"；少林拳讲求"内外兼修""而技乃神"；打拳要求"先在心，后在身"，从而达到自身的"和谐"。

武术文化对构建和谐社会的贡献还在于满足人们的文化需求。中国社会科学院公布的《文化蓝皮书：2007年中国文化产业发展报告》认为，中国居民文化需求的满足度仅仅不到1/4，文化消费需求有待释放。社会人类学家费孝通先生说："社会问题起于文化失调，所谓文化失调，就是说任何文化都有它的特殊的结构模式，新的文化特质引入之后，不能配合于原有的模式中，于是发生失调的现象。"他还说，文化本是人们生活的方法，所以文化失调就在社会中各个人的生活上引起了相似的裂痕，反映于各个人心理上的就是相似的烦闷和不安。这种内心的不安又促使人们想办法解脱，于是就有所谓的社会问题。所以，在构建和谐社会时不能忽视文化的价值意义。人是社会的存在物，人要在社会中生活，就必须遵循社会组织为维持一定秩序而建立的各种社会规范。为此，必须建立共同的社会文化认同，使人们形成共同的社会文化价值，建立共同的愿景和协同，这样才是建立和谐社会的文化基础。我们正处在一个剧烈的社会转型时期，不同的利益群体的形成、不同文化的产生、不同社区的组合已经成为社会发展的一个基本特点，不同文化、不同群体、不同社区的和谐相处、友好相待需要确立基本的价值取向。在这样的价值取向下，人们才能美人之美，美美与共。中国传统武术恰能体现这样一个价值取向。

武术对构建和谐社会的作用还在于传播武术也是人们获得文化权利的一个重要途径。随着国家"十一五"规划的实施，实现公民的文化权利已经成为贯彻科学发展观、构建和谐社会的一个重大理论问题和实践领域。1966 年，第 21 届联合国大会第 2200A（XXI）号决议通过了《经济、社会和文化权利国家公约》，这是第一次在世界范围内以法律的形式，确立了公民的经济、社会和文化权利："只有在创造了使人可以享有其经济、社会和文化权利，正如享有其公民和政治权利一样的条件的情况下，才能实现自由人类享有免于恐惧和匮乏的自由理想。"中华人民共和国恢复了在联合国的合法席位后，即于 1997 年 10 月签署了该公约。2003 年 6 月 27 日，中国政府首次向联合国提交了该公约的履约报告。作为世界上最大的发展中国家，中国对公民文化权利的高度重视和逐步实现，对中国的现代化进程和对人类文明的进步，都具有重大意义。传播武术文化是武术传播者的责任；学习武术是中国公民的文化权利。阮纪正先生认为，武术是中国人的存在方式。武术是数千年来中国人的智慧结晶，不仅是中国人强身健体、修身养性的手段，还应成为中华民族生存、发展、强大的重要精神依托。

武术文化传播的价值和功能的理想状态可以引用恩格斯关于民间故事的一段精辟分析："民间故事书的使命是使一个农民做完艰苦的日间劳动，在晚上拖着疲乏的身子回来的时候，得到快乐、振奋和慰藉，使他忘却自己的劳累，把他瘠薄的土地变成富裕的花园"。武术文化传播与教育的价值就是要给武术传播对象习武的动力和对生活的信心。武术的文化教育价值不同于语文、德育和历史，而是在身体力行中达到教育的目的。

（3）中国武术的整体传承是对中国和世界文化遗产的贡献。对遗产保护的观念起源于 19 世纪，当时主要局限于欧洲。20 世纪初，人们开始认识到，一国的文化遗产不仅属于该国，还应该属于全人类。1964 年由"从事历史文物建筑工作的建筑师和技术人员国际会议"（ICOMDS）通过的《威尼斯宪章》具有里程碑意义。该宪章肯定了历史文物建筑的重要价值和作用，把它看作人类"共同的遗产"，认为"为子孙后代而妥善地保护它们是我们的责任，我们必须不走样地把它们的信息传下去"。同时，联合国教科文组织开始了大量宣传活动，并对埃及阿布辛拜勒等 31 处历史遗迹进行修复和保护。1968 年，召开了"世界遗产保护"白宫会议，呼吁保护世界的自然风景区和文化遗产。

1972 年 10 月，联合国教科文组织在巴黎召开的第 17 届会议上通过了《保护世界文化与自然遗产公约》，并设立基金，对被列入世界遗产名录的遗产进行有效保护。1976 年，根据公约规定成立了世界遗产委员会，设立了专项基金，在世界范围内对被列入世界遗产名录的各项自然与文化遗产有计划地实施保护措施。

从 20 世纪 70 年代至今，人们对文化遗产的认识经历了一个更加全面、理性的过程，文化遗产的内涵和外延都得到了极大的丰富和拓展。具体体现在，文化遗产从单体的历史和艺术意义上的文化遗留物，扩展到相互联系的文化遗产群体；从历史和艺术意义上的文化遗产扩展到非艺术创造遗产；从仅仅存在物理联系的文化遗产扩展到与大自然之间紧密联系的文化遗产；从普通环境下的文化遗产扩展到特定环境下的文化遗产；从物质文化遗产扩展到非物质文化遗产。总的趋势是对文化遗产价值体系的认识更加深化，在文化遗产的理解中加上了更多人文的内容。

我国悠久的历史赋予了中华民族博大而丰富的文化遗产。按照学术界的一般看法，1922 年北京大学设立的考古研究所是我国最早的文物保护相关研究机构。1985 年 3 月，侯仁之等 4 位政协委员联名提交了关于我国加入联合国教科文组织《保护世界文化遗产公约》的提案，11 月 22 日，六届全国人大十三次会议通过了该提案，12 月 16 日在巴黎联合国教科文总部签署了我国加入"公约"的文件，开启了中国和国际社会保护人类共同遗产的历史。1986 年，我国开始申报世界遗产项目。2005 年，国务院下发了《关于加强文化遗产保护工作的通知》，决定从 2006 年开始，每年 6 月的第二个周六为我国的"文化遗产日"。

作为珍贵的非物质文化遗产的中国民间传统武术，一直在努力成为中国和世界非物质文化遗产。武术拳种之一的"少林功夫"率先申报世界人类口头与非物质文化遗产。2006 年 5 月 20 日，国务院公布了第一批国家级非物质文化遗产名录，共计 518 项。在首批公布的国家非物质文化遗产名录体系中，少林功夫、武当武术、回族重刀武术、沧州武术、太极拳、邢台梅花拳 6 种（类）武术项目位列其中。

中国民间武术内容丰富、流派众多，是中国非物质文化遗产中的大项，也是中国非物质文化遗产中的瑰宝。积极申报中国和世界非物质文化遗产，保障武术文化这一传统文化瑰宝的整体传承，对中国和世界文化都有重要的价值和意义。

在当代社会，武术文化的传播具有重要的社会价值。在世界文化的交流中，它是民族文化和艺术的形象大使，其传播有助于提升我国的软实力。同时，由于武术注重天人和谐、人际和谐、自身和谐，其传播有助于构建和谐社会、和谐世界。武术拳种丰富、流派众多，是中国非物质文化遗产的大项，武术文化遗产的保护是对中国和世界文化遗产的重要贡献。对武术文化当代价值的认知，可以提升武术传播的高度，提升武术在国际传播中的文化地位，为武术构建和谐社会、和谐世界提供理论支撑，并使武术的文化之河源远流长。

二、民间武术传播的理论要论

进入 21 世纪，学术界开始向"如何更好地进行本土化"的研究领域挺进，但是由于"本土化"研究一直缺乏对具体文化项目的研究，所以在指导实践问题中显出了不足。本部分关于"武术传播"的理论要论部分，立足于从武术这一民族文化、艺术、体育项目的具体传播实践出发，为"武术传播"实践提供必要的理论指导与依据。

（一）武术传播的内容说

1. 武术传播的内容：武术技术、武术文化及武术的文化空间

武术传播的内容是武术传播过程中的核心部分。对武术传播的内容进行分析有助于制定传播政策，确定传播对象与方式。武术作为一种中国传统技击术，其核心就是技术，武术技术是武术传播的主要内容。由于武术同时是中国传统文化，所以武术的所有内容都可以称为文化，武术技术以及技术以外的武术内容也都属于文化的范畴。因此，武术传播也可以称为武术文化传播。在武术传播过程中，传播者往往只注重武术技术的传播，而武术蕴含的文化内容传播得相对较少。因此，尽管武术技术本身就是一种文化，但为了强调非技术传播的文化内容，可以把武术传播的内容大体分为两个大的部分，即武术技术和武术文化。因此，武术传播就可以分为武术技术传播和武术文化传播。

在当前的武术传播内容中，武术的文化传播内容少的原因是当前武术传播的主流内容是体育化的现代竞技武术，而非中国固有的传统武术。这是由于竞技武术属于官方传播的内容，有快捷的传播途径。在主管部门的积极倡导和政策支持下，全国体育院校、各个武术馆校的专业武术组织都在大力传播竞技武术。由于全国正式比赛全部由官方组织，要发展体育院校必须培养出竞技水平高的学生，参加官方组织的全国比赛，学练官方认定的竞技武术。因此，体育院校等专业武术组织必须把竞技武术作为传播内容，这是竞技武术作为主流武术的主要原因。

文化性可以表述为武术所具有的文化内涵和外延的特性。竞技武术的体育性强，而文化性弱，或者说，竞技武术是体育化的武术。竞技武术作为体育化的武术形态，是在传统武术的基础上形成的。其技术中的细微动作减少，技击本质性减弱，从技术文化的角度上来看，文化性已经减弱；从文化内涵的角度来看，竞

技武术所包含的中国传统文化都较少，包括思维方式、传统养生、传统哲学等方面都显示出文化的弱化趋势，而体育的属性明显。

综上所述，武术传播的内容包括武术技术、武术文化和武术的文化空间。

（1）武术技术内容概述。根据武术运动形式，武术技术体系分为演练技术和对抗技术两类。演练技术分为徒手技术和器械技术两类，包括单练、对练和集体表演三类（其中包含了徒手与器械对练和徒手与器械集体表演）。对抗技术的上限是实用对抗技术，是体育范畴之外的武术技击术。下限是竞技对抗技术，是武术在体育中的表现形式，包括长兵、短兵、散手、推手。演练技术和对抗技术的训练都有专门的练习方法，如武术基本功——腰、腿、鼎、桩功、散手排打功等。

首先是体育化的竞技武术。竞技武术的技术是以长拳类、太极拳类、南拳类演练技术和散手、推手等格斗技术组成的技术体系。竞技武术有完善的竞赛体系，包括规定技术、教练员、运动员、裁判员和一定的竞赛形式。竞技武术是在中国传统武术的基础上进行规范后形成的，更具有西方体育的属性。虽然技术的文化性、复杂性减弱，但更加利于竞赛组织。竞技武术的系列技术经过不断改革，已逐渐趋于完善，与传统武术的技术有显著差异。目前，竞技武术已经传播到100多个国家和地区，在国内也处于武术的主流传播地位，这是官方传播的结果。在社会上，人们经常把竞技武术直接称为武术，在概念上造成种属关系的混乱。竞技武术在传播理念上与传统武术截然不同，如没有考察期、没有门派限制等，都是其得以快速传播的重要原因之一。这也是体育的竞技武术与文化的传统武术的重要区别之一。

其次是传统的武术拳种流派。由于流派众多，目前对武术拳种流派的研究尚未形成明确的、令人信服的结论。国家体委1997年编纂的《中国武术史》（人民体育出版社）中有专门的武术拳种介绍。"据1983—1986年挖掘整理的材料，在清代武坛上'源流有序、拳理明晰、风格独特、自成体系'的拳种逾百个。其主要拳种为少林拳、心意六合拳、太极拳、形意拳、八卦掌、八极拳、劈挂拳、通臂拳、戳脚翻子拳、红拳、查拳、华拳、八卦拳、三皇炮捶、六合拳、太祖拳、罗汉拳、拦手、秘宗拳、螳螂拳、猴拳、醉拳、五祖拳、地术拳、洪家拳、咏春拳、佛家拳、蔡家拳、李家拳、莫家拳、达尊拳、龙尊拳、鹤拳、蔡李佛拳、孙膑拳、硬门拳、法门拳、字门拳、梅花拳、花拳、岳氏连拳、绵拳、苌家拳、巫家拳、白眉拳、僧门拳、岳门拳、杜门拳、赵门拳、洪门拳、化门拳、慧门拳、余门拳、弹腿等、七势等、金狮拳、虎形拳、南枝拳、八拳、孙家拳、孙门拳、于门拳、王门拳、严门拳、空门拳、岳家拳、三十六路宋江拳、鱼门拳、杨家拳、梁家拳、精合拳、石头拳、护身拳、指东拳、明堂拳、秘思拳、清拳、四通捶、顺手拳、水炮拳、佛汉拳、枪架拳、独门拳、豹虎拳、弓力拳、三义拳、信拳、二朗门拳、傅拳、鸳鸯拳、九拳、护符拳等。"这些拳种绝大部分没有广泛传播，且许多拳种的名称也鲜为人知，可见武术传播工作任重道远。《徐才武术文集》中提出，要用50%的精力来做武术这一在体育工作中占1/50的项目，就是考虑到武术文化体系的博大与纷杂。"博大精深"是中国武术的特征，但是随着武术拳种流派由于没有政府的保护而自生自灭之后，中国武术的"博大精深"特征将流于表面。

康戈武教授编著的《中国武术实用大全》"拳种流派"中列举了少林拳、武当拳、僧门拳、岳门拳、杜门拳、赵门拳、洪门拳、化门拳、字门拳、慧门拳、余门拳、黄林派、白眉拳、内家拳、太极拳、八卦掌、心意拳、形意拳、意拳、自然门、长拳、查拳、弹腿、华拳、红拳、花拳、梅花拳、八卦拳、六合拳、三皇炮捶、岳氏连拳、迷踪拳、绵拳、戳脚翻子拳、通臂拳、通背拳、劈挂拳、八极拳、翻子拳、洪拳、蔡李佛拳、虎鹤双形拳、咏春拳、侠拳、鹤拳、五祖拳、太祖拳、地术拳法、字门拳、法门拳、巫家拳、螳螂拳、猴拳、鹰爪拳、鸭形拳、蛇拳、醉拳、地躺拳、二十四拳（苌家拳）、神拳等拳种。其中，武当拳、字门拳、黄林派、内家拳、意拳、自然门、长拳、六合拳、通背拳、戳脚翻子拳、侠拳、鹰爪拳、蛇拳、地躺拳、神拳15种拳术在《中国武术史》中没有罗列，一是因为有些拳种只是在史料中有，现在已失传，如内家拳；二是武术界并未真正对新拳种是否是一个拳种进行界定，如竞技武术中的长拳。

《武术学概论》在第十四章"武术技术的内容"第二节"套路"中选举了作者认为具有代表性且影响较大的拳种套路，分别是太极拳、八卦掌、形意拳、意拳、少林拳、查拳、华拳、三皇炮捶、洪拳、戳脚翻子拳、劈挂拳、通背拳、八极拳、秘宗拳、弹腿、八门拳、八法拳、自然门、岳家拳、巫家拳、苌家拳、红拳、功力拳、拦手门、佛汉拳、太祖拳、蔡李佛拳、咏春拳、咏春白鹤拳、莫家拳、白眉拳、地术拳法、猴拳、醉拳、螳螂拳等拳种。但其中有些拳种并非所说的"有代表性，且影响较大"，如"孙膑拳"，文中记录"相传由战国时期军事家孙膑所创，但无文字记载"。不知为何选入，还作为武术套路的代表项目。

《中国武术百科全书》中列举的拳种有长拳、查拳、花拳、三皇炮捶、红拳、华拳、太极拳、洪家拳、刘家拳、蔡家拳、李家拳、莫家拳、佛家拳、蔡李佛拳、侠家拳、南枝拳、咏春拳、龙形拳、朱家教、白眉拳、五祖拳、达尊拳、虎拳、浙江南拳、温州南拳、硬门拳、黑虎拳、孔门拳、鱼门拳、余门拳、字门拳、巫家拳、心意拳、形意拳、意拳、八卦掌、八卦拳、内家拳、苌家拳、温家拳、少林拳、罗汉拳、弹腿拳、六合拳、通背拳、戳脚翻子拳、劈挂拳、地躺拳、八门拳、撑拳、太祖拳、梅花拳、燕青拳、秘踪拳、八极拳、自然门、二郎门、功力拳、唐拳、子母绵掌、四通捶、梅花捷拳、鸳鸯拳、文圣拳、孙膑拳、东安拳、秀拳、浦东拳、拦手、九拳、畲族拳、侗拳、苗拳、瑶拳、壮拳、四门拳、回回十八肘、醉拳、鹰爪拳、猴拳、蛇拳、鹤拳、鸭拳、鸡拳、地术犬法、螳螂拳等拳种。其中，与《中国武术史》记载的拳种中不同的是：长拳、侠家拳、南枝拳、虎拳、浙江南拳、温州南拳、黑虎拳、孔门拳、鱼门拳、意拳、内家拳、温家拳、地躺拳、八门拳、撑拳、燕青拳、自然门、二郎拳、功力拳、唐拳、子母绵掌、四通拳、梅花捷拳、鸳鸯拳、文圣拳、孙膑拳、东安拳、秀拳、浦东拳、九拳、畲族拳、侗拳、苗拳、瑶拳、壮拳、四门拳、回回十八肘、蛇拳、鸭拳、鸡拳40种拳种，且都有比较清楚的套路名称、风格特点、技术方法、练功方法等内容。如果这些拳种确实存在、独具特色并至今流传，与《中国武术史》上罗列的拳种相比，总数已超过了经典的129个拳种的数量。"少北拳"也在1996年被国家体委武术管理中心评定为拳种之一。而且作为中华人民共和国成立之后形成的长拳是否也属于一个拳种，至今未有一个明确的说法。南拳也存在这样一个问题，经过规范化的武术项目应属于什么范畴的内容未做定论。若以竞技武术和传统武术分类也不准确，因为部分传统武术项目也逐渐走向竞技体育化的道路，如少林拳现在已经逐渐在竞赛上自成体系，且有全国性、国际性比赛。木兰拳也有了全国性比赛。至于"源流有序、拳理明晰、风格独特、自成体系"的129个拳种实际上在20世纪80年代挖掘整理的时候，除了文字名称之外，最多仅有一些录像内容。这些内容的保留，并不代表拳种本身的留存。2003年2月20日，在登封市少林拳段位技术标准座谈会上，一位少林拳老拳师说，少林拳包括300多个拳术、100多个器械套路，总共有500多套，仅红拳就有十多套，目前主要练习的只有2套。任何一个习练武术的人都知道，武术是技术性的东西，只靠文字和录像是不可能真正记录流传的。这些内容只对已经习练过这种拳种的人有学习价值。挖掘出的资料经整理之后，基本上被束之高阁，至于这些拳种在民间是否还存在，其实谁也不清楚。而且，这些拳种是否有129个都是难以定论的。只有在对民间武术进行深入调查研究后，才能最后有个定论。现在武术传播的拳种以及各个拳种流派中的技术内容确实是丰富多彩、难以计其数的。如果以武术流派来论及，各个流派又有很多派别，各个派别在技术方法上都有不同，确实是难以准确统计的，这也是武术文化属性的一个具体体现。以太极拳为例，有陈氏、杨氏、武氏、吴氏、孙氏、赵堡太极拳等。陈氏下又分不同的传人，各个主要传人所传播的拳术技术又有所不同，所以到底有多少套技术，的确是很难准确计量的。中国武术与中医、国画、戏剧、饮食、书法等都属于文化的范畴，都具备中国传统文化的所有特征，内容丰富、技术多彩、流派纷呈。

除徒手运动外，传统武术的不同拳种流派都有各自的器械技术，它们风格各异，除竞技武术中的刀、剑、棍、枪以外，还有短器械——鞭、鞭杆、钩、拐、锤、橛、匕首；长器械——笔架叉、大刀、戈、戟、斧、钺、叉、三叉齿钉耙、镋、铲、狼牙棒；双器械——铁筷子、峨眉刺、铁梳子、鸡刀镰、月牙刺、马戟；软器械——流星锤、绳镖、九节鞭、三节棍、龙头杆棒、飞键、双飞过、四节镋、杆子鞭；其他——判官笔、圈、天荷凤尾镋、狼筅；等等。在武术发展过程中，军事武艺和民间武艺的不断交融与相互影响，使武术器械也带有古代兵器的特点。武术发展到现在，竞技武术中以刀、枪、剑、棍为主，使传统武术丰富的器械技术传播仍然处于自生自灭状态，除个别器械外，许多器械技术即使是武术界人士也很难在现实中看到。试想，如果这一代人都只练刀、剑、棍、枪，那么下一代人也只能传播这些内容。现在，民间还有许多器械技术仍在流失，如果不传承、传播、发展，则可能出现"人亡艺绝"的现象。武术器械传播除通过拳术套路的方式传播外，还可以通过影视学校传播。另外，以国家武术主管部门名义倡导习练民间传统武术也是一条行之有效的途径，如先建立一所国家武术学校，然后向全国各地传播；还可以举办全国武术运动会，分比赛和表演两大项目，为全国武术界习练传统武术的人士提供交流的机会。这些都可以使武术技术内容得到传播，激励这些技术拥有者珍惜并习练固有的传统武术。

武术传播的技术内容包括竞技武术与武术各个拳种及其流派中的拳术与器械技术。竞技武术、太极拳、木兰拳等武术项目传播较好，其他拳种中，只有部分大拳种在社会上有一定的传播人群，而大部分武术拳种的传播处于自生自灭状态。因此，目前的武术传播工作其实才刚刚开始，武术传播无论在国内还是在国外都与它作为一种优秀的传统文化的地位是非常不相称的。竞技武术进入体育领域向国际传播是快捷的传播方式，但是还要注重传统武术的保护和传播，否则，等真正把武术推向奥运会的时候，可能就只剩下竞技武术了，传统武术可能已经消亡。要发展武术、传播武术，应先对武术传播的技术内容进行保护，即把"源流有序、拳理明晰、风格独特、自成体系"的拳种中，习练人群不多的拳种进行小范围保护性传播，使其能够保留、传承下来，对各个流派比较成熟的武术项目以官方的名义指定性保护。

此外，健身、养身、护身、增强武术技能的功法运动也十分丰富，包括提高肢体关节肌肉舒缩性能的"柔功"，锻炼意、气、劲、行完整一体的"内功"，增强肢体攻击力度和抗击能力的"硬功"，发展人体平衡能力和翻腾奔跑能力的"轻功"，等等。这些丰富多彩的技术和功法都需要继承和保护，它们具有浓郁的民族文化色彩，是中国武术真正的代表。

（2）武术文化内容概说。武术蕴含着丰富的中国传统文化，是中国文化的全息影像，从这个意义上说，武术本身就是一种文化形态。武术由于汲取了众多的传统文化营养，便具有文化研究的重要价值。研究武术文化，就是在解读中国传统文化。体育的武术与文化的武术具有很大的不同。武术的文化内容包括很多方面。

第一是武术中的传统武德。武德是习武之人的道德规范。它既具有社会道德的共性，又具有职业道德的特异性。武德从古到今在历史的延续中，形成了所谓的传统武德与现代武德。实际上，武德无所谓传统武德与现代武德，从发展的角度来看，武德发展到现在是什么就应该是什么。比如，抱拳礼在古代并不是武德的主要表现形式，但在中华人民共和国成立后出现的竞技武术中就成为武德表现的主要形式，并由此形成了抱刀礼、持剑礼、递器械礼等。武德也不是江湖义气，武德发展到现代就是社会主义社会的一种从武、习武道德，是武术传习者都应该遵守的行为规范。

武德在发展的过程中应该不断吸收伦理学中的优秀成果，使武德体现现代性，表现出"武德高尚"的特点。因此，武术界对武德也要不断提炼、升华，这样才能促进武术自身的发展。因为，不同时代有着不同的道德规范，只有立足点高、符合时代伦理道德规范、顺应社会发展规律的文化、体育项目才能不断发展。例如，"师如父"或"一日为师，终身为父"在今天并不可取。"师傅"可以作为文化色彩保留，但"师父"一词不宜采用。武德内容一定要符合国务院颁布的《公民道德建设实施纲要》（简称《纲要》），与《纲要》不符的内容应予以剔除。

武德主要表现在三方面。一是学习武术时所应遵循的武德，主要表现为尊重老师、认真学习、刻苦演练。二是使用武术时所应遵循的武德，分两方面：第一是在表演、比赛时应遵循的武德；第二是日常生活中施用武术时所应遵循的武德。表演、比赛时一定要尊重裁判和观众，演练投入（对套路而言），注意礼节，注意维护习武者在观众中的形象。在日常生活中，要见义勇为，对人谦虚友好，不恃强凌弱。三是在传授武术时所应遵循的武德，表现为文化与技术同时传授，德艺双授。

第二是武术的历史。武术史的传播内容应包括武术通史，其中包含武术的起源、武术古代史、武术近代史、武术现代史；武术断代史，专门研究武术在某一历史时期的状况、特征及其规律；武术拳种单项史，研究某一拳种的起源及其技法发展的历史；武术典籍，关于传统武术文献的经典内容。

第三是武术中所蕴含的中国传统哲学。武术中所表现的传统哲学思想主要表现在以下几个方面：一是"天人合一"。"天人合一"是中国传统哲学的主要思想，许多拳种的站桩中，都体现了"天人合一"思想。二是太极、阴阳、五行、八卦等哲学思想，如在"五行"学说基础上形成的形意拳和以"八卦"学说为基础的八卦掌等。

第四是武术中的中国传统医学内容。一是武术中的健身、养生思想。武术中的"内外合一"就是这种思想的体现。此外，武术中的站桩也是健身思想的体现。二是武术伤科。集中体现在对武术跌打损伤的治疗方法上。

第五是武术中的中国兵法谋略。在中国传统文化发展中滋生的武术融合了许多传统文化内容，兵法就是一个重要方面。例如，兵法中的审时度势、知己知彼、胆气为先、兵之情主速、先发制人、避实就虚、诡道诱敌等也是武术技击中的主要战术。

第六是武术中的中国传统美学思想。武术演练中的美学体现的是武术套路存在的重要价值。习武者在演练技术、传播武术的同时，也是在传播美学的思想，这也是武术套路的价值所在。武术美学也是武术能够艺术化的主要因素之一。

武术所包含的中国传统文化多而面广，所以武术是中国文化的全息影像，是中国传统文化中的瑰宝。由于文化的抽象性、笼统性，在论述武术文化传播内容时，不可能面面俱到。文化传播是分层的，可以分为浅层文化传播、中层文化传播和深层文化传播等。武侠文学和武术影视都是文化传播的内容，但都属于浅层传播，因为这种传播只是使人们知道了武术，但其间还有许多不真实的成分存在，不能使人们真正认识武术，不过这种传播也可以促使人们去习练武术。需要指出，通过武侠文学和影视并不能真正学到武术技术，甚至可能会对武术的本质产生一些误解。目前的武术传播大都是以技术为主，忽视文化传播，其实，传播文化才会使技术传播更具生命力。

（3）武术的文化空间是武术文化的重要内容。文化空间是指有价值的文化空间或时间，是有价值的传统文化活动、民间文化活动得以开展的空间或时间，这些活动是有规律的、约定俗成的文化活动场所。"文化空间"是新近提出的一个概念，在我国的文化保护中还没有被广泛重视和研究，许多有价值的文化空间项目处于濒临失传的状况。

武术作为中国传统文化的特色代表项目之一，有许多有价值的文化空间需要保护。例如，"少林功夫"作为武术的代表项目之一，其核心内容绝非几百种拳术套路与功法所能概括的。其1500年的历史，加之嵩山少林寺这一特定的佛教文化环境与僧人习武就是一个别具特色的"文化空间"。对这一文化空间进行整体保护比仅仅对少林武术进行技术保护更加全面，更加符合非物质文化遗产的现象与实际。以此类推，武当武术、洪洞通背拳、山西形意拳等都可以作为文化空间进行保护。

武术的文化空间是难以量化的，这符合武术文化本身的特点，在武术传播与传承中，关注文化空间，才能保障武术文化的延续。

2.武术传播的类别：武术的竞技传播、教育传播与传统传播

武术传播的类型涉及与武术传播相关的领域、概念等。对武术传播类型做系统分析，可以明确武术概念的外延，同时这种分类对明确武术管理、科研，更好地传播武术都有价值和意义。

（1）按照武术传播的内容，可以把武术传播分为技术传播和文化传播。按照分类规则，武术传播若以技术为标准应分为技术传播和非技术传播。由于非技术传播包括的范围很广，如武德传播、武术美学传播、武术技击理论传播、武术谚语传播、武术影视传播、武术文学传播、武术医学传播、武术哲学传播、武术史事传播等，而所有这些非技术传播都可以归结为文化传播的范畴，所以可以按照武术传播的内容把武术传播分为武术技术传播和武术文化传播。尽管武术技术也是武术文化中的一部分，但是非技术的内容更具有文化性，而且把文化传播专门列出，可以引起人们对武术文化的关注，而不是像现在这样主要从武术竞赛的角度传播"体育的武术"。武术所蕴含的传统文化是武术本身的生命力所在，而这一生命力在当前武术传播中被忽视了，因此本书在分类时，把武术传播的内容分为武术技术和武术文化，以提醒武术传播者在传播武术技术时一定要传播武术文化。

（2）按照是否属于竞技体育范畴，可以把武术传播分为竞技武术传播和非竞技武术传播。按照当前武术传播的现状，武术传播可以分为竞技武术传播、传统武术传播和学校武术传播三方面，即"体育的武术""文化的武术"和"教育的武术"。竞技武术是指归属于竞技体育范畴，由政府出面组织的、有正规的锦标赛、杯赛等，并有规定技术内容和标准的武术项目。目前，竞技武术已有世界武术锦标赛、亚运会武术比赛、亚洲武术锦标赛、世界杯武术散打比赛、全运会武术比赛、全国武术锦标赛，并成为2008年北京奥运会的特设项目。非竞技武术传播主要包括民间传统武术传播和学校武术传播。因为竞技武术、传统武术、学校武术只是分属于不同的领域，所以它们之间有技术交叉和共融的地方。

（3）按照传播者不同，可以把武术传播分为官方武术传播和民间武术传播。官方武术传播是指由政府出面组织和扶持的武术传播活动，民间武术传播是指散布于广大民间、自发形成的武术传播活动。官方武术传播和民间武术传播只是根据组织者不同划分的，其传播内容也可以相同。例如，官方主要传播的竞技武术也是民间武术传播的主要内容之一。官方武术传播有许多优势，在传播过程中与

民间武术传播有许多不同。例如，木兰拳传播有官方传播，也有民间传播，但官方传播的特征是有正规的全国比赛，相比民间传播有很大的优势。又如，中华人民共和国成立后的竞技武术，包括套路、散打、推手等项目实际上都是体育化的武术新项目，也都是官方武术传播的主要内容。

（4）以传播的时间远近为标准，可以把武术传播划分为古代武术传播、近代武术传播和现代武术传播。这种分类方法是以时间的发展为依据，从武术史学研究的角度出发的。古代、近代、现代武术传播都有共通性，如师徒传承的传播方式在各个时代都存在；许多传播谋略和传播技巧，如利用"名"进行传播在各个时代也都曾应用。

（5）以传播媒介为标准，可以把武术传播分为文字传播、声音传播、图像传播、多媒体传播、网络传播等。

（6）根据传播的范围，可以把武术传播分为人际传播、组织传播、大众传播。人际传播包括师徒传承、人与人之间的互学互教等。组织传播指以组织如协会、社团的形式传播武术。组织传播具有团体性，其主体是以传播武术为目的的社会团体，如木兰拳传播就是组织传播的典型实例。组织传播有许多优点，在传播单项武术拳种流派中非常有利，而民间的许多拳种都没有以组织的形式进行传播，仅仅以师徒传承为主，造成了自生自灭的传播现象，对传承武术十分不利。大众传播指通过书籍、报纸、杂志、电影、电视、广播等媒体进行武术的传播。这种划分方式是传播学领域中对传播的经典划分，其结构与武术传播现象极为相似。

（7）以武术项目为标准，可以把武术传播分为太极拳传播、形意拳传播、八卦掌传播、少林拳传播、螳螂拳传播等。以项目进行传播分类，可以进行个案研究，对传播效果好的项目进行总结，研究其成功传播的特点和规律，同时对传播效果不好的项目进行研究，以总结经验，研究发展的对策。

（8）以传播活动作用于传播对象的程度深浅为标准，可以把武术传播分为浅层传播、中层传播、深层传播。分层传播是从武术传播内容的多少以及传播对象的接受程度来分类的。比如，武术健身操属于浅层次传播，因为其包含的武术内容少，即使学习者精熟了它，也不能真正了解武术。但是，该类型的传播主要是为了宣传武术，只要大家知道武术、关注武术，就达到了传播的目的。从文化的角度对武术深入传播属于深层次传播。比如，向国际友人传播武术的同时，传播武术礼仪、武术哲学、武术美学等内容，以此为媒介，使其领悟中国的传统文化。另外，在传授武术技术时，对一招一式的变化进行细微传授，并且对每一式的攻防方法进行实践等都属于深层次传播。介于深层传播和浅层传播之间的就属于中层传播。这是从分层的角度进行的分类，是从传播的目的出发的，可以使传播活动更加有目的、有层次。比如，学校武术传播就要求达到一定的目标，如学会一套拳、了解武术的抱拳礼等。在向世界传播武术时，可以先通过体育途径传播竞技武术，然后再传播传统武术、武术文化等。分层次传播可以使武术传播更有针对性，因人而异。例如，中国武术段位制中，初段位就可以认为是浅层传播，高段位是深层传播，中段位介于两者之间。根据这种分层传播，可以使武术工作更加明确和有目的。层次之间没有明确的界定，但是以三分法进行传播，可以大体把握武术传播的价值与目标，有理论和实践意义。

（9）以武术传播是否在中国为标准，可以把武术传播分为国内武术传播和国际武术传播。许多人认为，武术在国内传播得很好，大多数国人都对武术很熟悉。其实，大部分人的这种熟悉仅属于浅层传播内容，对武术的认识也仅仅限于技击格斗，并不了解全貌，尤其是武术所包含的文化。尽管武术是中国固有的、传统的，但武术的国内传播并不乐观。2006 年，武术入选首批国家级非物质文化遗产名录，申请遗产保护，说明传统武术的国内传播面临着困境。武术国际传播也同样面临困境，国际武联有 100 多个国家和地区的会员国，但实际上在许多国家，只有个别地区的个别人在习练武术，而且国外对武术的认识普遍是模糊的和混乱的，竞技武术、太极拳、散打、鹰爪拳等都处于独立传播的状况，存在认识误区。因此，武术的国内、国际传播都需要总结规律，找出适宜的传播内容、途径和方式。

（二）武术传播的功能说

武术传播的功能是指武术传播活动所具有的能力及其对人和社会所起的作用和效能。它是武术传播过程中客观存在的现实，不以人的意志为转移。对武术传播的功能认识得越清楚，武术传播的方向就越明确，效果则越显著，这是武术传播功能的意义所在。武术传播者如果能够充分认识武术传播活动的功能，就会运用各种传播手段和方式去展示和释放这些功能。

研究武术传播的功能对武术传播活动的方向性、连续性和整体性起着重要的作用。对武术传播功能进行深层次分析，有利于把握武术传播功能的全面性。

从呈现的方式来看，武术传播的功能可以分为显性功能和隐性功能。显性功能是人们可以明显看出或感觉到的作用和效能；而隐性功能则是人们不易察觉的作用和效应。这两者有可能产生正面作用，也可能产生负面作用。显性功能是武术传播者为实现传播目标而明确提出来的，容易得到实现和发挥；而隐性功能则是在传播活动的过程中隐藏着的，在很长时间后才反映出来的。比如，目前流行的武术学校，在武术传播过程中，其经济功能是显而易见的，而由此产生的社会问题少有人探讨。

从功能释放的效应来看，武术传播的功能又可分为正功能和负功能。正功能是武术传播的正常效果，而负功能则是由传播者或武术本身的价值功能的异化所造成的。比如，在师徒传承过程中，师傅把武术技术与文化传授给徒弟，希望其获得道德和技艺的提高，起到武术的教育功能，这是正功能的发挥。但若徒弟得到这一技艺后却危害社会，就会产生由于价值的转换而造成的武术传播的负功能。

武术传播的功能从不同的角度出发就会有不同性质的功能。

1. 从文化传播的角度，武术传播具有文化功能

对武术传播文化功能进行理解必须明确武术自身的文化性。首先，武术本身是一种文化。在世界历史上，像中国武术这样拳种丰富、流派众多的文化形态是极其罕见的。只有在中国传统文化的背景下，才能产生这样丰富多彩的技击艺术。这种特殊性形成了武术的文化性，使武术成为中国、中国人的特征之一。其次，武术蕴含了丰富的中国传统文化基因。武术在形成的过程中经过了中国传统文化的熏陶，并在其氛围中产生、发展和成熟，自然地融汇了易学、兵法、伦理、美学、养生、舞蹈等多方面的内容，成了中国传统文化的载体。文化以技术为载体在武术传播的过程中实现了自身的发展传播。由于武术先是文化，所以文化属性为其主要属性，武术传播的首要功能是文化功能。

武术传播对武术文化本身发展至关重要，这是武术经久不衰的重要原因之一。武术之所以代代相传、历久弥新，不得不归功于传播。文化人类学家莱斯利·怀特在考察人类文化的发展进程时说："人们逐渐认识到，文化是一个连续统一体，是一系列事件的流程，使一个时代纵向传递到另一个时代，并且横向地从一个种族或地域播化到另一个种族或地域。"怀特从传播的角度，把文化看作纵向和横向传播流程的统一体，对文化本质的解释可谓独树一帜。武术作为中国传统文化中的一种表现形式，同样具有这一特点。

从文化传播与传承的角度，武术传播主要有以下三方面功能。

（1）促进了武术技术与武术文化代代相传。武术传播的重要功能是承接和传播文化。它可以将武术技术和武术文化继承并传播下来，使之世代相传并与其他文化相互作用。无论拳种流派的纵向传播，还是横向传播，都使武术技术与文化得到了流传与保存。

（2）促进了武术拳种流派的交流和新的拳种流派的产生。武术传播能够促进不同拳种流派的技术与文化交流，在这种交流中产生新的拳种或流派。例如，太极拳在传播过程中产生了陈氏、杨氏、吴氏、孙氏、武氏、赵氏等不同流派；南

拳中蔡拳、李拳、佛拳在传播中形成蔡李佛拳；王芗斋集多家武技之长创立了意拳（大成拳）；等等。总之，武术在传播过程中逐渐形成了不同的流派和拳种，这是武术适应社会发展需要的表现。在武术传播的过程中，只有不断创新，才能够适应社会的发展。曾在社会上迅速发展的木兰拳，就是一个创新的实例。竞技武术是武术体育化创新的典型案例，少林拳也形成了相对独立的竞赛体系，但创新不能远离传统或失去传统。

（3）促进了武术拳种流派理论和技术的增殖。武术传播的另一个功能是积淀和增殖文化。武术传播使武术在历史长河中不断得以沉淀和积累。武术传播的时间越长久，文化积淀就越深厚。这种积淀使武术理论逐渐丰富和完善，使武术技术更加精细和多变，使武术内涵越加丰富和深邃。这一特点符合文化传播的规律。因为人类文明成果的积累离不开世世代代的传播活动。文化不是零碎的、瞬间即逝的画面，而是一种大浪淘沙般的沉积，时间越久，内容越淳厚。不过文化的传承和沉积不是一个简单机械而又僵化的传递过程，而是有所扬弃、有所借鉴、有所创造的文化增殖过程。武术在传播过程中完成了这种增殖。

2. 从武术传播对象的角度出发，武术传播具有教育功能

武术传播过程对传播对象具有很强的教育价值。这种价值首先体现在武德培养上，在传统武术中，武德的传播是一以贯之的，由一般弟子到入室弟子需要进行武德的培养与考验，成为入室弟子后，仍然要进行武德的考验才能得到老师的真传。其次，在学习武术的过程中，意志力的磨炼、自信心的培养本身也是一种道德品质的培养过程。

教育功能的实质是对武术习练者的身心调节和锻炼。武术运动可以消除紧张与拘束，使人精神振奋，让人的潜在能量向无害的方向发展，让人的情感在武术习练过程中得到完善。因此，武术传播对传播对象来说，是一种心灵的教育过程。在历史的发展过程中，武术传播的教育功能逐渐由过去主要靠师徒传承转变为现在由专门的教育机构学校来承担。

3. 从武术传播者的角度出发，武术传播具有经济功能

武术传播的经济功能并非武术本身所具有的功能，而是武术在传播的过程中，可以满足社会需要而自然形成的一种功能。在历史上，许多拳家名师都曾通过传拳授艺来谋生。太极拳名家杨露蝉就在京教拳，许多民间拳师也把传播武术作为职业。武术传播所具有的经济功能在现代社会越来越得到发挥，各种各样的武术馆、武术院、武术学校如雨后春笋，遍布全国。据不完全统计，全国武术馆校大约1 200所，在校学生数百万。如此大的社会需求，使武术传播者逐渐专业化、职业化。部分习武者只需要传播武术便可以获得经济利益，从而满足生活所需。

武校的教师、大学的武术教师、体工队的武术教练等都在以传播武术作为自己的工作和职业，许多拳种流派的传人也在世界各地通过传播武术达到谋生的目的。

需要指出的是，在开发武术经济价值的同时，要注重传播武术的文化内容，找到经济效益与社会效益的平衡点，以利于武术在未来能够越走越远，能够健康、可持续发展。如果急功近利，在获得眼前利益的同时，将面临把武术的未来葬送的风险。

4.武术传播可能产生负面功能

任何事物都具有两面性，武术传播也不例外。武术传播在发挥其文化传承功能的同时，要注意其传播过程可能产生的负功能，以避免负功能影响到武术传播的效果。

在民间武术的师徒传承中，除传播技术内容外，往往把封建特色浓厚的宗法派别、江湖义气等附加传播给了武术学习者。学习者在接受这种价值观念后将会影响到其性格的发展，以致其以后的行动付诸社会实践，从而有可能对社会产生不良影响。这便是武术传播产生的负功能。现在武术馆校盛行，但大多注重经济效益，忽视社会效益。这些获得技击能力的武校学生如果缺少道德教育，对社会的负面影响是非常大的。中国武术"散打王"赛事曾经在社会影响很大，成为通过电视媒体传播武术的典范。但是，在通过媒体向社会上传播武术，使人们关注武术、学习武术的同时，由于比赛太残酷，使人们对武术文化产生误解，造成传播的受众多，但学练受众反而减少。造成这些负功能的原因是对传播内容把握不准确。如何充分发挥武术传播的正功能、减少负功能，应该是当前武术专业传播者、传播组织首要考虑的问题之一。

（三）武术传播的模式说

武术传播引入模式说，主要是从武术传播的结构和功能的角度出发的。在以往的武术传播实践中，人们往往注重传播模式中的单个要素，而缺乏整体的把握，模式的引入恰好可以解决这个问题。引入传播学的理论，进行模式构建非常重要。比如，武术传播的内容往往从技击、格斗的角度出发引导人们，殊不知，武术的文化内涵才是武术真正的生命力所在。系统科学认为，世界上的一切事物无不处在一定的系统之中。所谓系统，指的是相互联系、相互制约的若干要素或部分组成的具有特定功能的有机整体。就这个定义而言，武术传播也具有系统性。武术传播系统及其结构十分复杂，为了使复杂的问题简单化，需要借助一种科学方法。在现代科学中，模式方法就是一种研究的最佳途径。

所谓模式就是通过科学抽象，在理论上把握对象的基本框架的基础上，对其结构的主要部分和过程的主要环节的最简化的描述。这种描述可用关键词语，可用数学公式，可用图式。用模式方法分析问题，可以使问题简化，便于较好地解决问题。该方法在自然科学中常称为模型研究方法，如物理模型研究、数学模型研究；在社会研究中常称为模式研究方法，如经济模式研究、文化模式研究；在教育领域中还有教育模式研究。模式研究的主要特点如下：排除事物次要的、非本质的部分，抽出事物的主要的、有特色的部分进行研究。将事物的重要因素、关系、状态、过程突出地显露出来，便于人们进行观察、试验、调查、模拟，便于进行理论分析。这样，模式使对象各要素（主要成分、环节、子系统）之间的关系简单、明白、清晰，易于认识、理解、把握，避免了含混、芜杂而造成的费解或误解；提供了对象的整个骨架，避免片面性；模式还舍弃了对象次要的、枝节的部分，便于人们在认识、理解、研究对象时，能抓住对象的核心、脉搏或要害问题，这对研究对象的发展战略极为重要；最后，由于模式把对象中那些起决定、支配作用的要素从隐蔽的后台请到了前台，因而这些要素的构成、关系、质量、优劣、好坏等就易于发现，因而便于研究者提出新的构想、新的观点。正由于模式为人们认识、研究对象创造了极好的便利条件，因此当今世界的许多学科的学者都青睐于用模式的手法来研究、表述事物。正是基于这种认识，对武术传播的基本模式进行构建，可以为武术传播的理论与实践提供指导。

武术传播的基本模式可以以传播学的模式理论为基础进行探讨与建构。进行武术传播需要传播的主体，我们称为武术传播者。没有传播者，则传播无从谈起。因此，武术传播者是传播模式的首要因素。传播者可以按照不同的标准分为不同的类型。按照是否为政府组织的传播活动，可以分为官方传播者和非官方传播者。例如，国家体育总局及各省市武术运动管理机构就属于官方传播者。按照是否属于某个组织，可以分为组织传播者和非组织传播者。例如，精武体育会就属于组织传播者，师徒之间的武术传承中师傅就属于非组织传播者。作为武术传播者，在传播武术的过程中，不但有传播武术技术的责任，还有传播武术文化的责任。传播者有责任和义务在传播过程中注重传播的社会效益和国家利益。

传播者需要传播的是武术本身。那么，武术就是传播模式所必需的第二个要素。武术的内容众多且十分庞杂，所以人们都称武术"博大精深"。在武术传播过程中，传播内容一般是武术的部分内容，而不是全部内容。比如，竞技武术向奥运会传播的过程中，就只能选择武术中的部分内容进行改革和规范，这部分内容只是武术整体系统中的一小部分。根据不同的传播对象，可以选择不同的传播内容。

从传播内容到传播对象需要通过适宜的传播途径，传播途径就成为一个必备的环节。武术传播有多种途径，竞技、教育、影视等都是武术传播的途径。选择最佳的传播途径是传播实践中需要解决的主要问题。通过最佳的传播途径达到传播的目的，需要进行方式、方法与策略的研究和总结。武术传播过程中的方式、方法和策略是否适宜，可以通过传播效果反馈给传播者，以及时调整，形成最佳的传播方式、方法与策略。武术传播内容在经过传播途径后，必须经过阐释才能被传播对象所接受，这是武术传播过程的阐释环节。例如，武术国际传播过程中的翻译问题就属于阐释研究的范畴。所以，武术传播过程中的阐释也是武术传播模式中的必要成分。

武术传播的最终受体是武术传播对象。因此，武术传播的对象也是武术传播过程中的主要因素。受众研究是传播学研究的重要范畴。从武术传播的角度，不同年龄、不同性别、不同地区、不同层次的人对武术内容的选择是不同的。季建成对英国武术爱好者的调查研究表明，硕士、博士学历的人比较喜欢中国传统武术，大学学历的人比较喜欢武术技击术，大学学历以下的喜欢技击术和竞赛套路；从练习目的来看，大部分人学习中国武术是为了获得攻防格斗能力和了解中国文化；另外，来自不同地区的人对武术内容的选择也不同。不管其调查的结果准确与否，有一点是毋庸置疑的，就是它说明了不同的传播对象需要不同的传播内容和传播方式。可见，武术传播的受众研究也十分重要。

最后的传播环节应该是传播效果，"传播效果是一切传播活动的试金石，是所有传播者的共同追求"。比如，对于武术国际传播来说，把武术推向奥运会是终极目标，那么武术被国际体育单项联合会接纳和被国际奥委会承认都是武术国际传播的阶段效果，最终效果则是成为奥运会正式比赛项目。当然，武术传播的效果会反馈到武术传播者那里，使武术传播者重新调整传播的策略和方式。往复进行，直到达到目的。我国承办 2008 年北京奥运会时，曾利用国家力量希望把武术推向奥运会，但反馈信息表明，武术在本届奥运会不可能成为正式竞赛项目。所以，国家相关部门及时调整了策略，使武术成了奥运会比赛的特设项目。由此可见，及时反馈传播效果有助于制定正确的传播对策。

武术传播系统是武术系统的子系统，也是整个社会系统中的一个小系统。因此，武术传播系统又受到整个社会系统的制约和影响。众所周知，构成现代社会的要素纷繁芜杂，有政治、经济、文化、社会、科技等多方面的因素，甚至还有国际环境的影响，所以武术传播活动与现代社会及诸要素之间是相互联系、相互影响的，武术传播实践要综合考虑各方面因素才能获得最佳的传播效果。

武术传播基本模式较为详细、科学地分析了武术传播的基本过程。根据这个模式武术传播过程应包括七个主要因素：武术传播者、武术传播内容、武术传播途径、武术传播过程中的阐释、武术传播对象、武术传播效果以及武术国际、国内传播的环境，在此过程中还有传播方式、方法和策略。这是通过对武术传播现象进行系统的分析和梳理得出来的。而在此之前，大部分关于武术传播的研究都是片面随机的，缺乏对武术传播过程的明确认识。武术传播基本模式的建立使我们对武术传播各个要素及其关系的认识更加深化，对武术传播现象的认识变得更加清晰。

武术传播模式还较为明确地界定了武术传播研究的领域，即从七个基本要素入手进行分别或全面的研究，使武术工作的对策研究目标更加明确。比如，技术研究可以归入传播内容中，武术申奥研究需要考虑国际环境、传播策略等方面。此外，武术传播基本模式的构建为武术主管部门的决策提供了简明的决策工具，使武术工作的目标更加明确，有助于武术国内、国际传播工作的有序开展。

（四）武术传播的原则说

武术传播原则是依据已发现的传播规律和一定的传播目的，对武术传播者提出的在传播过程中所必须遵循的指导思想和基本要求。对传播原则的正确把握，可以对现在和未来的武术传播活动的过程和结果产生一定的规范作用、导向作用、定势作用和保证作用。进行武术传播原则的概括要依据传播的规律、目的，吸取和总结传播的经验教训。通过对历史史实与实践逻辑的分析，可以得出武术传播的基本原则。

1. 诚信传播原则

诚信是中国传统伦理中的主要元素，也是武术社会传播的首要原则。对于官方传播者和民间传播者来讲，诚信是非常重要的。官方传播者作为管理武术的政府机构，在竞技武术传播中，要确保竞赛的公平、公正，不断提高传播的权威性，使人们能够对官方传播具有信任感与信服度。民间武术传播者也要注重诚信传播原则，许多武术馆校在广告宣传中传播不切实际的内容，最终失去人们的信任，致使生源减少，难以为继。诚信传播原则是保障武术传播健康、有序进行的法则。

2. 针对性传播原则

针对性原则是从传播效果和传播策略的角度出发，针对不同的传播目的、不同的传播对象制定相应的传播对策。比如，武术进入中小学、进入大学，由于传播对象和目标的不同，需要制定不同的传播对策。竞技武术以进入奥运会为最终目标，那么所有的改革都应该围绕武术入奥进行。散打运动的传播要针对青少年群体，木兰拳传播针对中老年妇女，太极拳传播可以针对所有群体，但是从健身的角度出发，则主要针对中老年人。武术影视传播如果是向奥斯卡进军，则要进行变革，以适应奥斯卡奖项的审美情趣。针对性原则的遵守是取得有效传播效果的关键。

3. 分层传播原则

分层传播原则是武术传播的基本思路。只有分层传播，才能实现武术传播的多元化发展。在实践中，武术传播一定是分层进行的。可以简单地把武术传播分为浅层传播、中层传播和深层传播，这对指导武术工作具有重要价值。例如，武术向普通学校传播，应定位于浅层传播范畴，因为对于没有基础的学生来说，掌握太复杂的技术是不现实的。浅层传播的教育定位就很容易编写教材内容，但是如果是专业院校，教材的编写就要根据需要进行理论深入。又如，师徒传承中，徒弟属于深层传播，一般弟子则属于浅、中层传播。中国武术段位制分初、中、高三层段位，其实也是遵循了分层传播原则，初段位属于浅层传播，突出大众传播的特征，向社会化发展；高段位突出对武术做出的贡献，属于武术专家、武术家的范畴；中段位则介于两者之间，属于中层传播。分层传播原则可以适用于不同的武术传播活动，需要在实践中灵活应用，以利于工作的开展。

4. 渐进传播原则

武术属于文化，文化的传播是分层的，也是循序渐进的，这是文化传播的规律。武术传播要循序渐进，不能急功近利。比如，武术进入中小学、大学，成为教育领域的内容，是一个漫长的过程。武术传播在世界各地也是一样的，以竞技武术为例，进入奥运会需要时间，因为武术作为外来文化，需要逐渐被国外社会认识。渐进传播原则同样适用于教与学之间的具体传播，如师徒之间、师生之间，都需要一个渐进的传播过程。"太极十年不出门"便是最好的例证。

5. 古已有之原则

文化是延续的，所以武术文化传播是历史悠久、传承有序的，这是武术（主要是指传统武术）都在默默遵循的原则。葛兆光研究思想史时发现："人们从一开始就相信，古已有之的事情才具有合理性与合法性。于是，思想者常常要寻找历史的证据。"武术传播也一样，学拳者往往要追寻所学拳种流派的根源，以理清自己的脉络，并在师承中找到自己的位置。竞技武术由于逐渐体育化，难以寻根，不过其内容的标准化使其并不需要传承。传承有序、历史悠久是传统拳种流派的文化底蕴，少林寺就是以其 1 500 年的历史来传播少林拳，并形成了少林功夫的文化空间。"古已有之"的武术是文化传承的脉络寻根，是历史感与神秘感融合的传播魅力。因此，即使是非常体育化、现代化的散打项目，在传播中也使用"中国武术、历史悠久、源远流长"之说。各个拳种流派的传播之始，也首先传播该拳种的发展历史。中国武术是古已有之的，所以中国武术是中国传统文化的全息影像。

6. 文化传承原则

文化只有在发展延续中方能增值。武术文化在传播中一定要遵循文化传承原则。民间传统武术在传承中往往遵循以道德为先的原则，注重传承人的悟性，并注重拜师程式，这是一个完整的文化空间。文化空间的完整性决定了武术文化的传承可以走多远。以竞技武术为例，由于其传播过程主要在院校进行，实行集体授课，没有师承，不注重道德培养，从文化空间的角度看就存在不完整性。在当今中国，人们越来越不注重文化仪式，其实有些仪式也是文化生命力的体现。跆拳道与武术相比，除了注重礼仪外，其传播内容在任何方面都不能与武术相提并论，然而恰恰是其注重礼仪、注重文化的特点，才赢得了中国青少年的喜爱。武术传播过程中一定要注重文化传承，这是必须遵守的原则。

（五）武术传播的整体说

1. 武术传播的整体传承论

整体论是一个使用广泛的概念，它的基本含义仍然是亚里士多德提出的"整体大于其部分之和"的观点，它概括了 20 世纪科学革命和哲学发展的成果，与现代有机论、系统论、突现论等新学说相互渗透。人们通常把系统等同于整体，但实际上系统只是整体的一种描述方式。其实，人们真正关注的不是系统而是整体，人们着眼于系统的目的和实质在于整体。系统的整体思维，其精髓是它的整体性，系统其实是整体的一种表达方式，也就是说，从系统的观念看，万事万物的整体性可以通过系统的术语和手段表达出来。

物理学家玻姆曾经指出，在人类文明早期，人们的观念实质上是整体的而不是破碎的。但在文明高度发达的今天，一个不争的事实是基于分析与还原的非整体论思维方式及其知识体系呈现出了一个破碎的世界，而这原本为了方便地认识世界而对世界进行的划分，这使人们对世界的认识出现了难以弥合的裂缝，使人类无法获得整体性的知识体系，进而导致环境、社会乃至文明的分裂性危急。

中国武术在国内外传播中所形成的非整体性传播，已经使武术的内涵在传播过程中被曲解。以部分传播整体，又以整体诠释部分，使国外乃至国内大众也难以窥见武术文化的全貌。武术内容丰富、流派众多，每一个分支在传播过程中都冠以中国武术之名，使人们对武术的认识永远是模糊的，分不清到底何为武术。武术的个别项目在传播时均形容为"博大精深"，却使国外受众对武术的认知十分模糊，使部分与整体之间出现混乱，以至于形成了"太极拳是太极拳、武术是武术"的观点。

武术非整体传播的另一后果是发展部分武术的分支而忽视整体武术文化，忽视对占有绝大多数比例的武术拳种流派的发展，缺乏对武术本身文化特质的关注，使武术的未来发展受到了限制。

面对由非整体论思维方式所导致的危机，整体论在原则上应该是解困的良方。武术的整体论要求对武术的整体文化进行全面的传播，而不是仅仅传播其部分内容。既要关注武术技术，如武术拳械技术、功法，同时要关注武德、武术哲学、武术美学等武术文化，以及武术的"文化空间"。

对武术整体传承论的认识是武术可持续发展的内在要求。注重部分的失败必将导致武术根基的消失。只有着眼整体，才能着眼未来。十分推崇中国文化的李约瑟指出，在提倡整体论科学的同时，应认真思考由帕斯卡提出的原则：不认识整体就不可能认识部分，同样地，不特别地认识各个部分，也不可能认识整体。

2. 武术传播的和谐共生论

"共生"首先出现在生物领域，至今已经有一个多世纪的历史。第一个提出"共生"概念的是德国医生、著名真菌学奠基人 Debary（1831—1888 年），他在 1879 年明确提出，共生是不同生物密切生活在一起（living together）。1970 年，美国生物学家玛格里斯（Margulis）提出了"细胞共生学"，"共生学说"由此盛极一时。"共生"这个概念也随着认识的深化而不断发展变化。在现代生态学中，广义的共生是指地球的生态系统——生物圈中，物质和能量在生产者、消耗者、分解者之间的循环转化；狭义的共生是指生物之间的组合状况和利害程度的关系。

"共生"理论同样适用于武术文化。竞技武术与传统武术的发展要"和谐共生"，才能健康、可持续发展，这就是武术传播的和谐共生论。胡守均教授认为，科学文化和人文文化同处于社会之中，两者之间势必相互影响。他指出，科学文化的生产者生活在一定的人文文化背景之中，于是人文文化便通过各种渠道，诸如政治观念、经济意识、思维方式、审美情趣、价值观等影响科学文化的生产；同样，人文文化的生产者也生活在一定的科学文化背景之中，也通过各种渠道影响人文文化的生产。对此，他进一步提出了科学影响人文的机制是"类比—借用"与"联想—借鉴"。他认为，人们可以凭借"类比"，将科学借用于人文领域，也可以凭借"联想"，自由借鉴任何科学，创造人文文化。由于"类比"与"联想"皆非严密的逻辑演绎，因此科学的人文文化释义绝不是一元的，而是多元的，即不同的人文文化生产者，由于知识结构价值观及视角的差异，对科学做出了不同的人文解释。"共生"一词自诞生后，就为世界各国人文文化研究者所关注。例如，美国芝加哥经验社会学派借用生态学创立了人文区位学，中国著名社会学家费孝通提出了"共生与契洽"等。共生的文化解释是多元的，共生的人文文化解释的标准是与社会的实际结合度。武术的和谐共生论，为武术界争论的发展竞技武术还是传统武术的论调提供了一个新的理论依据，避免了全盘西化与保持传统之争，指出和谐共生才是武术发展的正道。费孝通先生提出："各美其美、美人之美、美美与共、天下大同。""各美其美"是指每个人、每个民族、每个国家、每个文化系统都有自己的美点。从武术的角度讲，竞技武术、传统武术也要各美其美。"美美与共"是指我之美，你之美，他之美，大家融合在一起，美美交融，而不是相互冲突。竞技武术从一开始就与传统武术有纠缠不清的纷争，其实处理得当，也可以"美美与共"。

（六）武术传播的把关人说

武术传播的把关人就是武术传播者。凡是直接传播武术或是对传播武术具有指导和管理作用的个人和组织都是武术传播者。传播者是传播过程的首要要素，是传播活动的发起人，对武术传播过程尤其是传播的内容起主导作用。本部分主要论述武术传播者的类型、特征、权力和责任，并突出传播者对整个武术传播过程和传播效果的作用。

1.武术传播者的类型

（1）按照是否属于政府部门为标准，可以把武术传播者分为官方武术传播者和民间武术传播者。目前官方武术传播者主要是国家体育总局武术运动管理中心及各个省市的武术管理中心。官方武术传播者代表国家和政府传播武术，对整个武术在国内外的发展起主导作用，如中华人民共和国成立后编创的竞技武术就是官方武术传播者大力推广的武术内容。民间武术传播者是自发形成的，以传播武术、选择传人、使武术拳种得以传播下去为目的，如民间拳师；或者从经济利益出发，如武术馆校，通过传播武术获得经济利益为目的；还有爱好武术，以协会或研究会的形式存在，以研究和传播武术为目的的传播者。官方传播者和民间传播者有很大的不同，官方传播者主要倡导武术中的竞技内容，并以国家和政府的名义在国内外推广；民间传播者在官方传播者的引导下进行，同时传播非竞技武术。

（2）按照传播者是否从属于组织，可以把传播者分为个人传播者和组织传播者。个人传播者广泛存在于中国的民间，他们以收徒和收学生的形式向国内外传播武术。以组织的形式传播武术，具有规模大、覆盖面广的特点，如武术协会、研究会等武术组织遍布世界各地。一般情况下，城市多以组织的形式传播武术，乡村多以个人的形式传播武术。

官方武术传播者与民间武术传播者在传播的内容、途径、方式等方面都有所不同。组织传播与个人传播在传播方式上也存在很大差异。对传播者进行分类，有助于为不同的武术传播者进行定位，并提供有针对性的传播对策，对武术的未来发展也是十分有利的。

2.武术传播者的特征

武术传播者是武术传播活动进行的首要条件。传播者的特征表现为拥有武术技术或具有主导武术发展的能力。拥有武术技术是进行武术传播的先决条件，管理武术、传播武术、主导武术发展的组织管理机构也是武术传播者，如民间武术拳师、国家和地方的武术主管部门等都是武术传播者。武术杂志、电影、图书等媒体的工作人员也属于武术传播者。

3.武术传播者的权力

武术传播者的权力充分体现在"把关"的权力上，这符合传播学的把关人理论，而"把关"主要体现在对传播内容的把关上。在师徒传承中，师傅有权决定对弟子传什么内容和不传什么内容。在官方传播武术时，武术主管部门有权决定传播什么项目和不传什么项目，发展某项拳种和不发展某项拳种，如对散打、太极推手、短兵等试点都是由武术主管部门决定的。武术杂志有权力决定登载什么文章和不登载什么文章。武术影视的导演和制片人有权对影视中的武术内容进行取舍等。以上都体现了武术传播者"把关人"的角色和权力。武术传播者的"把关人"权力的认知，可以使传播者产生责任感，以便在进行传播实践中多考虑武术的长远发展、可持续发展。

4.武术传播者的责任

武术传播者的责任表现为使武术技术与武术文化代代相传。武术是中国传统文化中的一个子项，蕴含着其中的主要内容。这一独具特色的民族项目历经千百年劳动人民的智慧加工，成为现在丰富多彩、博大精深的文化瑰宝。武术之所以被称为文化，其原因之一就是在世界上任何民族、任何国家中都没有形成这样一个多姿多彩的融文化、艺术、体育于一体的项目。而这一项目又有如此深厚的底蕴，涵盖了哲学、伦理、兵法、美学、舞蹈、戏剧等方面的内容和要素，且如此绚丽多彩、生命力旺盛，虽历经多朝统治阶级的严禁，却依然繁荣于中国民间，以德艺一体的形态传承了数千年。现代的武术传播者仍然担负着对武术的整体文化进行继承与传播的重任，尤其是对武术中的精华内容要保护、传承下去。官方传播者一方面要把"体育化的竞技武术"传播到世界各地，同时要对100多个武术拳种流派进行保存、保护、传承，这是中国武术真正的精髓。作为武术的个人传播者，应在现代传播理念的指导下，去除武术中的糟粕部分，把有利于武术发展的思想和内容传播下来，并确保技术的完整保留，尤其是各个拳种流派的特色内容与精华部分。武术传播者要在保障武术文化传承的基础上，把武术文化传播到世界各地，以造福于人类，这就是武术传播者的责任。

5. 武术传播者进行成功传播的主体因素

武术传播者的主体因素，对传播效果起主要作用，具体可以分为权威性、可信性和熟知性。

权威性是指传播者具有使传播对象相信、听从的力量、威望和地位的特质。权威性越大，传播影响就越大。首先，它表现在权力和地位上，如国家体育总局武术运动管理中心就具有权威性。当然，权威性不仅体现在行政权力方面，还体现在专业性上，如个人传播者在资历和威望上的权威性，有社会影响力的武术名家在其影响范围内能够更加有效地传播武术，具有专业特长的武术习练者往往更容易传播本项目的武术，如专门从事形意拳的人在传授形意拳时比不专业的人更有说服力。

可信性也是武术传播者所必须具备的。它建立在一个对传播者的长期认识基础上。无论是官方传播者还是民间传播者，无论是组织传播者还是个人传播者，对传播对象来说，可信度高的就容易被接受。这就是现在有些武术馆校越办越好，而有些武术馆校却在走下坡路的根本原因。青少年在武术馆校不能实现"文武双全"的教育效果是使家长放弃让孩子学武的重要原因，这个问题解决不好，只靠虚假广告传播是不能持久的。可见，传播者必须遵守诚信的传播原则。

熟知性与其说是主体因素，不如说是一个传播技巧。通过各种方式、方法使广大武术爱好者能够知道什么是成功传播的重要因素。为人所熟知的武术学校，会有越来越多的人去求学。2007 年，河南最大的武术学校人数已经超过 2 万人，而有的武术学校只有几十个人。一些武术馆校为了提高人们的熟知程度，在各类武术比赛时购买冠名权。需要指出的是，熟知是建立在真实、实力的基础之上的。无论是个人传播者还是组织传播者，使传播对象熟知对形成良好的传播效果是十分重要的。

6. 武术传播者的借"名"传播策略

通过研究武术发展的历史不难发现，借用"名"事物进行传播是一个常用的传播策略。历史上，武术界的各门各派都喜欢在本门树立一个武林高手，以此来促进本门的传播。或者，假借一个历史名人作为本门拳术的创始人，如张三丰是武当拳的创始人、达摩是少林拳的创始人、赵匡胤是红拳的创始人等，都是借着"名"人来传播武术的。还有借着"名"拳来传播的，如少林拳出名之后，许多拳种都附和到少林拳系中去，遍布全国的以"少林"作为武术馆校名称中的词语无不是借"少林"之名。现在，武术界经常引用邓小平同志的"太极拳好"题词，也是借用名人的传播效应。以"名"传播是一个普遍存在的现象，恰当地借"名"

来传播武术是一个重要的传播策略。

7.武术传播者的典型代表——武术名家

武术习练者遍布全球，其中的武术名人、专家均可称为武术名家。武术名家是客观存在的，并对所属区域的武术传播起着主导作用。充分发挥这些武术名家的作用，能够取得良好的传播效果。发挥武术名家的作用，需要由主管部门进行引导，可建立网络，让他们为传播武术做贡献。

第四节　民间武术教育传播的功能与文化定位

武术是中华民族传统文化、艺术、体育的融合体。武术教育传播又是武术面向社会的最广泛、最有社会价值的传播，因此对武术教育传播的功能必须有准确的文化定位，这有助于武术教育活动的开展与武术教育政策的制定。

在现实中，武术教育仍具有一定的盲目性，有的人明知自己从事的是传统文化的体育，但仍然以一般体育项目要求自己。比如，高等院校武术专业开设双语教学课就是一个误区，学生对武术传统的掌握尚未明了，却要求教师以英语来传授，加大了学生学习武术的难度。香港的大学国际化程度很高，都采用英语教学，但对传统文化专业却是例外的，因为中文和外文的许多词汇根本就不能对译。使用英语教授武术对教师和学生都造成了教学困难。比如，形意拳中的"龙形搜骨""猫洗脸""金鸡食米"等，看似简单，翻译成英语就很难切入语义。武术教育需要国际化，但是武术的国际化不是面向体育的西方化，也不是英语化，不能一味地照搬国外标准，要从自身的特点和实际情况出发。因此，研究武术教育的文化定位问题，关系到武术的长远发展。

一、武术教育的学科定位：人文学科

武术教育是武术文化与现代教育的结合。武术是具备文化、艺术、体育属性的文化体，武术进入教育领域后，其文化定位应符合武术自身的特质。武术定位于体育，则为体育的一个运动项目，武术教育属于体育教育。武术定位于文化，则从武术所具有的文、史、哲出发，武术教育侧重于人文学科教育。

人文文化是关于精神世界、主观世界的，是内向地认识自己及生活的，是关于满足终极关怀的。所以，人文知识不一定是一元的，往往是多元的；人文思维不一定是系统逻辑的，往往是形象、灵感、知觉和顿悟的；人文文化不一定是严格实证的，往往是体验的。人文文化是以"人"为本的。武术文化的教育要符合人文文化的这些特点。

武术归入人文学科，学校武术的内容就要注重"文化品位"。要将武术教育的过程，成为解读文化经典的过程，不能仅仅停留在健身、娱乐、休闲化的体育层面。大众化的武术教育，如普及化的大中小学武术教育，要介于体育与文化之间。这犹如中央电视台《百家讲坛》中易中天和于丹的《品三国》与《论语心得》。其内容不是原著的《三国演义》《论语》，但也不是学术专论，而是介于两者之间。尽管有学者称，易中天之书内容太浅，在专业学者看来就如白开水一样，但不能否认其有一定的学术基础存在。武术的普及教育就要如此，比体育高，但还不能到达高深学问的层面，要使武术教育成为文化、艺术、体育的多元教育。

二、武术教育的价值定位：文化传承与艺术审美

教育是文化传承的主要方式，武术教育的价值定位为文化传承与审美。此武术是指武术传统与武术文化，而非体育化的竞技武术。竞技武术只是体育项目中的一项，其武术特异性只是停留在名称上而已。欧美国家的人到中国高等院校中只学武术，是因为武术的民族性与文化性特征吸引了他们。因此，武术文化传承与审美的教育价值的实现，要求学校在武术的内容设置上保证武术文化的整体传承，并且远离竞技武术的术语与内容，以成熟的传统武术项目实现整体文化介入。

中科院院士、中国高等教育学会副会长、教育部高等学校文化素质教育指导委员会主任杨叔子院士说，人文文化是一个民族的身份。没有先进的科学技术，我们就会被打垮；而没有人文精神、民族传统，一个国家、一个民族会不打自垮。他指出，文化教育的文化一般包括知识、思维、方法、原则、精神等方面。其中，知识是基础，它是文化的载体；思维是关键，它是"人为万物之灵"的灵魂；方法是根本，只有经由方法，才可能将由思维激活了的知识付诸时间；原则是精髓，它贯穿并指导着知识、思维与方法；而精神最为重要，它融入了知识、思维、方法与原则，成为它们的灵魂。精神是一种境界，是"德"，是一种追求，追其更真、更善、更美、更新。知识越高深、渊博，思维越精邃、巧妙；方法越可行、有效，原则越明确、坚定；精神越向上、越高尚，文化就越先进、越精湛。因此，由文化教育出来的人才，其素质、层次就越高越优，其品味、格调越醇美、越高，其作用就越大、越好。武术教育也一样，在传承武术文化知识的过程中，应传授中国传统文化的思维方式、方法、原则，形成对武术精神的崇高追求。

武术在民国时被称为"国术"，国术进入学校教育，可谓之"国学"。武术教育与近年来重新兴起的国学教育具有一致性。国学运动在中国的方兴未艾，是中

国文化教育回归传统的实例。但需要指出的是，今天的国学与"五四"之前的国学完全不一样了。它们只是文化经典，只具有单纯丰富的文化艺术的教育和审美功能。对于文化遗产，需要继承学习，这也是武术教育的使命。

在今天，武术教育首先是民族文化的熏陶和教育，然后是民族文化的学习和积累。武术文化的经典是民族文化的精华，对培育、提升一个人的心灵和精神境界有巨大的影响。只有站在这些文化的肩膀上，继承和学习自己民族的传统文化，置身于历史文化的传统之中，才能感受其魅力和价值。传统文化对一个国家未来的价值意义不言而喻，在大中小学中开展武术文化教育亦具有重要的现实意义。

英国思想家、教育理论家怀特海说："教育的全部目的在于产生活的智慧。"他指出，富有想象力的传授知识和学习是寻求智慧的唯一途径。他认为，想象地传授知识实际上就是培育学生对观念之力、观念之美、观念之结构的亲近感，使学生把它们与具体的知识联系起来。能够欣赏观念的结构是一个人真正开化的表现。武术教育，即思想教育、文化教育，这是武术教育的价值所在。

三、武术教育的功能定位：道德教育与大众教育

武术教育，尤其是普及性的大中小学的武术教育，其定位应为道德教育与大众教育。"拳以德立"，武德是武术文化中重要的文化现象。爱国主义、厚德载物、尊师重道、见义勇为等文化基因在武术中都有深刻体现。

武术中的武德主要受到了孔子的影响。在一定意义上，学孔子，就是学做人。所谓"半部《论语》治天下"，其实讲的就是如何做人。学武要求"未曾学艺先学礼、未曾习武先习德"，武德教育是进入武林的基石。武德教育的价值还在于培养道德楷模的作用。一个伟大的民族，应该拥有自己的精神、思想与道德的英雄，这是这个民族历史积淀下来的宝贵财富。武术教育也一样，要通过教育让学生更多地知道精通武术的岳飞、关羽、霍元甲，而不是体育名人乔丹、贝利、马拉多纳。在教育传承武术技术文化的同时，对武术蕴含的传统文化的传承也有着重要的意义。其中，道德教育尤为重要。道德教育是人格教育，其无形的力量是无法估量的。爱因斯坦在给居里夫人近600字的悼词中，只用了30多字谈到居里夫人的科学功绩，其他都用来赞扬她的品德力量。由此可见，居里夫人更多是以她崇高的道德品质赢得了世人的敬仰。

武术教育的功能应以大众教育为主，非此便难以发挥其文化教育的作用。中国社会在向现代化转型的过程中，许多优秀的民族传统文化正在消失。随着外来文化的渗透，越来越多的中国孩子热衷于外来文化，他们吃的是洋快餐，看的是日韩动画片，越来越远离自己的传统文化，甚至对本国的传统文化产生了冷漠感。

今天的青少年很少了解自己的传统文化，用方块字传承的中华民族几千年的文化史正面临"断链"的危险。《新读写》杂志先后在一些高校对大学生进行随机抽样调查，发现青年学生对传统文化的认识存在较大的差异。传统文化目前只是以成语、引语一类破碎形式残存在人们的话语里，或以戏说的形式展现在历史小说之中。不少青年人不知道元宵节在正月，也不知道端午节是纪念爱国诗人屈原的。在青年人心目中，传统节日如春节、元宵节、端午节，不如国外的情人节、圣诞节；传统食品汤圆、粽子、水饺不如肯德基、麦当劳。美籍华人陈香梅女士说，一些外国人认为"大红灯笼高高挂"就是中华传统文化还情有可原，一些中国孩子也这样认为就很可悲了。进行武术教育，弘扬中华文化，激发人们的爱国主义情怀，恰是一条可行的发展之路。

武术的道德与大众教育能够为建立社会主义和谐价值体系服务。武德以孔子的"仁"为基础。以"仁"为核心的"孔学"，其实就是"和谐"之学，它所追求的是"身心和谐""人我和谐""物我和谐""天人和谐"与"世界和谐"。孔子还建立了以"和而不同"为核心的"和为贵"思想体系。"和而不同"是事物存在的两种状态。只有"和"才能营造新天地，达到新境界。"不同"即差别、矛盾。武术道德追求上的"泛和谐价值观"与武艺追求上的"天人合一"观为当今"和谐"理念提供了依据。

中共中央十六届六中全会通过的《中共中央关于构建社会主义和谐社会若干重大问题的决定》，对当前和今后一个时期构建社会主义和谐社会做出了部署，并把建设社会主义核心价值体系放在了重要的战略位置，指出"社会主义核心价值体系是建设和谐文化的根本"。建设社会主义核心价值体系，无疑是构建社会主义和谐社会的必然要求和重要组成部分。和谐社会作为一个理想社会，之所以符合历史潮流，是因为人与人之间的和平相处始终是人类文化的核心。针对20世纪人类社会经历的种种问题，如战争、灾害、贫困、环境污染等，世界各国领袖和社会精英为人类在21世纪建设一个美好社会已经进行了不懈的探索。武术教育在道德与实践中所追求的"和谐"目标，可以为和谐社会价值体系服务。

武德教育是心灵教育。心灵的东西非常重要，也最容易为人们所忽视的，维系一个民族长期发展和存在的往往是人们内心的价值积淀。费孝通先生曾经说过："由于文化的隔阂而引起的矛盾会威胁人们的共同生存。"文化是人们的价值体制和行为模式。文化隔阂的消除需要人们之间的沟通与认识的统一。人是社会的存在物，人要在社会中生活，就必须遵循社会组织为维持一定的社会秩序而建立的各种社会规范。人类社会和谐就必须有共同的价值目标和行为规范，并要求全体社会成员共同维护和遵守，这就要求人们做出正确的道德选择。在学校中建立武德教育体系，有助于形成统一的价值体系。人类发展的历史证明，统一社会虽然可以有多个层面、多元并存的思想价值体系，但国家层面的指导思想、理想信念、意识形态应当是共同的、一元的。共同的理想和追求、共同的文化和情感是中华民族历尽磨难而生生不息的强大精神支柱。

四、武术教育的政策定位：文化自觉与国家力量

教育是什么？蔡元培说："教育是帮助被教育的人，给他们能发展自己的能力，完成他的人格，于人类文化上能尽一分子的责任，不是把被教育的人，造成一种特别的器具。"传统文化的教育功能已逐渐被国家和社会所认识，武术教育的价值也已经被国家认识到。2004年，中宣部、教育部、国家体育总局联合发文在中小学增加武术课就是"文化自觉"的体现。

武术教育需要依靠国家力量。上海市对传统文化的教育已做出了表率，政府为民族教育买单。据报道，上海市中小学生可在所在学校或教育部门指定的培训机构免费享受政府买单的体现民族特色、反映民族精神的10大类培训，这些培训项目包括国画、书法、民乐等。据悉，政府计划每年培训300名学生，所有培训项目根据市县特点、条件，分别由市、区教育部门或学校举办。上海市教委有关人士说，举办这样的培训旨在在不增加学生负担的情况下，弘扬民族精神，提高学生素质，使学生受到培训后终身受益。

武术教育不同于体育教育，所以不能和义务教育一样，由国家强制教育。武术教育者也要做一个自觉而清醒的教育者，对武术教育怀有责任感、荣誉感，对武术文化的整体和价值要有深入的认识。

武术教育是武术文化传承的重要方式之一。但需要说明的是，武术要真正继承和发展，师承是关键。武术需要时间和悟性，学校教育显然存在时间不足的问题，至于悟性，即使有，也会因为武术的体育性被其他体育项目冲淡。武术属于文化，高于体育，在传统武术日渐流失的今天，武术文化要整体传承可结合民族传统体育学学科发展的现状，由高等院校民族传统体育学专业继承武术。百年大计，教育为本。武术教育作为武术文化传播的重要途径，是中国武术的百年大计，对武术的未来发展至关重要。然而，当代武术教育的属性仍然停留在体育教育的基础上。对武术教育的文化定位关系到武术发展的未来。从文化的层面看，武术教育的学科定位为人文学科；武术教育的价值定位为文化传承与艺术审美；武术教育的功能定位为道德教育与大众教育；武术教育的政策定位为文化自觉与国家力量。

第五节　民间武术传承的文化空间与保护

中国武术历经数千年的传承，在现代社会逐渐衍生为"竞技武术"和"传统武术"两大体系。"竞技武术"作为官方传播为主的主流现代武术，其实不存在传承问题。"传统武术"作为本土化的、文化的武术，或者说与竞技武术相对应的"非竞技武术"，在不断增多的所谓"传统武术"赛事下，其概念已逐渐异化，已经不是"源流有序、拳理明晰、风格独特、自称体系"的"中国拳"的代名词。从概念上讲"竞技武术"对应的是"非竞技武术"，但学校体育教学中的武术也是非竞技的，因此"传统武术"所涵盖的内容是不全面的。"传统武术"对应的是"现代武术"，而非竞技武术。以此类推，目前使用较多的"健身武术"又从功能的角度对应"技击武术""娱乐武术"等，也不具有科学性。因为"传统武术"在竞技武术比赛中有设项，"民间武术"中也有非传统的武术项目，只有"民间传统武术"能够反映中国流传千年的武术拳种流派。

"竞技武术"不需要传承，因为竞技武术只是武术体育功能扩大化的表现形式，是体育化的武术。目前竞技武术的发展十分迅速，已成为除奥运会以外大多数体育赛事的项目。"民间传统武术"需要传承，在现代社会，以"口传身授"为传承特征的"民间传统武术"越来越边缘化，并逐渐淡出人们的视线，成为"逝去的武林"。"少林功夫"不遗余力地申报"人类口头与非物质文化遗产"以引起人们的关注，就是一个很好的明证。

文化需要传承，传承方能延续。作为中国武术文化的精粹代表，"民间传统武术"是中国武术的根基，其传承意味着武术文化的血脉相传，是武术界最大的事。原文化部部长孙家正曾经给《人民日报》撰文《我们不能忘了"回家的路"》，告诫人们"只有清晰地知道我们从何处来，才能以更坚实的步伐和自信向未来走去"。

武术是艺术，更是文化。武术文化的传承是整体的、全面的。单纯的技术传承只是武术整体的一部分。在中国传统文化艺术项目的传承与保护研究中，大多数学者都以"教育"为传承的首选，以进入学校作为传承的重要途径。戏曲、武术等项目都在不遗余力地进行该工作，并取得了一定的进展。但文化艺术类项目进入学校只是重于"传播"而非"传承"。单从技术的角度讲，通过学校的教育一定是培养不出"传人"的，武术技术的整体传承一定要"师徒传承""口传身授"，经年累月，才能保证武术源远流长。在此方面，武术更等同于"中医"。"文化空间"的提出使人们对武术文化整体传承的认识迈出了新的一步。

一、文化空间释义

文化空间是非物质文化遗产中的用语，因此文化空间的释义必须以非物质文化遗产为基础。1998 年，联合国教科文组织的《宣布人类口头和非物质遗产代表作条例》中，明确将人类口头和非物质文化遗产划分为两大类：一是各种"民间传统文化表现形式"，包括语言、文学、音乐、舞蹈、游戏、神话、礼仪、习惯、手工艺、建筑术及其他艺术、传统形式的传播和信息等传统民间文化表现形式。二是文化空间。2003 年，联合国教科文组织第 32 届大会上正式通过《保护非物质文化遗产公约》。它总结并概括了此前有关传统民间创作和口头与非物质遗产的研究成果，并对"人类非物质文化遗产"做了新的分类，这便是目前在各国广泛使用的五大类分类方法：一是口头传统和表现形式，包括作为非物质文化遗产媒介的语言；二是表演艺术；三是社会实践、仪式、节庆活动；四是有关自然界和宇宙的知识和实践；五是传统手工艺。该公约对"非物质文化遗产"的定义进行了概括："非物质文化遗产指被各社区、群体，有时为个人，视为其文化遗产组成部分的各种社会实践、观念表述、表现形式、知识、技能及相关的工具、实物、手工艺和文化场所。"需要说明的是，"文化场所（ the culture space ）"是"文化空间"的不同译法。在后来一些非物质文化遗产的国际文件译本中，"文化空间"被逐渐确定下来。值得注意的是，"文化空间"作为一种特定的非物质文化遗产现象，并没有出现在上面列出的五大类分类内容中。但 2001 年联合国教科文组织公布的第一批 19 项人类口头和非物质遗产代表作中便有 5 项属于"文化空间"的现象，分别是多米尼加共和国的圣灵兄弟会文化空间、几内亚的索索·巴拉文化空间、摩洛哥的吉马广场文化空间、俄罗斯的塞梅斯基文化空间和口头文化、乌兹别克斯坦的博逊地区的文化空间。2003 年和 2005 年公布的第二、第三批人类口头和非物质文化遗产代表作名录中也有属于文化空间的项目，爱沙尼亚的基努文化空间、哥伦比亚的帕兰克－德－圣巴西里奥的文化空间、约旦的佩特拉和维地拉姆的贝都人文化空间等。我国国务院办公厅《关于加强我国非物质文化遗产保护工作的意见》之附件《国家级非物质文化遗产代表作申报评定暂行办法》第 3 条关于非物质文化遗产分类界定中明确列举了联合国公约中五大类以外的第六类即"与上述表现形式相关的文化空间"，把"文化空间"作为非物质文化遗产的一个基本类别，并定义为"定期举行传统文化活动或集中展现传统文化表现形式的场所，兼具空间性和时间性"。

二、武术传承的文化空间

从文化空间的定义可以看出，文化空间是指有价值的文化空间或时间，是有价值的传统文化活动、民间文化活动得以举行的空间或时间，这些活动都有规律的、约定俗成的文化活动场所。由于文化空间是新的概念与认识，在我国的文化保护中还没有被重视研究，许多有价值的文化空间项目处于濒危失传的状况。例如，图腾崇拜的活动、仪式，通过装扮图腾神，以驱逐瘟疫、鬼怪，表达了人们祈求平安的愿望，这些活动对人类学、民间文艺学、民俗学、社会学等学科有重要的研究价值。

武术作为中国传统文化的特色代表项目之一，许多有价值的文化空间需要保护。例如，少林功夫作为武术的代表项目之一，其1 500年的历史，加之嵩山少林寺这一特定的佛教文化环境与僧人习武就是一个别具特色的"文化空间"。对这一文化空间进行整体保护比仅仅对少林武术进行技术保护更加全面，更加符合非物质文化遗产的现象与实际。以此类推，武当武术、洪洞通背拳、山西形意拳等都可以作为文化空间进行保护。

整体传承是文化传承的要求，也是武术传承的要求，即要求保护武术文化的全部内容和形式。由此，武术的"师徒传承"与"口传身授"也可以作为武术传承的文化空间认识。"师徒传承"是武术文化空间的重要内容。从"择徒拜师"到"登堂入室"，实践着武术人对武术的追求与对人生的体悟。非此，便难以进入真正的"武林"。武术即人生，人生亦武术。武术界的"师道尊严"与师徒之间的浓浓情义现在看来绝非封建主义，而是"传拳"的必要条件。如前所述，竞技武术没有传承，除了技术具有确定性以外，其传承的文化空间也不完整。学校教育也一样，没有"择徒拜师"的过程，看似学员众多，却不会产生拳种流派的"传人"。形意拳师李仲轩跟尚云祥学拳时，尚云祥开始并不教拳，只是聊天观察，通过查其言、观其行，了解李仲轩的性格品质。"民间传统武术"的择徒、授徒过程，本身就是一个具有特色的武术文化空间。

需要指出的是，以"武术"作为招牌所进行的所有与商业有关的"武术搭台、经贸唱戏"的各类定期举办的活动，尽管看起来好像符合"文化空间"的定义，但由于其缺乏历史的延续性也非濒危项目，因此不能归入"武术文化空间"的范畴。

三、武术文化空间的保护

武术文化空间保护可以从以下几方面着手。

（一）申报联合国"人类口头和非物质文化"遗产

通过"申遗"唤起人们的文化自觉，增加人们的民族自信心和自豪感，从而人们对博大精深的武术文化有全面的认识。

（二）申报国家级非物质文化遗产

2006 年 9 月，国家财政部、文化部印发了关于《国家非物质文化遗产保护专项资金管理暂行办法》的通知（财教〔2006〕71 号），为非物质文化遗产设立了专项基金。武术申报国家非物质文化遗产要以"民间传统武术"作为整体申报，或者首先申报濒危武术项目，通过国家的力量保护武术的文化空间。

（三）保护传人

武术传人是武术文化存在的根基。武术属于技艺性项目，其技术与文化都是无形地、活态地、动态地存在着，任何物质的、静态的保护都不能阻挡武术文化的流逝。只有人与人之间的动态传承才能保障武术文化的存在与发展。因此，对传承人的保护是武术文化空间保护的关键。其实，传承人本身就是武术文化空间的核心内容。

（四）关注"农村武术"

中国的武术在民间，民间的武术又在农村。相比城市而言，农村受到西方文化的冲击较小，武术文化的生存环境好于城市，或者说，武术的文化空间主要存在于农村。

武术内容丰富、风格各异，蕴含着中国传统文化的精粹与经典。武术文化空间的保护需要遵循武术整体传承的原则。

"民间传统武术"是产生于农耕时代、具有传统特质的民间技艺。随着经济全球化趋势和现代化进程的加快，文化生态发生了巨大的变化，中国民间武术的生存环境受到了严重的威胁。冯骥才先生说："我们正处在一个由农耕文明向工业文明转化的时期。在这样一个特殊的时期，我们的文化没有载体了，这是一个很大的问题。人们对外来东西觉得新鲜，把原来的东西都扔掉了。"

具有数千年历史的民间传统武术是中华武术文化真正的根基，其传承问题至关重要，一旦发生武术文化传承的断裂，中国武术在世界艺术、体育中的地位将彻底消失。"武术文化空间"的提出绝不是概念的变化，而是理念的提升。文中所指的武术是指"民间传统武术","文化空间"是非物质文化遗产中的重要概念。"武术传承的文化空间"主要包括两类：一是少林功夫等与传统文化结合的武术项目，二是民间传统武术的师徒传承制度与"口传身授"方式等体制。保护武术文化空间的关键是整体传承武术与保护武术传承人。

第七章　新时期民间武术的传播

第一节　民间武术传播的文化自觉与文化功能

"文化自觉"源自费孝通先生的思想，意指生活在一定文化中的人对其文化有"自知之明"，即明白它的来历、它的形成过程、所具的特色和发展趋向，以加强对文化转型的自主能力，取得决定适应新环境、新时代的文化选择的自主地位。就世界范围而言，文化自觉还包括要理解多种多样的文化，增强在多元文化的世界里确立自己位置的能力，然后经过自主适应，和其他文化一起，建立一个有共同认可的基本秩序，从而形成联手发展的共处原则。

武术传播的"文化自觉"现象大致出现在三个时期。民国时期，武术被称为"国术"，起到了"强国强种"、振奋民族精神的作用，武术的文化价值得到了提升。20 世纪 80 年代，国家体委召开武术工作会议，明确提出："挖掘传统武术，抢救武术文化遗产，是当前的急迫任务。"开展了我国武术史上空前的"普查武术家底、抢救武术文化遗产"的活动，从文化遗产的角度对武术进行了保护，认识到武术文化遗产（传统武术）的重要性，肯定了武术文化的遗产价值，这是第二个时期。2004 年，首届世界传统武术节的盛大举办，这可以看作是武术传播过程中"文化自觉"的第三个时期。其实，对武术文化遗产（传统武术）的保护不是技术层面的保存与传承，更重要的是对中华民族精神、文化血脉的传承，是民族魂的薪火相传。只有在这个层面上，才是对武术文化（传统武术）的理性认识。武术传播所体现的文化功能是多元的。

一、武术文化的传播是一种"软实力"

"软实力"（soft power）一词最先由小约瑟夫·奈（Josephs.Nye jr.）教授于1990年提出。约瑟夫·奈教授是哈佛大学肯尼迪政治学院院长，曾在克林顿执政期间担任国家情报委员会主席和助理国防部部长。他在1990出版的《注定领导：美国力量本质的演变》一书和同年发表在《外交政策》上的一篇文章《软实力》中提出了软实力概念。该概念从被提出开始，甚至在更早的时间，其所包含的内容就被作为国家实力的表现形式，已经成为政治家和学者们的研究对象。

"软实力"是相对于"硬实力"而言的。硬实力主要指军事威胁，而软实力偏重于文化传播。蕴含丰富文化精髓的传统武术的传播，是中国最具特色的民族艺术，是优秀传统文化的代表，是一种"软实力"。通过传统武术的国际传播，可以使中华文化远播海外。资料表明，与中国对外贸易"出超"相比，中国的对外文化传播则是严重的"入超"，存在"文化赤字"。中国对外文化传播的严重赤字和入超，并不是某一个或几个部门的问题，而是我们文化这个软实力本身的文化对外传播能力还不够强大，或者说"软实力"不足。传统武术的传播是中国"软实力"的一部分。2005年8月至2006年1月，作为中国功夫（武术）首次与现代舞、芭蕾、杂技等艺术完美结合的《功夫传奇》在国际演艺市场上演出150场，观众11万人次，票房收入达300万美元。文化部副部长孟晓驷说，中国文化走出去，是时代赋予中华文明和中国新文化的历史责任。因此，传统武术一定要承担历史责任，发挥文化传播的功能。

二、武术文化传播具有教育功能

传统武术的教育功能古已有之。"拳以德立""未曾学艺先学礼"便是武术教育功能的早期体现。民国时期，武术曾一度被称为"国术"，并被列入学校教育的内容，从青少年着手抓起。1914年，著名体育家徐一冰在《整顿全国学校体育上教育部文》中，建议将武术列为高等学校、中学和师范学校的正课。1915年4月，在天津召开的"全国教育联合会"第一次会议上通过了北京体育研究社许禹生提出的《拟请提倡中国旧有武术列为学校必修课》议案。1918年，全国教育联合会在上海召开，提出学校体育应"加授武术"，并指出"提倡武术，以发展国人特殊之运动"。同年10月14日至11月2日，教育部召开全国中等学校校长会议，议决："请全国中学一律添习武术。"1926年，第十一届全国教育联合会议决案中又有《学校体育应特别重视国技案》，指出"查国技为吾国原有之武术，关系体育，至为重要""非惟适于成人之锻炼，实宜于儿童之学习。凡学校均应特别注重，以期保存国粹，促进体育，养成坚实之国民"，反映了民国时期体育界、教育界人士对武术教育价值的肯定与倡导。

1984年在美国洛杉矶举办的第23届奥运会上，中国奥委会向国际奥委会呈上了一部《中国古代体育画册》。该书把中国传统体育分为16大类22个项目，在这22个运动项目中，迄今唯有武术一类被列为学校体育教育的内容。

2004年，中宣部、教育部在《中小学开展弘扬和培育民族精神教育实施纲要》中明确提出："体育课中应适量增加武术等内容。"把武术教育作为开展弘扬和培育民族精神教育的实施途径。

而今，武术的教育功能越来越被人们尤其是武术学人所关注，武术教育已经成为武术专家学者研究的重点。认识武术的教育价值，是武术"文化自觉"的重要体现。

三、武术文化传播具有民族凝聚力功能

有学者曾撰文提出，武术是中国人的存在方式，中国人的武术情结使武术具有很强的民族凝聚力功能。民族凝聚力功能的体现是激发人们的爱国之心和爱国热情，增强民族自豪感和自信心，从而达到振奋民族精神的功能。武术振奋民族精神的价值与作用在调查中也得到了证实。一项对广州地区12所高校517名大学生的调查显示，89%的大学生认为高校广泛开展武术运动能振奋大学生的民族精神。

由此可见，武术文化可以传承和培育民族精神，具有良好的教育价值；武术承载着民族文化的内容和精神，可以起到培育和弘扬民族精神、凝聚海内外中华儿女的作用。

四、中国武术的文化自尊——进入奥运会只是中国武术国际传播的途径之一

武术的"文化自尊"也是"文化自觉"现象的表现，主要体现在武术申请进入奥运会问题上。长期以来，人们围绕武术申奥进行了众多见仁见智的理论与实践探索。绝大部分的观点认为，武术必须进入奥运会才会有发展，并为此付出了不懈的努力。与之相反的一个重要观点是，举办"武术奥林匹克运动会"。其可取之处是指出了进入奥运会并非武术的唯一出路。武术的国际传播并不一定必须进入奥运会，这与人们批评《夜宴》《英雄》等影片冲击奥斯卡事件如出一辙。中西文化的差异与价值观的不同，使东方的事物一旦要西方承认必然要面临重大的"取舍"。所以，如果处理不好，就会出现非东非西的所谓新事物。2006年毕业于

上海体育学院的一位德国籍武术博士在欧洲做了大量的调查后发现，许多武术爱好者认为，武术并不需要进入奥运会。这不能不引起我们的反思。中国的文化一定要西方承认吗？中国的影片变得西方人看懂了而中国人不喜欢看时也算成功了吗？以此类推，中国武术为什么一定要国际奥组委承认呢？中国武术自有它在世界艺术文化、体育文化中的地位和作用，中国武术应依照自身的发展规律去传播、去发展，进入奥运会只能作为武术发展的途径之一，而非全部，这就是中国武术的文化自尊。由此，从"走出传统"到"发现传统"便顺理成章了。

第二节　"走出传统"：民间武术的体育化传播之路

近代以来，面对西方的强势文化，中国文化一直处于"现代"和"传统"之间的对立之中。西方的物质文化和精神文化是现代中国人不可磨灭的主体记忆的一部分。伴随西方文化而来的西方体育对本土的文化体育项目产生了巨大的冲击。其中，最有代表性的武术也发生了前所未有的巨大改变，并开始"走出传统"。竞技（现代）武术便是传统武术体育化的终极产物。多少年来，关于"现代武术"（即竞技武术）与"传统武术"的争论一直没有停止过。

毋庸置疑，具有本土化特征的传统武术，在发展的过程中融入了民族文化精神的内容，使其在全球化时代具有鲜明的特色。为了迎合西方体育而进行的过分的现代化，将使传统武术丧失历史根基和文化品位。一旦发生现代化的失败，将使传统武术的传播出现"断裂"。当我们想重温传统武术所带来的文化艺术享受时，可能传统武术已离开本体很远或已经大部分流失了。

中华人民共和国成立以来的武术传播与发展在总体上围绕"走出传统"的策略，以发展"现代（竞技）武术"。具体来讲，就是围绕奥林匹克模式发展体育化的武术。"走出传统"的现代武术面临的重要问题是"取舍"，尤其是武术内在的"精、气、神"的取舍问题。2006年3月，何振梁先生在接受《文汇报》采访时说，"武术的国际化问题没有解决"，希望搞武术的同志好好研究，在今后的发展中得到解决，使武术真正在国际上发扬光大。

"走出传统"的竞技武术在经过几十年的发展后取得了辉煌的成绩，会员国遍布世界100多个国家和地区。但其文化的缺失使其具有一定的局限性，这种局限注定其只能作为武术发展的一个分支，因为现代武术文化特质流失已使其不能作为中国武术的代表。文化的传播是分层的，文化的流失又是看不见的，是一个由量变到质变的过程。但将20世纪80年代的竞技武术与现在的竞技武术进行技术层面上比较，就会发现其中巨大的变化。中国武术需要具有精粹性与经典性的代表作品，这是武术国际传播的必由之路。因此，中国武术应有一种"文化自觉"。以牺牲文化精神本源和内核为代价的体育化武术可以作为当代体育发展的时尚标识，但绝不是武术发展的全部。

以曾经风靡全国的"商业武术"——"散打王"为例。该项目开创了体育化武术的商业之路，在迎合人们对血腥与暴力的刺激心理的同时，将从长远上失去该项目在社会上的学练群体，经济效益与社会效益严重失调。体育化到商业化是体育发展的过程，而具有完全文化特质的武术是高于体育的。"大众"是一个庞大而松散的群体，对项目本身的长远发展并无判断力。一味地迎合大众，只能获得短期的认可。这如同各个电视台的"选秀"节目，看似热热闹闹，但由于其只是为了迎合部分观众的娱乐心理，不注重节目的文化品位，是注定走不远的。举例来说，德国著名的哲学家哈贝马斯和法国著名思想家德里达都是当今世界排名前十位的重要思想家，他们到北京大学演讲，听者只有一二百人；而金庸到了北大，每一次演讲，现场都是人山人海。可以说，哈贝马斯和德里达的思想，几个世纪之内都将影响人类，而金庸就不好说了。我们不能因为"大众需要什么就给什么"，更不能去刺激生产大众的平面化需要，否则我们在"输出文化"时就会发现我们"两手空空"。当中国武术向国际传播时，我们能传播"散打王"吗？这如果是武术文化的代表，还会有多少人学习武术呢？因此，武术界需要"文化自觉"，需要把握武术的未来走向，而不是依赖社会和市场。现代竞技武术在向体育化迈进的过程中，走向商业化是发展的必然。"文化自觉"使我们理性地"回归传统"，"发现传统"是历史的必然。2004年首届世界武术节的盛大举行可以说开了一个好头。

第三节　"发现传统"：民间武术文化价值的重新解读

"发现传统"是对传统武术真实价值的重新解读，是拂去历史尘埃后对传统武术的重新发现，是对传统武术的文化身份的重新恢复。"发现传统"武术研究和武术实践中探索的客观规律对武术的长远发展有重要的意义。

武术传播从"走出传统"到"发现传统"符合马克思"否定之否定"的事物发展规律。在否定之否定中，人们对传统武术的认识得到了升华。季羡林先生认为，我们不但要奉行"拿来主义"，而且也奉行"送去主义"。我们在"报之以琼瑶"方面一向是毫不吝啬的。我们古代的四大发明都慷慨大方地送出去了，对传播文化、推动人类进步所起的作用是不可估量的。"发现传统"将使武术的"拿来主义"逐渐转变为"送出主义"。

一、"发现传统"有利于武术文化的国际传播

武术国际传播要发挥武术"文化大使"、民族凝聚力的作用，只有"发现传统"，发展武术所蕴含的文化价值，武术的发展才不会是仅仅给奥林匹克贡献的一个项目，而是给全人类贡献的一种文化、一种艺术。

"发现传统"有利于重建武术文化的精神，有利于保持传统，有利于武术的国际传播。2006年3月，俄罗斯总统普京专程前往嵩山少林寺观看僧人的习武表演，并称"我看到了纯正的少林功夫"。"纯正"一词充分肯定了"传统"武术的价值所在。他还盛赞少林寺作为一个寺院能够传承武术是十分可贵的。从传统的少林功夫到所在的少林寺都是传统的，正是这一传统所蕴含的文化吸引了俄罗斯总统普京。他说俄罗斯崇尚中国武功的人很多，并认为少林武僧继承传统对世界人民有益。可以说，少林寺在"吃传统饭"以及以"少林"为名的武术馆校都在"吃传统饭"，甚至国外也有"少林寺"。在纽约法拉盛唐人街上就有一所少林寺，当地人们都将这里看作武林圣地。"传统武术"是武术国际传播的根基。

二、"发现传统"的实例

"发现传统"的实例就是"文化遗产日"的确立与武术列入首批国家级"非物质文化遗产"名录。"发现传统"有利于我们珍惜文化、重铸文化，传播文化。国家也认识到保护文化的重要性和紧迫性，决定从2006年开始，每年六月的第二个星期六为我国的"文化遗产日"，并积极推进对"非物质文化遗产"的保护。在国务院公布的第一批国家级非物质文化遗产中，"少林功夫、武当武术、回族重刀武术、沧州武术、太极拳、邢台梅花拳"六项武术项目位列其中。

传统武术作为非物质文化遗产，是民族精神文化的重要标识，蕴含着民族特有的思维方式、想象力和文化意识，承载着一个国家或族群文化生命的密码。它是人民生命创造力的高度展现，也是体现世界文化多样性，维护国家独立于世界文化之林——文化身份和文化主权的基本依据。

我们一方面庆幸武术得到了国家的保护，另一方面也要反思武术传播的成败。作为一直在申请进入奥运会的项目，在全世界有了广泛群众基础的武术却作为"文化遗产"来保护，传播成功与失败难以评说。但值得肯定的是，国家已经开始"发现传统"，重视传统，第一批国家级非物质文化遗产中，所列的六类武术项目

全部都是"传统武术"。传统武术的"重新发现",对整个武术文化的保护、武术事业的发展具有重大意义。

三、"发现传统"战略的强化

习近平总书记"坚定文化自信,是事关国运兴衰、事关文化安全、事关民族精神独立性的大问题"这一论断,为我们继续做好非遗保护工作和学术研究,推动优秀传统文化的创造性转化和创新性发展,进一步发现问题、筛选问题、研究问题、解决问题指明了方向。2019 年既是《保护非物质文化遗产公约》通过 16 周年、生效 13 周年的一年,也是我国加入《保护非物质文化遗产公约》15 周年的重要年份,在地方、国家和国际层面开展的非遗保护工作也走过 10 多年的历程,为我们讨论和评价《保护非物质文化遗产公约》创建的国际合作机制及其作用和价值提供了实践性总结、反思的可能。具体内容包括建立非物质文化遗产名录体系、绘制国家非物质文化遗产资源分布图、确立非物质文化遗产传承人谱系、制定传承人资助办法;出版《国家非物质文化遗产名录图典》《非物质文化遗产普查图册(分省图册)》;充分利用"文化遗产日",组织开展文化遗产保护系列宣传展示活动。关于濒危文化遗产,"纲要"指出,要采取有效措施,加强对非物质文化遗产的抢救。2005 年 9 月 14 日,"中国非物质文化遗产保护中心成立暨揭牌仪式"在中国艺术研究院举行。该中心是经中央机构编制委员会办公室批准成立的国家级专业机构,承担着全国非物质文化遗产保护的有关具体工作。以上政策的颁布与机构的设置,一方面体现出国家加强了对传统文化的传承与保护,另一方面也为传统武术的继承与发展提供了有力的支撑。

作为 2019 年"文化和自然遗产日"主会场活动之一,2019 年 6 月 8 日,由文化和旅游部、广东省政府主办的"非物质文化遗产保护的中国实践"论坛在广东省广州市城市规划展览中心举行。来自全国 40 多所高校和研究机构的学者、非遗代表性传承人、非遗保护工作者等 200 多人参加了论坛,共同为推动我国非遗保护实践和理论研究搭建合作交流平台。

四、"发现传统"的实践策略

"发现传统"在于强调传统武术的文化性,确切地讲,是武术的"中华性"。"中华性"是武术文化本身不同于西方文化的特质。武术所代表的"中华性"才是武术的生命之根,保护传统武术就是保护武术的"根"。

文化的保护既需要国家宏观制度的保障,还需要针对具体文化项目采取相应的策略。以身体艺术为表现形式的传统武术的传播既要注重技术的传承，还要注重文化的保留，确保传统武术文化的整体传承。

（一）传统武术的"原生态"传播策略

传统武术的"原生态"传播是指传统武术竞赛或者交流活动要体现传统性，完全杜绝使用现代竞技武术的竞赛体系，包括规则、裁判等。竞技武术是完全西化的体育竞赛模式，其评判标准的量化会促使传统武术的快速转型，从而脱离武术文化本身。以艺术和文化为特征的传统武术完全可以采用像书法大赛、歌手大赛那样的形式进行交流比赛。书法大赛可以写不同的字，歌手大赛可以唱不同的歌，传统武术不同拳种流派也可以按照武术的属性分辨出优劣。历史上的拳种流派的代表人物，其技术水平不仅在本流派中处于领先水平，在整个武术界也是出类拔萃的。流派不同，拳种不同，但其机理机制却具有统一性。举办国内、国际的传统武术交流大会一定会百花齐放、百家争鸣，促进武术文化的繁荣与昌盛。

（二）传统武术的"活态"传播策略

提出传统武术的"活态"传播，是针对现实中"非活态"传播现状而言的。20 世纪 80 年代，历时三年的全国武术挖掘整理工作所形成的最终结果是拳谱、录像，从传播学的角度来看，这仅仅属于表层传播。以身体艺术为特征的武术只有通过口传身授才能保障技术与文化的传承，即必须是人与人之间的直接交流。收集文字、录像等均不能保障武术的"活态"传播。

近年来，随着博物馆的不断兴起，建立武术博物馆成为传播武术的一个途径。但博物馆的传播也是"非活态"的，收集文物只能"以实物见证历史"，对于真正的武术传播来讲，其工作只能属于边缘性的。由此，我们认为，武术的传播需要"活态"的、"动态"的，任何"非活态"的传播都不能保障武术文化的不流失。

（三）"传统武术的守望者"制度的建立

"传统武术的守望者"是指默默无闻传承武术，以高度文化责任感保护"活态"武术的民间武术传人。国家主管部门应针对这批人进行全国摸底普查，提供资金支持，建立切实可行的措施。这批人才是中国"真武术"的真正传播者。

（四）传统武术教育功能的确立与传播

武术"高于体育，属于文化"。它在中国传统文化的规范下，形成了强调整体合一、注重道德修养的技术体系和教练原则。它不仅能让习练者通过练习武术学习和理解中国文化中的整体特点、伦理特征和辩证特色，还能将这些有利于人类进步与和平的知识内化为锻炼者的行为准则，取得良好的教育作用。

武术的教育功能是不同于其他体育项目的，也不同于语文、历史、德育教育，它是与文化教育和身体教育相统一的。武术在与中国传统文化的协同发展中，自然地融汇了中国传统哲学、伦理、美学、医学、兵法等传统文化的思想与内容，形成了武术技术与中国传统文化合二为一的武术文化。人们练习武术的过程，也是解读中国传统文化的过程。传统文化中的思想和内容，会在武术练习者的性格、品质中潜移默化，从而诉诸生活实践，使练习者在身体体验的过程中接受中国文化，使人们真正融入中国传统文化之中，感受中国文化的博大精深，从而得到更好的教育效果，更重要的是保障了武术的"活态"传播。

2006年9月颁布的"十一五"文化发展纲要也强调加强传统文化教育，"在社会教育中，广泛开展传习传统技艺等优秀传统文化普及活动"，这为武术教育功能提供了政策依据。武术的教育功能的认识是武术"文化自觉"的重要体现，武术教育将把武术传播到全国乃至世界各地。

当今世界，文化与经济、政治相互交融，在综合国力竞争中的地位和作用日益突出，并越来越成为衡量一个国家综合实力强弱的重要尺度之一。文化实力概念的提出越来越显示出文化传播的重要作用。

中国武术历经数千年的传统化发展之路，又经历了从"走出传统"到"发现传统"的进程，已经迈入了"传播传统"的历史最好时期。在国家发展文化事业、构建和谐社会的优良环境中，中国武术要承接历史责任、传播武术文化，为构建和谐社会服务。同时，在对外文化交流中，中国武术要发挥其构建和谐世界、促进东西方文化交流的重要作用。

第四节　"创新传统"：民间武术的发展方略

一、保护与资助民间武术传人

武术属于无形文化，真正的传承必须是以人为载体的活态、动态传承。编撰《中国武术百科全书》《中国武术拳械录》，建造武术博物馆，只是传承武术的方式，不能确保武术文化的整体继承。根据2006年9月颁布的《国家非物质文化遗产保护专项资金管理暂行办法》，要资助传承人，对濒危的武术拳种流派，制定紧急措施进行抢救保护。

国家非物质文化遗产保护专项基金由中央财政拨款设立，该基金的管理和使用将遵循专款专用的原则，由地方各级文化行政部门和财政部门逐级申报，单位和个人均可向当地文化行政部门和财政部门提出申请。专项资金分为保护项目补助经费和组织管理经费两大类，其中保护项目补助经费是指对国家名录项目及其他名录项目以外的重大项目进行保护、保存、研究、传承等方面所发生的支出。组织管理经费是指为保障非物质文化遗产保护工作正常开展所发生的各项支出，主要包括普查费、宣传出版经费和专家咨询经费。中国每两年批准公布一次国家级非物质文化遗产代表作名录，国家武术主管部门要充分利用国家有关政策做好民间武术的保护与继承工作。

二、发展武术教育

武术高于体育，属于文化。它在中国传统文化的规范下，形成了强调整体合一、注重道德修养的技术体系和教练原则。它不仅能让习练者通过练习武术学习和理解中国文化中的整体特点、伦理特征和辩证特色，还能将这些有利于人类进步与和平的知识内化为锻炼者的行为准则，取得良好的教育作用。一项名为"爱越新蕾计划"的戏剧普及活动值得借鉴。该活动于2006年6月在杭州启动，又称"浙江省民族艺术进校园"活动，目的是在中小学全面推广中国传统戏曲，该民族艺术由昆曲、京剧、越剧及地方剧种组成，以"政府买单"的形式走进浙江的中小学。进入学校的武术教育要具有强制性，不能让学生选择，因为学生对民族文化的竞争没有识别力。要对学生加强民族精神教育，使其明白学习武术比学习跆拳道、空手道更有意义。在可能的情况下，建议国家在世界各地的"孔子学院"开设武术课，通过跨国教育传播武术文化。

三、以农村武术为工作重点

在数千年的农耕时代，农村是最基本的社会单元。由于历史悠久、民族多样、自然条件不同、文化板块众多，形成了南拳北腿、少林武当、外家内家等缤纷灿烂、风格各异的民间武术文化，广大农村至今依然保持着以师徒传承、家族传承为特征的民间传统武术。可以说中国武术文化的根基在农村，风格各异的拳种流派也大多分布在农村。冯骥才先生在考察了山东、山西、河北、安徽、浙江等7个民俗文化集中的省份后，忧心忡忡地说："中华民族的非物质文化遗产基本上在农村。文化的多样性也在农村。它是民族最重要的精神文化财富之一，是民族历史和精神情感之根。但是，现在很多农村的状况是，人们对外来的东西觉得很新鲜，把原来的东西都扔掉了。历史的记忆和传承都没有了。如果这样继续发展，十几年后，我们传统的东西都没有了。"同样让他忧心的还有，很多口传身授的非物质文化种类民间老艺人相继故去，作为文化的携带者，他们同时带走了中国民间艺术传承的希望。因此，要以农村为重点，对民间武术传承人尽快普查、摸底与认定。民间武术的传承与保护，主要靠传承人的口传身授，传承人的消失，就意味着文化的消亡。故而，对传承人的保护是文化传承的关键，要保障代代有传人。

四、数字化传承民间武术

对国家体委 20 世纪 80 年代挖掘整理的武术资料进行数字化保护，利用数字化技术系统整理武术文献和武术技术是当前最紧迫和最有效的方法。数字化技术是当今信息处理的最新技术，是信息现代化的基础工作。数字化后的武术文献和技术将使武术信息资源转换为有利用价值的信息。利用信息数字化技术进行民间武术的抢救整理，是非常实用和十分理想的手段。国家体育总局武术运动管理中心作为 20 世纪 80 年代保存挖掘整理资料的收藏单位，苦于经费所限，条件简陋，使孤本武学文献遭受风化、霉变、虫蛀等侵害，随时都有绝本的危险；由于缺乏专业的复制人员，复制率可能会很低；所录制的老拳师的录像是否能够再放映也是一个未知数。

中医药的数字化保护的成功开展为民间武术的传承提供了借鉴。2005 年 4 月，国家科技部启动了"中医药珍贵典籍保护技术及相关问题研究"项目，通过对现存的数百种中医药珍贵典籍采用再生性数字化保护技术，解决了珍贵典籍数字化处理过程中扫描、拍摄、图像处理等各环节对古籍原书的影响，制定出了切实可行的中医数字保护技术体系和操作规范。目前，中国中医科学院信息研究所已经建成了"全国中医药珍善本古籍档案管理系统"，该档案系统首次将计算机技术应用于全国中医古籍保护管理工作中，收录的 1 200 种珍善本古籍，基本包括了现存中医古籍的重要著作，利用该系统可以清楚地了解目前我国中医古籍的保护现状。同时，建成的中医药珍善本古籍多媒体数据库，扫描图像近 15 万页，从技术上探讨了中医古籍数字化的基本技术内容和工作程序、流程。收录的 320 种珍贵中医药典籍经数字化处理，在保持原书原貌的前提下，得到了永久保存；通过网络发布，极大地提高了中医典籍的利用率。

五、中国民间武术要在"建设和谐社会、构建和谐世界"中发挥作用

和谐是中国传统文化资源中的瑰宝，《尚书》以"协和万邦"寄托天下太平，其要义在于"和平、和谐"。在全球化背景下，中国融入国际体系的步伐不断加快，作为负责任的大国，需要更高尚、更宽广的思维模式和价值判断。中国从文化深处向往和平、和谐，"建设和谐社会、构建和谐世界"是中国经济、社会发展的必然选择。2004 年第一届"中国学"论坛的主题是"和而不同：多元视野下的中国"，2006 年第二届"中国学"论坛的主题是"中国与世界：和谐、和平"。"和谐"是中国传统文化精髓的延续，是中国政治、经济、文化发展的要求。

蕴含了全部中国传统文化特质的民间武术在其技术与文化内容上均体现了"和谐"的特征。民间武术在中国传统文化的规范下，形成了强调整体合一、注重道德修养的技术体系和教练原则，具有"和谐"的特征。武术练习时，不仅要注重个体"手、眼、身法、步，精、神、气、力、功"的"形神统一""内外合一"，还注重"人为一小宇宙，天为一大宇宙"的"天人合一"观；武术演练中的刚柔、快慢、进退、虚实以及劲力、协调、精神、节奏的协调统一，都是整体和谐思想的充分体现；武术中的"尊师重道""重义轻利""尚武崇德"，充分体现了人与人之间重仁义、重宽容的和谐精神。民间武术的国际传播，就是将这些有利于人类幸福与进步的文化传播到世界各地。所以，民间武术文化及其习练者能在"建设和谐社会、构建和谐世界"中发挥自身的价值和作用。

原文化部部长孙家正认为，保护文化遗产、弘扬民族精神、创建社会主义新文化三者是密不可分的。他说，当历史的尘埃落定，许多东西灰飞烟灭，唯有文化以物质的或非物质的形态流传下来。它是中华民族悠久历史的稀世物证，是我们与遥远的祖先沟通的唯一通道，是我们走向未来的坚厚基石。为此，他曾经给《人民日报》撰文《我们不能忘了"回家的路"》，告诫人们："只有清晰地知道我们从何处来，才能以更坚实的步伐和自信向未来走去。"

我们期待中国民间武术有更多的守望者，使其不但造福亿万中国人民，而且能为 21 世纪人类的文化发展提供有意义的帮助。民间武术是中国武术文化不可再生的宝贵资源。民间武术的传承特征表现为脆弱性、师承性、长期性和非标准性。在现代社会，民间武术的生存环境遭到了严重破坏。其文化与教育价值需要得到认识与提升。发展传统武术的重点是保护武术传人、发展武术教育、重视农村武术、进行数字化传承，并使其在建设和谐社会、构建和谐世界中发挥作用。

参考文献

[1] 李勇，邢伟. 文化的传承：当代武术教育的核心问题 [J]. 搏击·武术科学，2008(9): 25–26, 29.

[2] 白晋湘. 民族民间体育 [M]. 北京：高等教育出版社，2010:21.

[3] 江百龙，袁威. 武术的功能刍议 [J]. 武汉体育学院学报，1996(4): 40–45.

[4] 曾于久，刘星亮. 民族传统体育概论 [M]. 北京：人民体育出版社，2000:25–27.

[5] 谢建平. 全球化背景下武术发展的文化思考 [J]. 上海体育学院学报，2004(1): 33–36.

[6] 席饼嗣. 当代武术的价值功能 [J]. 搏击·武术科学，2008(2): 8–9.

[7] 郭维民. 中国传统文化对武术的影响 [J]. 西北成人教育学报，2002(2): 51–53.

[8] 阳媛媛，黄承，陈永辉. 休闲视阈下我国民间武术文化价值的开发 [J]. 山东体育科技，2011, 33(3): 39–43.

[9] 韩剑云，叶恺. 通过武术教育培养学生的八荣八耻观念 [J]. 搏市·武术科学，2009, 6(6): 27–29.

[10] 李晶晶，李颖斌. 传统武术在教育中的地位和作用研究 [J]. 搏击·武术科学，2009, 6(6): 42–43.

[11] 王明建. 武术教育价值的重审与再释 [J]. 成都体育学院学报，2010, 36(12):43–45.

[12] 石华毕，翟少红. 学校武术的教育性与开展形式的反思 [J]. 西安体育学院学报，2010, 27(3): 366–370.

[13] 陈阳光. 探析武德教育的价值定位 [J]. 搏击·武术科学，2010, 7(5): 25–26.

[14] 时保平，郭盛斌. 试论长拳运动的教育价值 [J]. 搏击·武术科学，2011, 8(4): 48–50.

[15] 邱丕相，戴国斌. 弘扬民族精神中的武术教育 [J]. 哈尔滨体育学院学报，2005, 23(4): 1–3.

[16] 栗胜夫，寇建民，姚伟华. 武术在服务国策培育民族精神过程中的功能与作用 [J]. 体育科学，2005, 25(1): 61–65.

[17] 邱丕相, 马文国. 武术文化研究和教育研究的当代意义 [J]. 广州体育学院学报, 2005(2): 1–3.

[18] 常云, 慈兴强, 王家忠, 等. 略论当代社会如何发挥武术的文化教育价值 [J]. 搏击·武术科学, 2006, 3(1): 25–27.

[19] 邱丕相, 王国志. 当代武术教育改革的几点思考 [J]. 体育学刊, 2006, 13(2): 76–78.

[20] 郭守靖, 郭志禹. 以武术弘扬民族精神的历史回顾与教育策略 [J]. 体育文化导刊, 2006(7): 64–67.

[21] 姚春华, 阐君. 论武德教育与和谐发展 [J]. 搏击·武术科学, 2006, 3(11): 30–32.

[22] 龚江泳. 武术教学中武德文化渗透的研究 [J]. 湖北广播电视大学学报, 2007, 27(2): 37–38.

[23] 高振华. 道馆式教育——中国武术发展创新之路 [J]. 山西师大体育学院学报, 2008, 23(s1): 164–167.

[24] 马艳. 论传统武术的教育价值 [D]. 济南: 山东师范大学, 2008.

[25] 徐春毅, 虞定海. 高校武术教育现代化的内涵、目标及途径 [J]. 上海体育学院学报, 2008, 32(4): 73–76.

[26] 唐花清. 试论武术对青少年学生健康人格的塑造 [J]. 体育科技, 2008, 29(3): 17–19.

[27] 许江, 司幸伟. 学校武术教育改革的文化使命 [J]. 搏击·武术科学, 2008, 5(11): 64–66.

[28] 王岗, 邱丕相, 郭华帅. 重构武术教育新体系必须强化国家意识 [J]. 体育学刊, 2009, 16(3): 5–10.

[29] 李龙. 教育媒介: 中国传统武术教育方法论 [J]. 首都体育学院学报, 2009, 21(2): 205–207.

[30] 郭玉成, 郭玉亭. 当代武术教育的文化定位 [J]. 武汉体育学院, 2009, 43(6): 69–71.

[31] 李晶晶, 李颖斌. 传统武术在教育中的地位和作用研究 [J]. 搏击·武术科学, 2009, 6(6): 42–43.

[32] 汪俊祺. 武术散打教育的文化自信 [J]. 沈阳体育学院学报, 2009, 28(4): 122–124.

[33] 王柏利. 武术教学中文化教育性的缺失与重塑 [J]. 沈阳体育学院学报, 2009, 28(6): 117–120.

[34] 李吉远, 谢业雷. 传承与嬗变: 中国武术传承的文化研究 [J]. 吉林体育学院学报, 2010, 26(4): 11–13.

[35] 温博，袁金宝 . 休闲时代：重塑中国武术的审美形象 [J]. 南京体育学院学报（社会科学版），2010, 24(4): 63–66.

[36] 冉学东 . 传统文化视野下高校武德教育的传承与推广 [J]. 中华武术（研究），2011(1): 76–78.

[37] 颜辉萍 . 当代武术教育化发展过程中相关问题的探讨 [J]. 中华武术（研究），2011(1): 10–12.

[38] 朱永飞，杨代国 . 学校武术教育的时代诉求 [J]. 中华武术研究，2011(2): 89–92.

[39] 曾桓辉 . 大武术观视角下的学校武术教育再思考 [J]. 中华武术研究，2011, 8(7): 3–5.

[40] 邱丕相，马文友 . 武术的当代发展与历史使命 [J]. 体育学刊，2011(2): 117–120.

[41] 樊花梅 . "现象学精神"对当代中国武术教育发展的启示 [J]. 体育学刊，2011, 18(3): 128–131.

[42] 王岗，李世宏 . 学校武术教育发展的现状、问题与思考 [J]. 成都体育学院学报，2011, 37(5): 84–87.

[43] 刘彩平，徐伟军 . 整体思维视野下的武术及学校武术教育 [J]. 山东体育学院学报，2011, 27(6): 85–89.

[44] 丘丕相，王志国 . 当代武术教育改革的几点思考 [J]. 体育学刊，2006, 13(2): 76–78.